立体育人

——让儿童有力量地成长

金海滨　著

出　社

图书在版编目(CIP)数据

立体育人：让儿童有力量地成长 / 金海滨著. --
苏州：苏州大学出版社, 2023.9
ISBN 978-7-5672-4498-6

Ⅰ. ①立… Ⅱ. ①金… Ⅲ. ①体育课—教学研究—中
小学 Ⅳ. ①G633.962

中国国家版本馆 CIP 数据核字(2023)第 150559 号

书　　名　立体育人——让儿童有力量地成长
　　　　　LITI YUREN——RANG ERTONG YOULILIANG DI CHENGCHANG
著　　者　金海滨
责任编辑　金莉莉
助理编辑　闫莹莹
出版发行　苏州大学出版社
　　　　　(苏州市十梓街 1 号　215006)
印　　刷　镇江文苑制版印刷有限责任公司
开　　本　700 mm×1 000 mm　1/16
印　　张　13. 25
字　　数　211 千
版　　次　2023 年 9 月第 1 版
　　　　　2023 年 9 月第 1 次印刷
书　　号　ISBN 978-7-5672-4498-6
定　　价　55.00 元

苏州大学出版社营销部　电话:0512-67481020
苏州大学出版社网址　http://www.sudapress.com
苏州大学出版社邮箱　sdcbs@suda.edu.cn

序

二十四年前，我聆听着恩师的谆谆教诲，迎着梦想的殷殷召唤，坚信体育就是最好的教育形式之一，开始了我的教学生涯；多年来，我一路奔跑追寻，沉浸在对体育本质的思考中，陶醉在对儿童生命的呵护与对儿童的培育里，为儿童身心获得的发展感到欣慰，更领悟到“体育即人生”这句至理名言的智慧。

串点成线：尊重儿童天性，精湛教学艺术

工作之初，和其他体育老师一样，我也曾拘囿于现实。那时，大家普遍认为体育是一门“说起来重要、做起来不重要”的学科，而学生喜欢体育、却不喜欢体育课也是个扎心的事实。我常常孤独地站在操场的角落，心中有懊恼，有徘徊，有不甘。我深知，逆风而行需要勇气，更需要自知，回望自己的教学日常，不禁扪心自问，我真的会上一节学生喜欢的体育课吗？体育课留给学生的，除了“立正、稍息”等口令，还有什么？一节学生喜欢的体育课，必然尊重学生的自然天性，循着学生的成长逻辑，只有这样，才能让他们对体育课产生热爱。而这样的体育课离不开教师对教学事业的执着与虔诚。

这样的课堂，需要教师练就一双敏锐的眼。我会时刻观察课堂，适时将学生钟爱的玩具、游戏、实验等巧妙植入课堂：神奇的羊角球变身为“坐骑”，学生在蹦跳中感受平衡之乐，体验相互帮助的可贵之处；在“变向跑”一课中，学生担当起“运水工”的角色，为了在游戏中胜出，积极体验着转身变向的技术要领，在技能动作的反复学练中乐此不疲；在“持轻物掷准”一课中，肥皂泡成为学生练习掷准的目标……体育课不再是一副单调的面孔，而是像魔法一样深深吸引着学生。

这样的课堂，需要教师拥有一颗七巧玲珑心。我顺应儿童身心发展的

规律，从挖掘教材内容、设计活动内容，到丰富活动的外延，以进阶式的游戏串烧为学练形式，协调技能学习与体能发展两项核心要素。我关注学生主体意识的激发，在课堂内容、课堂形式的设计上，师生共同参与筹划；在课堂组织和评价方式上，则依据学生的兴趣和需求，提供相应的活动角色设定，实现人人参与、人人获得、人人成长。

这样的课堂，需要教师锤炼精妙的课堂语言。我深知，体育教师的教学语言有着显著的学科特色和专业内涵，关乎技能讲解、组织调控、评价指导等多个范畴。我将对课堂语言的雕琢贯穿在日常生活中，用阅读丰富教育思想，厚植专业素养，厘清教学原理、术语等，形成专业的体育教学语言；我拓宽学习视域，跨界听课，收看言语类节目，参与读书演讲、即兴答辩、主持点评，丰富言语建构，让自己的课堂语言有理有据、有章有度、有情有趣。

回归生活原点，强化教学重点，把控训练节点……串联这些力点，方可构筑起课堂教学的生命线，描绘出专业成长的生动图谱。在这样的努力和坚持中，曾经冷冷清清的操场终于沸腾起来了，体育课渐渐为学生所期待、所着迷。看着运动场上跃动的身影，听着学生恣意的欢笑，我的心中满是欣喜，所有的汗水都化作了点点星光，闪烁在我要奔赴的远方。

连线成面：满足儿童需求，独树教学风格

成长就是将自己不断打碎再重塑的过程，每一次重组都是一次升级、一次迭代。

细细想来，正是遇见那些重要的人，遇到那些节点事件，成长才变得可期。我与倪胜勇老师结缘已有近二十年，我的每一步成长都离不开他的关爱与守护。记得那是 2002 年，我在一所濒临拆并的村小已工作了四年，在一次教研活动中，我临时被安排上公开课，平复完紧张而激动的情绪后，我凭着日常所积累的浅显知识，完成了首次稚拙的“亮相”。课堂上，我把主场交给学生，任由学生带领同伴完成准备活动，甚至组织各种项目的学练，这让听课的老师倍感惊奇。就这样，我第一次走进了大家的视野，时任南通市体育教研员的倪老师欣然收我为“徒”，我成为很多人眼中的幸运儿。每当回忆起那个时刻，倪老师总会意味深长地说：“海滨身

上那股‘爱折腾’‘爱琢磨’的劲儿吸引了我!”我想，这就是每一个热爱教育的体育人共有的特质吧。

自此，我不再是个散兵游卒，那段时光，依循导师为我量身定制的基本功训练方案，我在训练场上挥汗如雨，精进不休。我充分利用时间，以每天10个小时的训练强度夯实专业技能，雕琢教学基本功。每次指导备课时，倪老师总是会说：“不唯比赛，不忘学生。”因此，每次站在赛场上，当我与学生纯真的目光对视时，我总会忘却比赛，只为和学生一起走过一段难忘的旅程。就这样，懵懵懂懂的我经过层层选拔，一路过关斩将，在江苏省基础教育青年教师教学基本功大赛、教学能手等比赛中成功亮相，并多次获得了一等奖。

在导师的一路目送中，我开始奔走于全国各地，拥有了更广阔的舞台、更广阔的视角。体育界的很多名师泰斗不断地为我掌舵续航，于我都有伯乐之恩，这样的交流和切磋让我对课堂有了更深的感悟：好的课堂绝不是教师的个人风采秀，满足学生身心的发展才是体育课堂的不二宗旨；好的课堂不是为了博学生一乐，每一个游戏的设计与实施、每一个学练的运用与组合，都指向于学生身心的和谐发展；好的课堂不是形式的过度包装，而是要在真实、完整的运动情境中，让身体在与认知的互动中逐步生成能力、形成素养。

2018年，我有了一个极为重要的成长平台，被遴选为南通市名师培养第一梯队四期培养对象。导师鞭辟入里的诊断与指导，让我认识到专业使命是学科建设的永恒主题。我检视着自己的课堂样态，在追问与探寻中发掘体育学科的育人内涵，开始了对教学主张的探求之路，从“3T”体育，到“三动”体育，再到“育动”课堂，在不断的打破与重构中，我对体育课堂的理解越发通透——回应时代的呼唤，回归育人的本质，从关注“体”的训练到重视“人”的发展。于是我萌生了“立体育人”的教学追求——在真情境中学习真技能，在真问题中进行真思考，在真合作中提升真能力，实现身、脑、心的协调发展，促使立体育人的内在本质更具个性化，外在形式更显弹性化，评价方式更重过程化。

在这样的课堂上，学生所获得的不仅仅是体育技能的提升，还有生命意识的提升。学生健身健体、育德育心、怡情怡性，参与体育更积极，对运动技能的掌握更牢固，拥有健康的体魄、智慧的大脑，成长得更加茁壮有力。

构面成体：守护儿童生命，提炼教育主张

习近平总书记在2018年的全国教育大会上明确提出了学校体育工作的16字方针——享受乐趣、增强体质、健全人格、锤炼意志。这构建了崭新的学校体育"四位一体"目标体系，迎来了学校体育的变革，也为立体育人主张的建构找寻到方向。我们要做的是紧扣时代的脉搏，以课堂教学脉络为经线，以实践探索为纬线，构筑助力儿童生命成长的崭新空间。这些年来，我一直在为学校体育生态的改良寻求突破。这条路虽然充满了艰辛与汗水，却又盈满幸福与阳光。

2014年，我有幸获得了前往加拿大考察的机会。亲历异国教育现场，回国后我开始思索：如何树立"大体育观"？如何实现体育课程、活动一体化？如何将理念付诸实践？《运动改造大脑》一书，让我醍醐灌顶。我发现体育和智育是相辅相成的，科学运动可"野蛮其体魄，文明其精神"，亦可"聪慧其大脑"。这成为我和团队的行动指南。2016年开始，我们以"全域型"活力校园项目的开发为支点，全面开启了学校体育活动项目的升级和改良，凸显项目设置的结构化和项目设施的开放性，用亲子晨练、七点俱乐部、大课间活动、微运动、课间游戏、体育家庭作业、云上运动会、体育嘉年华、体育吉尼斯、精品社团等项目，构筑成立体的项目活动网络，实现学校、家庭、社区三位一体、多层联动，用运动给予学生全天候的陪伴。

项目在实施初期，曾一度陷入困境。如亲子晨练、七点俱乐部等项目，参与面广，且涉及家长，需要解决非工作时间的校园管理、校外人员出入校园的秩序、相应的安全措施等一连串问题。面对这些问题，我和团队成员不敢有丝毫懈怠，逐条整改，逐一击破。终于，在我们的精心部署下，"全域型"活力校园项目全面开展，火热上线，并逐渐成为区域内家喻户晓的运动项目。在总结研究成果的基础上，我主持申报了江苏省第十三期教研课题"家校共育'主角体育'活动形式的开发与实践研究"，课题的如期立项让学校体育品质课程建设寻到了有力抓手。我们的行动也引

起了主流媒体的关注，江苏教育电视台“成长”栏目对学校体育工作进行过两次专访，以“越运动　越幸福”为主题，展示“以体育人，体教融合”的育人特色，视频资源被“学习强国”平台录用。伴随课题研究与实践走向纵深，一个个案例应运而生，一篇篇论文也随之发表在期刊上。

用运动丰富童年，让运动成为陪伴一生的礼物。朝着这样的目标，我一路走来，步履从容，尝试着，实践着，思考着，探索着，也体验着一名教师成长的喜悦与满足。今后我将一如既往，以匠心致初心，砥志研思，精进不休。

金海滨

2023 年 5 月于江苏南通

目录

Contents

第一章　立体育人的提出：教育改革背景下的应然之趋

2021 年，教育部办公厅制定颁发的《〈体育与健康〉教学改革指导纲要（试行）》中强调：要全面把握体育“育体、育智、育心”的综合育人价值。全面发展是指每个学生都能在育体、育智、育心中得到全方位的发展。在挖掘体育的功能和价值的时候，不应只看到其在锻炼身体、增强体质方面的作用，还应看到其对心理、智力的影响。立体育人教学主张，是“立德树人”根本任务在体育学科的具体践行，立足人的全面发展，使体育学科的育人功能从单线走向多维。体育课堂不仅是强身健体的主场，还是培育思维、涵养心智、锤炼意志的适切载体。

第一节　生成背景

一、延承先贤体育育人思想

将体育列入学校教育的范畴，最早可追溯到西周时期。据说，当时的学校主要的教学内容是“六艺”，即诗、书、礼、乐、射、御，其中射（射箭）、御（驾车）两类含有明显的练兵目的，虽不能与现在学校的体育教育完全等同，但已经具有了最初的雏形。当时，无论是官学，还是私学，都十分强调士人除了要具备渊博的知识，还要具有坚韧的意志和强健的体魄。孔子和孟子等教育家都有重视体育的教育主张。孔子的私学教育中包含着“射、御”的内容，他主张“游于艺”。《学记》记载，“故君子之学也，藏焉，修焉，息焉，游焉”。

然而在两千多年漫长的封建社会中，“独尊儒术”的思想造就了“重文轻武”的人才培养观，学校教育中体育的缺失，造就了一批批“肩不能挑，手不能提”的文人士子。古代学校体育的没落，成为中国古代社会文化衰落的重要因素之一。

标志着我国近代学校体育发生重大变革的是“五四运动”及其前后的新文化运动，一些先进人物开始用近代科学的观点来研究和倡导学校体育。胡适先生曾这样说：“运动会是一种教育，是一种训练，不是一种游戏。”而新文化运动的另一位倡导者陈独秀，则提出爱国应做好三件大事：第一消息；第二思想；第三体魄。这些思想都催动着我国学校体育的发展，1923 年，北洋政府颁布《新学制课程标准》，正式将学校的“体操科”改为“体育课”。

蔡元培先生作为近代教育的先驱，他十分重视体育在人的发展中的作用，他所倡导的体育教育，始终与他所倡导的“完美人格”教育紧密关联。在“完美人格”中，他把体育置于首位，并提出了“健全的精神，宿于健全的身体”一说，同时鞭辟入里地剖析了体育对于一个民族和国家的重大意义。他说：“今经科学发明人之智慧、学术，皆由人之脑质运动之力而出，故脑力盛。智力富，身体弱，则脑力衰。新教育之所以注意体育运动，实基于此。”他还认为发展体育贵在培养学生的体育精神，这在他对运动会的效用的阐述中可见一斑：“团队的荣誉，就是个人的荣誉”“宁正直而败”“勿诡诈而胜”“败则反求诸己，不怨尤，不嫉妒”。蔡元培先生历经长久的探索历程，逐步探寻到体育的价值，形成了他的体育思想，即体育是为了锻炼身体和涵养心灵。他的体育思想不仅有着丰富的内容，而且形成了较为完整的理论体系。他始终坚持一条主线：体育就是对人的教育。即使在今天，这种思想依然具有先进性。

毛泽东主席作为体育运动的积极倡导者和实践者，他认为体育对于个体能够“强筋骨”“增知识”“调感情”“强意志”，对于国家，则能造就不计其数的身体强健、精神刚毅的国民。对于学校教育，他先后提出了“三育并重”“体育第一”等观点。他指出，“体者，载知识之车而寓道德之舍也”，“体育一道，配德育与智育，而德智皆寄于体。无体是无德智也”。毛泽东还十分强调培养兴趣对于形成“自觉、永恒、有趣”的“终身体育”思想的重要性，只有在锻炼中获得良好的身体体验，才能得到全身心的快乐，因此，要将终身教育与趣味体育联系在一起。

立体育人的教学主张，立足数千年来学校体育发展的曲折进程，厘清体育发展的历史线索，在教育先贤的体育思想中追本溯源，践行学科使命，从塑造完整的人的高度重新认识体育教学，并在当下体育课堂实践中传承和发扬。

二、汲取国外体育育人的先进做法

鉴于我国古代体育发展出现了长久的断层，“体育”一词终究是源自西方的舶来品。因此，我们将体育重置于世界体育教育的语境下。

体育归属于教育之范畴，在原始社会已初显端倪。比如在美洲、非洲及大洋洲的一些原始部落中，流行一种“青年礼”：族群中，德高望重的长者对部落中即将成年的男女进行身体、精神、道德方面的检查，并以“独居”的方式，令其接受饥寒的考验，从事狩猎等能考量体能、意志、反应的综合劳动，评估其生存能力。身体强健、机敏果断、勇敢刚毅在当时是一个人赖以生存的必备条件。

古希腊作为现代奥林匹克运动的发源地，体育元素始终贯穿希腊教育的知识体系，体育在教育中占据着重要的地位。体育的魅力吸引着儿童步入教育的殿堂，体验自由、勇敢和公正的文明内涵，正如亚里士多德所言：“在奥林匹克运动会上取得胜利桂冠的，不是外表最美、最强壮的人，而是奋力拼搏的人。”这显然是将体育提升至道德的高度。

英国体育教育始终高度追求“身心合一”，坚持通过体育教育发展个人身体素质，并强调儿童从学校体育教育的活动中获得身心的和谐发展。在这样的教育理念指导下，英国制定了统一的课程标准，强调体育对个体发展、生活方式和人际交往能力形成的影响。体育课程设置也着重支持儿童的天赋和兴趣，促进学生精神道德发展，鼓励学生了解社会习俗和文化传统等。其中，伊顿公学的体育范式更是令世人瞩目。曾有学者将伊顿公学的体育精神概括成“体育教育的本质就是人格教育”。此说法毋庸置疑，在伊顿教育者的眼中，培育健康的身体只是体育运动的效用之一，体育更是人格培养和品质塑造的最佳路径。

日本作为亚洲体育教育施行的典范，一直倡导的体育教育的指导思想是弘扬民族精神，培养学生勇敢、顽强、活泼、互助的品质，以健身为目的，以终身体育为目标，向学生传授锻炼身体的方法，培养学生的体育兴趣，发展学生的个性。他们有规范的体质测评系统，每位同学都能根据各个指标，找到自己的坐标，然后根据教师的指示，有针对性地进行锻炼，以达到均衡发展和强身健体的目的。

美国学校体育在近年进行了较为重大的变革，即从注重与技术有关的健身运动转变为注重与健康有关的健身运动，较少采用或不采用与技术密切相关的健身评价方法，而改用与健康关系较大的健身运动测试标准。在1990年，美国政府就推出了新的十年规划——“2000年健康人”，其中有三项是针对6—17岁青少年儿童的。第一，75%的青少儿至少每周有三天时间参加体育活动，每次至少20分钟。第二，50%的青少儿每天参加体育活动。第三，学校体育课中要有一半的时间用在终身性健身活动上。体育课始终强调健身的终身性，注重实用性、趣味性和可操作性，让学生真切体验到运动的乐趣。

回顾历史，我国学校体育从引进国外先进的思想和做法后，先后经历了4次大的课程改革浪潮。学习他国的成功经验，领悟其中的真谛，是我国学校体育取得成功的重要条件。

立体育人主张基于东西方体育文化、传统体育思想和现代教育思想，批判地接受，大胆地创新，使之更贴合于当代中国学校体育发展的实际。它清晰地显现当代体育思想，着眼于“健康第一”，突出“以人为本”，关注学生整体的需求，让学生通过体育教学，真正成长为一个完整的人，追求营建与健康、运动、认知、情感，以及和社会相关的运动情境，让学生学习并掌握结构化的运动知识和技能，不仅培养与其年龄相应的运动能力，而且帮助他们形成健康的运动习惯，锤炼体育品质。

三、回应时代体育发展的召唤

实施全民健身计划一直以来都是国家的重要发展战略之一。自20世纪五六十年代以来，体育运动对青少年身心健康的影响逐渐成为体育科学的热点话题。近年来，国家先后颁布一系列的纲领性文件，如《关于进一步加强学校体育工作切实提高学生健康素质的意见》、“全国亿万青少年学生阳光体育运动”、《“健康中国2030”规划纲要》等。这些文件明确提出：全民健身计划以全国人民为实施对象，以青少年儿童为重点；将促进青少年提高身体素养和养成健康的生活习惯作为学校体育教育的重要内容。教育部颁布的《义务教育体育与健康课程标准（2022 年版）》提出，学校体育应该落实立德树人的根本任务，促进学生的全面发展。在“立德树人”的时代强音的召唤下，学校体育的发展走向将由单一“育体”转变为全面“育人”。然而当前青少年的体质在下降，具体表现为青少年超重和肥胖率不断增加。据数据统计。2017 年，我国儿童青少年超重率已达 12.2%，肥胖率为 7.1%，且存在地域差异，最高地区达 27.9%；同时，青少年视力不良率持续攀升，并出现了低龄化倾向。2020 年，国家卫生健康委发布的《中国眼健康白皮书》显示，我国儿童青少年近视总体发生率为 53.6%，大学生近视率超过 90%。体质测试数据统计也显示，学生的耐力、速度、爆发力等普遍在下降。这些现象不仅关乎学生个人成长，甚至会成为影响未来国家安全，成为社会发展的严重隐患，如慢性疾病低龄化等问题已屡见不鲜。学校是青少年发展的主阵地，学校体育更是强化青少年体质健康的重要抓手。立足紧迫的现实情况，如何从学校体育的角度出发，在积极响应国家体育发展政策的同时，开创出一条适合国内青少年儿童的科学、有效、创新且实用的发展道路，是立体育人教学主张着重解决的关键问题。

2018 年，习近平总书记在出席全国教育大会时强调，要树立健康第一的教育理念，开齐开足体育课，帮助学生在体育锻炼中享受乐趣、增强体质、健全人格、锤炼意志。“四位一体”目标体系对学校体育的内容做出了质的界定，这成为学校体育改革发展的新坐标。四个目标是对学校体育要实现的目标的高度凝练和概括，并呈现出层层递进的逻辑关系：享受乐趣、增强体质为初始目标，学校体育面向每一个学生，学生乐于参加体育运动源于对运动项目的兴趣，而掌握相应的运动技能是学生兴趣的助推器；健全人格、锤炼意志为高阶目标，让学生经常性参与体育竞赛，这既是培养运动习惯、享受运动乐趣的有效途径，也是培养团队合作意识、拼搏品质等的必由之路。因此，新时代学校体育“四位一体”目标呈现出由低到高的目标导向、自上而下的引领带动，以及群众性与竞技性相辅相成、普及性与提高性辩证统一的特点。

2020年，中央全面深化改革委员会又通过了《关于深化体教融合　促进青少年健康发展的意见》。一系列重要举措的陆续推出，意味着“体教融合”“以体育人”等将成为公众关注的热点，也将成为学校体育学科研究的新命题。在过去很长的一段时间内，学校体育普遍存在学生喜欢运动却不喜欢体育课的现象。其根本原因就是学生没能从体育课中学会技能，也没有竞赛的体验。教、学、练、赛的缺失，让学生淡化了最初对体育的兴趣，减少了热情，致使他们的体质不断下降。体教融合的提出，将改变多年来体教剥离的现象，打通实现“四位一体”目标的路径。在体育课堂中强调实施“一体化”教学，加强课堂教学的顶层设计，为学生构建完整的知识链，重视体育知识与运动技能的整体完善，摒弃按部就班的陈旧做法，通过“教会、勤练、常赛、善评”等环节的自然衔接，形成育人合力，让体育课堂达到“育体、育智、育心”的目的。与此同时，健全“家、校、社”联动机制，拓展体育活动渠道，强化“练”，使体育作业与课余训练形成体系；扩大“赛”，让体育竞赛辐射全校，实现参与面的全覆盖，助力每一个学生的成长。这样，基于大众体育活动广泛开展、青少年体质全面提升的前提，形成体育人才结构金字塔，让竞技人才自然产生并脱颖而出。教育部发布的2022年工作要点，正式对体育教育提出了目标，实施学校体育和体教融合改革发展行动计划。在全国“两会”中，也强调通过体育教育帮助学生增强体质、锻炼意志。

2021年，中共中央办公厅、国务院办公厅下发了《关于进一步减轻义务教育阶段学生作业负担和校外培训负担的意见》（简称《双减》），作为关乎民生的重大举措，《双减》政策落地的反响之大、行动之快、助力之多，实属空前，对体育的呼唤则成为强音之一。《双减》政策实施两年多来，体育逐渐从被认为是边缘小学科到即将肩负起育人担当的大学科，真正走向五育的正中央。重担在肩，我们既需要回顾体育教育漫长而艰难的发展历程，更要明晰它未来的价值走向，明确如何走创新发展之道。这不仅仅是对当前和未来一段时间落实“双减”的回应，更是精准把握教育对体育的真正期待和体育教育能够凸显出的价值张力。

这些政策的不断推出，表明了体育学科育人价值的归正，也彰显了体育学科育人体系正逐步完善，学校体育课程将真正成为培养完整的人的重要载体，成为实现以体育人、以文化人、以体强国、以健强国等诸多价值的不竭动力。

显然，相对于其他领域或承担其他功能的体育，学校体育要遵循体育的固有特性，即以身体练习为手段实现强身健体。学校体育作为学校教育的重要组成部分，更要成为培养健全人格和促进学生全面发展的“强基”之基。体育教育应是最具生命属性的，追求生命的“健康”目标，固然是体育学科的本职要务，将对生命本质特征和成长需求的关照，融汇于体育的全过程，实现“依据生命，尊重生命，开发生命，完善生命，提升生命的意义”更是体育学科的要义。学校体育所面对的儿童是带有显著年龄特征的阶段性群体，各有不同的禀赋、基础及能力，且存在无限变化的可能，这些都构成了儿童生命成长的独有密码。

立体育人的教学主张以生命成长为内核，凸显运动知识、运动技能、体能素质、心理素质和社会适应的整体发展，可使体育与健康课程真正成为一门基于生命、指向生命、提升生命质量的学科。体育在实现强身健体的同时，又注重对人的精神、品格的培养，尊重生命的多元与独特，还原儿童主体，锻炼儿童体质，丰润儿童思维，使其潜蕴的生命能量得到充分的激发，并获得终身成长的源泉与动力。

第二节　理论溯源

2022 年 4 月，《义务教育体育与健康课程标准（2022 年版）》［以下简称《课程标准（2022 年版）》］正式颁布，该版本于“体教融合”与“双减”政策组合发力的关键时期正式发布，既是对我国基础教育阶段的体育与健康课程改革实践成果的深刻总结，也是未来体育与健康课程高质量发展的新“航标”。在继承与发展《义务教育体育与健康课程标准（2011 年版）》的基础上，2022 年版对体育与健康学科在“培养什么人、怎样培养人与为谁培养人”三个重大问题上得到了突破，寻得了抓手。基于运动能力、健康行为和体育品德三个核心素养的发展要求，依据学生身心发展的规律和体育运动技能形成规律，提出体育与健康课程内容包括基本运动技能、体能、健康教育、专项运动技能和跨学科主题学习 5 个部分，同时将“保证基础、重视多样、关注融合、强调运用”等教育理念融入相应的教学实践中，在贯彻落实“教会、勤练、常赛”的学科方针，充分发展体质，健全人格，锤炼意志等方面发挥重要作用。

“立德树人”作为总体要求，如何落实需要有抓手，这个抓手就是培养学生的核心素养。《课程标准（2022 年版）》作为体育教育的纲领性文件，它所统摄的课程内容是贯彻“立德树人”根本任务和“健康第一”课程理念的重要载体，是实现以体育人的根本保障。研读课标可以发现，课程内容所指向的 5 个部分是互为关联、互相作用的，只有充分把握每个部分的内涵与价值，才能真正发挥体育与健康课程的育人功效。基本运动技能是体能和专项运动技能发展的前提和基础，体能是促进学生身心发展的必要保障，健康教育是落实“健康第一”理念的重要途径，专项运动技能是实现终身体育的有力抓手，跨学科主题学习是培养综合实践能力的重要载体。“基于身体运动实施全面育人”是立体育人教学主张所强调的主旨核心，也正是《课程标准（2022 年版）》课程育人的靶向，以运动能力、健康行为和体育品德三个核心素养统摄整体，进行结构化内容设计，突出教学的关联性与整体性，关注学生在学练活动中形成的知识、技能等综合素养。

显然，立体育人教学主张的形成，源自对课程标准的精准把脉，同时也有着理论作为支撑。

一、对全面发展理论的高度呼应

人的全面发展问题，自古以来就是学术界追求的热点问题，特别是马克思、恩格斯在批判和继承前人研究成果的基础上提出了人的全面发展理论，强调人的自我意志获得自由体现，人的潜能得以充分发展等。实现中华民族伟大复兴更需要以人的全面发展理论为动力支撑，以学生全面发展、增强综合素质为目标，牢固树立“健康第一”的教育理念，健全体教融合的育人机制，促进文化学习和体育锻炼协调发展，培养时代新人。体育作为教育的重要组成部分，以谋求个体身心健康、全面发展为直接目的，以培养全面发展的社会公民为终极目标。学校体育是中小学教育体系中培养学生热爱祖国、团结友爱等品质，实现身体强健等目标最具活力、最有效的手段之一。青少年时期的学生在体育活动中，其体能、社会适应和人际交往等多方面能得到全方位的促进，为全面发展奠定坚实的基础。

二、对具身认知理论的落地践行

具身认知是伴随着第二代认知科学发展出现的一种认知理论，对于当下运动素养的培养具有重要的启示。具身认知将身体置于主体地位，强调个体认知的具身生成性，这一科学理论，摒弃了此前的身心二元论，强调人的认知是不能够脱离身体的物质属性而存在的，认知产生于身体器官、运动、经验、情感及交往中。比如，在比赛中，运动员会产生握拳、呐喊、击掌等动作，这些都是在比赛情境下兴奋情绪的体现，能增加士气或是坚定信心。体育与健康学科核心素养是学生通过学习该学科所具备的关键能力和必备品格。从核心素养的角度来看，运动能力、健康行为、体育品德是体育育人的重要构成，在形成和发展的过程中显现出鲜明的具身认知的特点，也集中体现了学校体育对学生的价值。在立体育人的教学主张中，这一观点也得到了充分的阐释和落实，体育的第一要务是育体，以学生的身体为载体，在运动中集合自身的感知觉、情绪、思维等提高对身体的自我认知，获得情感体验，磨砺意志，达到完善个性、塑造人格的教育目的。

三、对脑科学理论的有效验证

随着认知神经科学的发展，关于脑科学中体育运动提升学习效率的理论已得到了广泛的验证。体育运动可提高青少年儿童的脑细胞活性，改善大脑结构，从而提高注意力、改善认知功能、缓解压力等。不同体育运动项目在提高记忆能力、协调感知等高级认知功能方面的显著效果，为体育运动提升大脑功能提供了科学依据。要想通过体育运动提升大脑功能，需要保持每天至少 60 分钟、每次持续 20～30 分钟、每周至少 3 天的中高强度身体活动。因此，立足于脑科学理论原理，开展体育教育，才能更好地提高青少年的身体素质，实现体教融合。

四、对情境教育理论的突破延伸

《课程标准（2022 年版）》指出，体育教学要遵循儿童认知和情感变化的规律，在进行生动活泼和富有意义的教学活动时，要创设情境，以迎合小学生的心理需求和学习需要，使课堂教学成为学生的乐园。通过运动促进学生发展，就会涉及发展核心内容与适切度的问题，不同的运动对学生运动品质和体育品德的形成是有所侧重的。运动情境的创设是进行立体育人的基础载体，即要探寻并构建运动项目与儿童发展关联的环境，从而重点培养学生某一方面的能力或素养。“情境教育”立足于儿童的发展，以“儿童—知识—社会”三个维度为内核，构筑了具有独特优势的课程范式。关于情境与知识、技能的关系，德国有位学者曾用精辟的比喻进行了生动的阐释：如果把知识和技能比作一勺盐，让学生在课堂上直接食用，自然难以接受；但如果把盐融入美味的羹汤，学生就会欣然喝下且喝得津津有味，这碗汤便是优化的“情境”。李吉林的“情境教育”理论为运动情境的实施提供了实践引领，创设科学、适度、恰当的教学情境，能提高学生乐于参与、关注活动的兴趣，引导学生沉浸于探索、发现和体验的境界，使得客观情境与学生的发展需求、实际演练与情感体验、智力因素与非智力因素在高度契合的状态下协调统一，促使学生在智力、体能等方面均衡发展。

体育学科的情境有别于其他学科，有着鲜明的标识，因为体育运动本身就是真实情境的呈现。情境学习理论的提出者［美国加利福尼亚大学伯克利分校的让·莱夫（Jean Lave）教授和独立研究者爱丁纳·温格（Etienne Wenger）］指出：情境学习是在知识、技能的应用情境中进行学习的方式，简而言之，就是学以致用。这样的观点直接指向了学习的应用价值。体育课堂上的运动情境一定是运动的真实场景或是真实运动的环境渲染。相较于各类学科惯常运用的“生活情境”“故事情境”等，它更聚焦于学生在更接近运动本质的情境中学习技能、发展能力。当然，体育运动项目分类较多，属性不一，各种项目对身体、心智的要求也有所不同，这就需要教师仔细地分析运动项目的特征，给学生创设相符的运动情境，在特定的运动情境中学习运动技能和知识，发展能力，这样才能突出体现学科内容的核心价值，才能让学生掌握运动技能，习得运动方法，培养运动品质。

五、对体育课程理论的完整顺应

体育课程理论是体育教学体系围绕培养人或促进人的发展这一教育特质汇聚、整合而形成的一套理论体系，旨在借助体育运动认识教育人的现象，揭示教育人的规律。体育教育的任务应有两个维度：向下的技术维度和向上的思想维度。因此，对于教学主张，要有更系统的理解和把握，有效地促使各种要素有机结合，达成项目的多维开放。探求课程规律，指导操作实践，建立宏观与微观、局部与整体、理论与实践对立统一的活动体系。

六、对建构主义理论的科学对应

建构主义兴起于20世纪90年代初期，影响了哲学、社会学、教育学等诸多领域。建构主义学习理论认为，学习应是学习者主动建构的过程。在一定的情境之下，利用必备的学习资源，通过与老师和学习伙伴的交流与协作，最终以意义建构的方式来获得知识。建构主义学习强调学习的自主性、情境性和社会性。按照建构主义观点，学校体育课程旨在使人在个体上成为完整的“生物人”、与人交往的“社会人”、自身内部的“和谐人”。建构主义关注内容的适切性，希望学生学习符合认知、适合能力范围，兼具趣味性、实用性、欣赏性的内容，催生学生学习体育的内在动力。教师以教练、同伴的身份，参与学生对体育知识和技能的主体建构。打开校外体育的通道，以帮助学生养成终身运动的好习惯，以科学、客观的评价体系实现助学。

第三节　现状检视

随着国家多项重要举措的推进，关注健康、崇尚运动成为全社会的共识，这为“体育回归教育本位”创造了先决条件。2022年4月，《课程标准（2022年版）》出台，体育的课时占比成为热门的话题之一，以占总课时10%~11%的比例超越了英语学科，成为真正意义上的“第三大主科”。可以说，体育教育迎来了“觉醒”时代，体育教育的快速发展已势不可挡。当前，提升德、智、体、美、劳全面发展的人才培养质量，体育非但不能缺位，反而要肩负起重任。

如何提升体育课堂的质量，并以此为抓手改良学校体育生态，成为自上而下共同关注的焦点。近年来，体育教研活动的常态化开展，提升了基层体育教育工作者对体育学科本质的认知度。教学目标的设定、学练手段的设计和评价方式的设置，皆有了全新的突破。然而直击课堂，深剖现状，也暴露出诸多体育教育者在认识上的模糊性与狭隘性，在操作方式上也存在一些剑走偏锋的现象。

一、体育课程一体化实施存在困难

“以体育人”是体育教育永恒不变的主题，体现在全面育人和全面发展上。全面育人是指全体学生要接受体育教育，体育育人要关注到每一个学生。每个学生在“以体育人”的教育过程中都应该有所发展。全面发展是指每个学生都能在育体、育智、育心中得到全方位的发展。因此，体育课程内容应凸显一体化建设，具体表现在以下几个方面：课程内容纵向衔接，运动能力横向一致，知能行健内在统一，课内外、校内外形式联合。缺少任何一方面都不是严格意义上的一体化。

1. 技能学习支撑了全部育人功能

部分教师尚未挣脱“体质至上、技能为本”的观点桎梏，“为了技术而学习技术”的课堂现象依然存在。忽视运用情境的创设，导致运动任务刻板化，运动训练流程单一化，这样的课堂只能沦为机械的练兵场。它在内容的选择与设计上，拘泥于标准化动作技术，未能关注学生个体差异，以一刀切的方式将知识和技能强塞硬灌；它在教学目标的反馈形式上，则是唯数据化、表象化，忽视学生在体育运动中的心智发展，这与核心素养统照下立德树人的教育思想是有所背离的，因为运动过程中不仅要健体，还要育智、育德、育心等。长此以往，学生对体育运动的热情会逐渐减少乃至丧失，使得体育这门最能缔造快乐的学科，演化为学生厌倦、逃避，甚至憎恶的学科。

2. 碎片化教学割裂了运动统整体系

体育教师课堂教学方法较为单一化，机械地将某项运动技能的学习分解成一个个技术环节，再将一个个技术环节教给学生，割裂了运动技能的完整性，导致学生学习起来较为困难。小学生在体育运动技能认知方面还不够成熟，不擅长将运动技能联系起来。当然由于学生存在个体差异性，适当地分解技术动作进行教学是有必要的，但不是必需的。单一化的教学方法导致学生上课无精打采、毫无生机，减弱了课堂多元化的教学效果，损害了学生学习的积极性、主动性，使课堂教学有练无赛、有赛无评。当下的课堂，运动技能训练碎片化的现象仍占一定比例，没有聚合而统整的课堂教学体系，无法依托于完整、真实的运动情境，以一定的范式形成技能勾连，使得技能学练陷入“只见树木，不见森林”的困境。

3. 刻意植入弱化了体育学科本质

情境教育在基础教育领域发挥着重要的辐射作用，已成为所有学科致力学生核心素养培养的有力支撑。在体育学科中，运用情境实施教学也颇受认同。然而，不少老师对情境理念曲意解读或过度盲从，视创设情境为课堂改革的一种潮流，在体育课堂上，偏重形式的堆砌与演绎，将与教学目标毫无关联的活动网罗在课堂。情境的创设只是教学的“源”，却不是学习的“本”，这种过度包装的情境是缺乏生命力的。

二、“健康第一”理念的践行出现偏差

从推行现状来看，“健康第一”作为关键词，广泛地出现在与体育与健康课程相关的文件和与学校体育相关的活动中，这是对国家重要政策的回应。然而在对“健康第一”这一理念的理解与实施中，也出现了诸多误区。

1. 德育活动与健康追求的理解存有分歧

体育作为学校教育的载体，需要遵循教育、教学活动的规律和要求。这里的教育活动主要是相对学校体育的教、学、练活动而提出的。如果说教、学、练等主要针对身体、技术等层面，教育活动则更多指向德育的人文、教育价值层面。在实施过程中，有时候就出现了体育教学活动中德育开展与健康追求两者的不兼容。

2. 技能学习与体能训练的强度出现分野

从一般意义上说，学校课程主要通过教学予以实现，教学目标包括传授、学习知识和技能，并在此基础上发展学生的品性、能力、态度、情感和价值观。从这个意义上来讲，体育教学尽管需要融入身心发展或身心健康元素，但其基本内容仍为运动技能的传授。学校体育实践中，健康的要求主要通过体能指标及部分可量化的心理指标予以体现。

在教学过程中，以外在表现的优劣性和可评价性为主的技能指标，决定了其可作为体育教学的主要评价和考核内容。与此相对，以体质、体能为主的健康指标（与体育相关)，难以在阶段性教学周期得到有效提高。根据不同项目的技能特征，体育教学过程一般分为两种模式。一种是单个、部分技战术学习，与完整技战术之间没有严格的界限，学生具备基本的跑、接、传（投）等能力，甚至只需具备日常生活所需的运动能力，就可以进行练习或比赛。另一种是单个、部分技能到完整技能和比赛需要循序渐进，学生学会单个或部分技能不能或不宜进入完整技能的练习或比赛，如田径的大部分项目等。尽管从技术形成和教学原则来看，这些项目的教学宜尽可能采用完整技术或结构性动作教学，但对某些复杂、难度大的技术来说，必要的分解、慢速练习是不可或缺的。如乒乓球、羽毛球，虽然学生学会基本技能后可以较早地完成简单的完整练习，但相关技术还处于初步阶段，往往较为粗糙，不够正确、规范和熟练。

篮球、足球等运动项目可以在教学早期通过跑动和争抢达到特定的中高强度要求，而其他诸多项目的大部分教学，通常难以达到课标规定的强度水平。如果为满足特定中高强度的要求，忽略技术的指导学习，急于求成，必将造成拔苗助长的后果。虽然此类项目无须系统、严格的教学过程，但其基本技能仍需要必要的规范、改进、提高和熟练。也就意味着这些项目的教学不应一味地维持中高强度，应该合理地调整强度，以适应运动技能的发展。

第四节　探求历程

教学主张，是指教师在对教育教学规律深刻把握的基础上，在教学实践中形成的较为稳定、富有特色的高度统摄，对教学是什么和怎么教的见解和立场。教学主张是思想和理念的深度聚焦，是对学科与特质的准确把握、理论与实践的高度概括，具有独特性、稳定性、系统性、价值性、生成性、发展性等显著特征，它与教师的禀赋、学养、经验和眼界都有紧密的关联。

“立体育人”教育主张的提出也是我们在对自身教学理解和教学行为的反复叩问与反思中，结合阅读和实践的不断深入逐步成形的，其内涵是在不断丰富和完善的过程中，从破格到立格，再到初步形成的。

一、“3T”课堂：教学策略的破格与创新

2012 年，笔者在参加了几次省级及以上的教学大赛之后，总结了参赛经验，同时对体育课堂教学现象也有了诸多反思。纵观各地区的小学体育课堂，学生对体育课的热情毋庸置疑，然而学生在课堂上的学习状态令人担忧：学生对运动知识和技能被动接受，学生的主体意识未能充分彰显，学练的效度也难以实现。

在笔者看来，好的体育课堂必须具备承载“思考（导向与分析）”“操练（体验与学练）”“检验（评价与发展）”的教学环节。具备这 3 个教学环节的体育课堂才能帮助学生更好地运动，树立正确的价值观。这 3 个词分别对应英语单词“think”“train”“test”，取其首字母，就变成了“3T”。

1. 思考——导向与分析

“思考”主要是围绕学练活动所展开的一系列关于运动技能学习、学习方式体验、合作交往、情感态度参与等的思维活动。学生根据老师的提问及引导，主动进行分析、综合、推理、判断。在体育教学中，运动技能的形成过程离不开思维，离不开大脑对运动技能的分析和综合，在分析和综合的基础上，动作表象才能转化为动作概念，学生才能掌握动作要领和规则。

在教学过程中，教师让学生主动思考问题，可以让他们更积极主动地投入学练，帮助他们建立自我学习的意识。思考的方面包括针对技能动作学习的思考、学习方式的思考、自我反思与针对改进措施的思考、针对创

新思维能力培养的思考等。

在教学中，教师注意引导学生积极思考，使学生从大量的体育教学表象中认识到体育教学的内涵，加深对教学任务的理解，促进对体育知识、技能的掌握，进而形成对体育教学的理性认识，因此，在引导学生思考之前，教师先要预设出找到正确答案的完整路径，为正确引导和评价做足功课。学生的完整学练过程是由若干个小环节组成的，在每一个环节里面，建议只解决一个重点问题，引导学生进行点性思考，找到问题的答案。同时，问题的设置要符合学生的学情，要从各年龄段学生的心理、生理特征，学生已具备的知识、技能、经验进行考虑。鼓励学生大胆质疑，这样才有利于培养他们的自主学习能力及终身学习能力。

2. 操练——体验与学练

“操练”的核心是学练策略的设计，学生在教师的引导下，通过各种教学手段、教学方法的落实，在积极的参与中，达成对教学对象认知、行为、情感上的根本改变。因此，学练策略的设计与实施至关重要，科学、合理、巧妙、高效的学练策略直接影响教学的成败，这也是衡量教师教学水平的一个重要标准，学练策略的取舍、优化、运用都需要教师的积极思考。

一方面，学练策略的设计应科学、合理、巧妙、高效。首先，每一节课的学练策略的设计要聚焦于教学目标、重点、难点，创设一个完整的情境，形成一条鲜明的主线。比如，水平二（三年级）“前滚翻”一课的学练策略为 5 个进阶性的学练游戏：胯下辨向移动游戏→团身接力走游戏→携物滚翻游戏→滚翻穿呼啦圈游戏→完整动作练习。其次，按照具体学情设计分层学练形式：① 有斜坡的前滚翻练习；② 有宽度限制的前滚翻练习；③ 有远度限制的前滚翻练习。这样的设计符合动作技能形成的规律，也遵循了学生身心发展的规律。最后，学练策略的选择依据相应学段学生的身心特征，体现一定的趣味性，适时适度调控，灵活运用契合学生能力的学练手段。

另一方面，学练策略的设计要统筹运动负荷，关注技能学习与体能发展。体育课程是以身体练习为基本手段，以增进学生健康为主要目的的课程。运动能力的提高，身体素质的增强，须以一定的运动负荷作为支撑。

把握好学练节奏，处理好运动强度、运动密度和运动量的关系，是达成有效课堂的重要因素。因此，教师在设计学练预案的过程时，要依据学生的基础能力进行分类，并分别设计运动密度、运动强度和运动量的练习。在具体的设计中，有三个关键之处：① 全面考虑整堂课强度、密度和量的安排；② 细致考虑课中各个环节强度、密度和量的安排；③ 预设学生在强度、密度和量安排下的心理体验及变化，设计灵活调整的预案。在教学中，技能学习与体能发展是相辅相成的，技术动作和动作表现能力（运动能力）是密不可分的。只有不断提高学生的身体机能和表现动作的能力，才能更有效地促进学生掌握技术动作。所以在技术教学的过程中，务必针对学生体能进行学练设计，遵循由易到难、由简入深的原则，循序渐进。通过一堂课的教学，学生既掌握了技术动作，也提高了体能，这样的教学才是真正高效的。

3. 检验——评价与发展

“检验”的实质是评价与发展，是根据思考的导向、操练的体验，对学生的发展进行积极评价，并提出具有可操作性的建议。从参与评价的对象上来看，包括自我评价、生生评价、师生评价等方式。通过设计合理的评价内容，采用灵活的评价方式，学生能够获得自我肯定与满足，并能自我反思，互相纠正，以求改进提升。好的检验主要通过以下两个方面来实现。

一方面，关注个体的进步，注意评价导向。检验的过程是评价与发展的过程，促进学生进一步发展是检验的目的，有助于激励学生更有效地进行学练。教师有意识地引导学生评价自己，让学生对自己在体育课中的学习情况展开评价，不仅可以培养学生的思维判断能力，还有利于提高学生对学习活动的期待值，增强学生自学、自练、自评的能力，发挥学习的创造性、独立性和自主性，从而有针对性地做出自我改进，进一步完善自己。

另一方面，重视情意表现，促进心理健康和社会适应。在日常的体育教学中，很多教师总会将评价的关注点集中于技能掌握和活动结果，却忽视了学生在学练活动中的情感体验、学练态度、合作交往等，而所忽视的恰恰是学生主动学习的内驱力。所以学生在学练时，教师一定要关注他们的态度变化、情感体验等，即时、适时地给他们正确的引导和肯定。从点影响到面，辐射榜样的作用，营造积极进取、和谐向上的教学氛围。以“快速跑”为例，笔者不主张将“规定距离内谁跑得最快”作为评价的标准，因为这对于不以运动能力见长的学生来说，明显不够客观、公正，这样单一的评价方式容易让学生产生挫败感。笔者基于学情，重新拟定比赛细则，在规定时间内，看谁跑得远，让学生留下标记，然后通过快速跑的学练，再让他们在规定时间内跑，班上绝大部分的同学都会比先前跑得更远。这样的自我评价手段更能让学生不断地挑战，刷新自己的纪录，保持运动的热情。

可以说，“3T”教学的探索与实践，让笔者逐渐明晰了体育教学对于发展学生思维能力、锤炼学生意志品质的意义。与此同时，笔者也陷入新的迷茫：“3T”教学中所涉及的“思考、操练、检验”是否窄化了体育教学的内涵呢？《中国学生发展核心素养》正式颁布后，学科教育的发展走向育人本位，这意味着体育教育将承载更丰富的育人内涵，需要通过阅读，完善理论支撑，把握体育学科本质，锤炼真正适切于学生全面发展的体育教学。

二、“育动”课堂：运动情境的设计与优化

伴随着新一轮课堂改革的不断推进，课堂建模成为新课堂改革的一个重要标志。基于在前期“3T”教学中生发的思考，笔者开始了对体育教学的重新审视，通过优化学练策略，丰富学生的真实体验，这也应成为笔者后续探寻课堂改革之道的出发点。

李吉林老师在导师的提点之下，专注一生创立的情境教育理论与实践体系情境教育，为笔者打开了一条通道，成为笔者研究的有力支撑。怎样的情境创设才具有适切性，才能与体育学科本质深度交融呢？体育课堂应创设有助于学生综合素养提升的真实运动情境，以问题导向、任务驱动为引领，让学生学习并掌握结构化的运动知识和技能，不仅培养与其年龄相应的运动能力，同时还帮助他们形成健康行为，锤炼体育品质。

“育动”课堂就产生于这样的思考之下，以体育课堂中的体育运动作为载体，在优化的运动情境中，学生在人文底蕴、科学精神、学会学习、

健康生活、责任担当、实践创新六个方面得到全面发展。对比“3T”教学阶段，“育动”课堂更依托于运动情境的创设与运用。运动情境具有以下特点：① 运动情境具有整体性。它贯通于学校体育课程实施的全过程，是服务于学生身心发展的学习性场域。② 运动情境凸显真实性。运动情境学习性场域是将运动技能融于具体项目，在拟真化、还原化的场景中进行技能训练的学习应用或真实体验。③ 运动情境彰显教育性。指向学生的自由运动、非功利性运动，让学生在运动中尽享怡乐，锤炼意志，获得审美能力，着眼于学生体育核心素养的培养。

1. 真场景：以项目特性为基准

运动情境的实施，就是为了实现从单一的技术教学向体育核心素养培养的转变。基于每一种个体项目的特性，我们将学生、知识和器材等元素耦合，生成动态的拟真场景，引领学生积极参与，逐步生成能力、形成素养。如在“排球双手正面垫球”一课中，自抛自垫、一抛一垫、两人对垫是经常会采用的练习手段，这些手段旨在让学生熟练掌握垫球的基本技能。但这样的练习手段忽视了垫球技术在排球运动中的应用价值。不如改变思路，改进练习手段，在学生初步学会垫球后，让学生两人一组，在一个排球场地内进行以垫球为主的排球比赛。同时设置限制条件，要求任意一方垫球在不超过 3 次的情况下，必须过网。用真实的比赛场景营造出真实的运动情境，学以致用方能真正落地。学生在比赛中巩固动作技能，体验小团队配合，思考比赛策略，感受胜利或失败。

2. 真问题：以任务驱动作导向

所谓任务，即在课堂上要完成的事情。任务的完成需要相应的技术和能力作为支撑，在完成任务的过程中经历实践，方能内化认知，形成能力。任务达成的核心便是驱动，这就需要依托任务情境的创设，将课堂上原本枯燥的知识和技能学习，转化为能满足学生兴趣、激发起学生挑战意愿的任务清单或梯度问题，由学生通过运动体验来完成相应的问题或任务，将外驱力逐步转化为学生自身的内驱力。让学生的运动能力持续提高，运动兴趣也能一直保持。笔者在执教水平二（三年级）“前滚翻”一课时，根据教学内容属性及学生的身心特点、动作技能水平，设计了几个任务情境：身体抱成球原地跳几跳，保持低头→团身垫上前后滚动，球形不散→在用垫子搭建的斜坡上进行翻滚，尝试翻滚完站起来→放平垫子，进行完整的前滚翻学练→在软、硬垫子上分别完成前滚翻，感受滚翻速度→给予一定的距离或面积限制，促进动作的协调连贯。学生在这些情境中始终围绕“如何做到团身低头、滚动”这个问题进行思考和行动，通过不断的运动体验最终找到方法，解决问题。针对学生的个体差异，任务问题情境的设计还需要体现分层架构，关注不同能力学生的最近发展区，在场景设置中配以不同的任务安排，这样的情境才是真正面向全体，让每一个学生的运动素养都得到提升。

3. 真实践：角色职责促体验

对比其他学科，体育学科显然对个体与团体的平衡要求更高，学生需要在真实学习情境中形成合作共同体，并在互相的磨合与学习中，不断纠正并完善自我。尤其在涉及许多团队性的运动项目上，如球类运动、田径接力等，除了关注力量、速度、耐力和柔韧度的生理、生化指标外，还要关注集体配合与切磋的交互性训练目标。因此，对角色职责意识的培养在运动情境的创设中不可或缺。比如，可以模拟标准化赛事，整合学习和评价，达成知行合一。针对具体学情，体验不同的角色职责，除比赛场上的前锋、中场、后卫、守门员外，教练、裁判、观众、记者团等角色都由学生来担当，全方位地呈现一场完整的球赛。

可以说，“育动”课堂基于运动情境的最优化建设，让体育课堂真正成为学生的课堂，贴合学生身心发展的规律和特征，开辟了运动技能学习的有效途径，探索了一条发展学生体育核心素养的新思路，让学生感受“真情境”，学会“真技能”，懂得“真运动”，学会“做真人”。

第二章　立体育人的价值追求：立德树人导向下的学科担当

立体育人教学，指向的是立德树人教育根本任务在体育学科的具体践行，它立足人的全面发展，以体育课堂教学建构与体育活动生态建设为两大研究引擎，开启课堂内生与活动外化的双驱动，使体育学科的育人功能从单线走向多维，力求打通课堂内外，联通时空维度，贯通学习生活，让体育运动真正发挥健身健体、育德育心、怡情怡性的作用。立体育人教学主张框架见图 2-1。

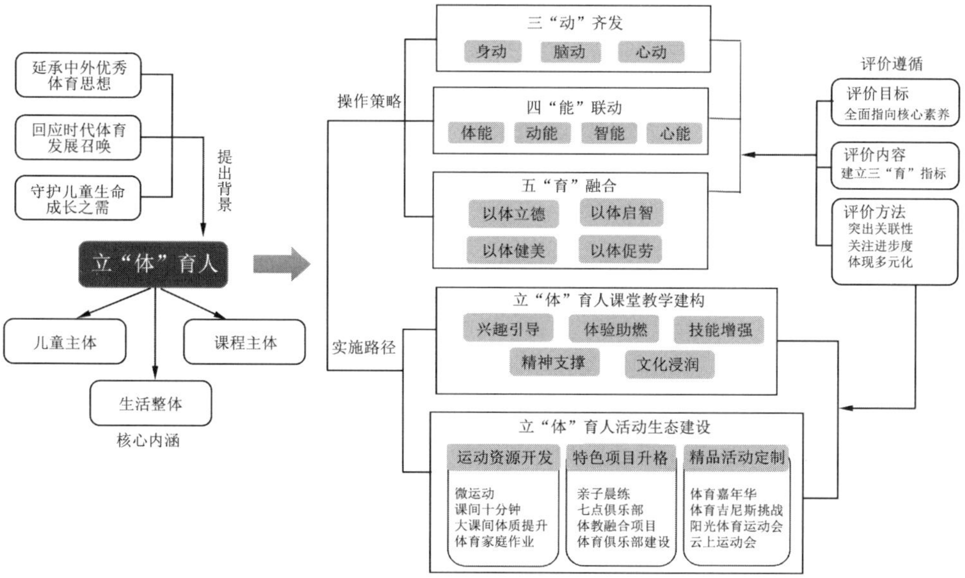

图 2-1　立体育人教学主张框架

第一节 内涵解读

立体育人显性的内涵为基于身体运动实施全面育人，同时，“立体”又是多维的。因此，立体育人一方面在育人路径上遵循体育学科的本质特征，另一方面在育人目标指向上融合完整的“立体”视角。立体育人中的“体”至少具有三重意义指向：儿童本体、课程主体、生活整体，这也明确了体育教学出发的原点和前行的路径（图 2-2）。

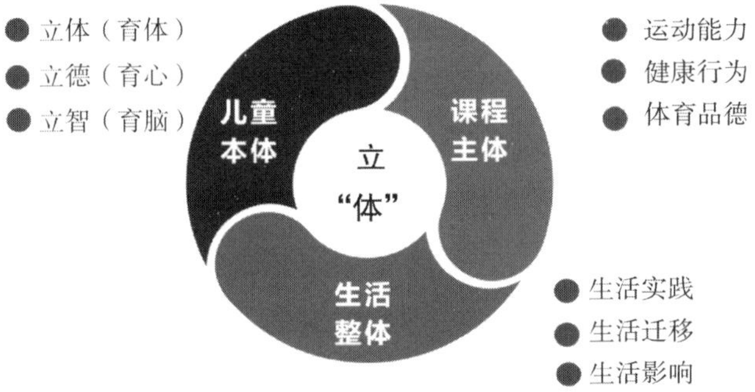

图 2-2 立体育人教学主张核心内涵

1. 儿童本体

立体育人所追求的育人观，始终将儿童作为完整的人。因为人与其他生命体存在本质的区别，这种本质的区别体现在人拥有超越自然生理特征的“精神胚胎”。因此，体育教育的终极指向既不是片面追求体育的本质功能——“育体”（“增强体质”“强身健体”），也不是空泛地强调教育功能——“非身体运动的育人”，而是“强身健体前提下的育人”，即“育体+育脑+育心”（立体育人）。“育体”，通俗讲则为健体，侧重于促进身体的健康发展，主要是指通过体育基础知识、基本技能的学习，发展运动能力，提高体能，增强体质；“育脑”指向于思维层面，具体表现为运动认知（运动知觉、运动记忆、运动思维）的获得和健康行为的习得；“育心”侧重于精神层面，但又是建立在运动健体的基础之上的，主要以身体运动为途径发展个性，培养德行，培养品格。三者相辅相成，促进身心合一，实现立体育人。

立体育人的教学主张所追求的育人观，又具有着鲜明的儿童属性。因为儿童是带有显著年龄特征的群体，他们各有不同的禀赋及能力，且存在无限变化的可能，这些都构成了儿童生命成长的独有密码。《课程标准（2022 年版）》强调以学生全面发展为原则，遵循教育教学规律。从身体素质发展的角度分析，学生的体能发展（力量、速度、耐力、柔韧度等）在不同的年龄层级存在较大的差异，要关注学生素质发展的敏感阶段，不失时机地、循序渐进地、有针对性地实施教学，这样才能让学生在学习中获得终身可持续发展的力量。从身体活动规律的角度分析，学生的运动需求与其身心发展的特征是相吻合的，小学阶段的儿童，大多好动，热衷于游戏化的运动项目。在这个阶段，教师应遵循儿童身心发展的规律安排教学内容，以锻炼身体基本活动能力为主，在具体的运动情境中引导学练结构化的运动知识和技能，在运动项目的设置上凸显游戏化特征，让学生在运动中获益。追求健康，固然是体育学科的本职要务，对生命本质特征和成长需求的关照，也应融汇于体育教育的全过程。以生命教育为内核，尊重生命的多元与独特，还原儿童主体，锻炼儿童身体，丰润儿童思维，使其潜蕴的生命能量得到充分的激发，并获得终身成长的源泉与动力。

2. 课程主体

体育教学是体育课程的核心，而体育学科核心素养作为体育课程的学科基础，自然也成了确定体育教学目标的依据。体育课程目标从曾经的“四大领域”（运动参与、身体健康、运动技能、心理健康），发展到如今的“运动能力、健康行为、体育品德”三个方面的体育核心素养。其中，运动能力包括体能状况、运动认知与技战术运用和体育展示或比赛三个维度。健康行为包括体育锻炼意识与习惯、健康知识与技能的掌握和运用、情绪调控及环境适应四个维度。体育品德包括体育精神、体育道德和体育品格三个维度。

显然，体育学科核心素养本身存在学科性与抽象性，这会导致基层教师产生理论盲区与实践误区。立体育人的教学主张，通过寻找体育学科核心素养与体育教学目标的共通点，为两者的自然对接提供可行路径。其一，立体育人始终围绕运动能力这一关键素养，并将与之对应的“运动技能目标”设置为关键目标，成为确定其他教学目标的基础与核心。但运动技能目标的达成，不是仅停留于单一的运动技术教学，而是将技术教学、技术组合教学、技战术运用与发展运动能力融会贯通，这样就能赋予体育教学“运动技能目标”真正的意义。同时，立体育人教学主张始终关注学生在相应阶段的体能发展，将体育教学的“体能目标”与运动能力素养中的“体能”相对应，因为“体能”是“运动能力”核心素养的下位概念，设置体能目标是促进学生体质健康的长期诉求，这也是体育教学有别于其他学科的特殊要求。其二，它凸显出体育品德是体育核心素养中的重要组成部分。体育品德赋予体育教学情感目标更为丰富的内容与意义，且无痕渗透于课堂教学的具体活动中，使得体育学科教学“立德树人”的价值得以真正落实。其三，它确保健康行为素养将得到应有的关注，突破简单的运动知识认知，把与健康教育有关的知识融入日常的体育技能学习和实践中，并将其延伸到日常健康知识与行为之中，这就拓展了体育教学认知目标的范畴，帮助学生养成健康文明的生活方式，按下立足当下学习与指向未来生活的双重键。

立体育人教学主张厘清体育教学目标与体育学科核心素养之间的关联，通过分层介入，剖析层级关系，精准融合，寻找耦合要点，从课程主体视角出发，基于不同学生的能力水平、学习特征和身心发展的需求，运用情境的创设及多样化的教学方式和方法，从核心素养和谐发展的角度形成结构化的设计。

3. 生活整体

体育产生于生活，亦内化于生活。运动技能很多产生于人类生存手段或生活方式的创造性改造，因此，生活是体育项目产生的天然基础。远古时期，人类在猎杀与防御中采用的滚翻、腾起等搏斗动作，形成了走、跑、跳、投、攀、格斗等运动技能。人们在此基础上进行创造性改造，即为田径、武术等运动项目的雏形。生活中蕴含着诸多的体育元素，立足生活整体，是学校体育的时代走向。立体育人所追求的是让体育为生活赋能。

其一，它将生活作为课堂的价值生成场所。立体育人教学主张倡导体育课堂教学从生活出发，它关注学生运动经验的直接来源，以生活为依托，教学内容、教学目标、教学方法、师生关系均趋向于生活化，在优化且真实的运动情境中，实现体育与生活的对接。可以说，学生在运动学练的过程中，个体的认知能力及运动思维的发展，都有赖于身体动作的学、练、赛来实现，这其实就是生活技能内化于心、外化于行的过程。因此，立体育人课堂特别关注具身体验，强调设计多元、立体、真实的运动学习情境，让学生能够完整地体验源自生活的游戏、比赛的运动现场，掌握相关的运动技能，获得相应的运动交往能力，比如在比赛中如何有效与伙伴协作；如何遵照规则参与竞争；面对比赛中的突发情况及不可预测的比赛结果，如何及时判断、积极应对，并对自我情绪、心理状态进行积极调控。这些在潜移默化中生成的能力被迁移运用于解决生活、学习中的具体问题，形成应对挑战的高阶技能，并促进了正确的行为方式和价值观的养成。

其二，它将培养完整的人作为目的。对学校体育而言，发展人的身体素质是培养“完整的人”的前提和基础，任何围绕身体素质发展而展开的实践活动，都是为了人的全面、完整且可持续的发展，最终获得生活的意义和价值。立体育人的教学主张将体育学科的育人价值归于促进学生身心发展，形成良好的生活方式，并最终指向于生活意义的获得。学生学习某一项运动技术或参与某项体育活动的过程，也是发展身体、愉悦心情、促进个体社会化、提高自我意识的过程。

第二节 操作策略

围绕培养“完整的人”这一根本目标，立体育人的课堂及活动引领学生经历的是整体化、深度化、活动化、情境化的学习体验过程，与体育与健康学科的本质功能——“通过身体练习来育人”深度融合，通过“身动、脑动、心动”这一立体而整合的学练活动，指向学生体能、动能、智能、心能四种能力的综合发展。与此同时，在具体项目的运动情境中，构筑跨学科融合新体系，培养学生体育学科核心素养，实现体育养德、益智、勤劳、尚美的育人功能。

1.“三动”齐发

身动：以项目为基础，形成运动能力。《课程标准（2022 年版）》指出，“运动能力是体能、技战术能力和心理能力等在身体活动中的综合表现，是人类身体活动的基础”。显然，运动能力这一核心素养的培养是以身体练习为基础的。就运动能力中的“体能”而言，就包含了与健康密切相关的体能（心肺耐力、肌肉力量与耐力、柔韧性等），以及与运动技能相关联的体能（灵敏性、平衡性、协调性、速度、反应等），任何一种体能的提高，都必须以特定的身体练习和身体活动为基础，而技战术能力和心理能力同样需要依托于身体活动。依循各种运动项目中特有的练习方法与方式，引领学生积极参与并融入项目的丰富实践体验中，实现从单一的技术学习向组合化、结构化动作技能学习的转变，让身体与认知在互动中逐步生成聚焦运动项目特性的运动能力。

脑动：以任务为驱动，获得运动认知。相较于其他运动能力，运动认知的具体表现形式具有内隐性。它与体育认知应是两种不同的概念。体育认知侧重于对体育概念、价值、意义、经验等的感知和理解，不一定与具体的运动实践紧密联系，比如，体育赛事的解说员未必参与运动实践，但对体育现象具有很好的认知水平。而运动认知的形成，发生在真实的运动实践中，并以具体的运动体验为依托。运动认知包括运动知觉、运动记忆和运动思维三个维度。立体育人的课堂，依托于运动项目的不同特性，针对运动情境中呈现的现实问题形成任务驱动，学生通过自主化的深度学习，让身体练习和思维活动共同参与，获得运动认知的提升。

心动：以角色促体验，涵养体育品德。体育品德是指在体育运动中应当遵守的行为规范及形成的价值追求和展现的精神风貌。相比其他学科，体育课堂中对个体与团体的平衡要求更高，具体表现为要求学生在真实运动情境中融入各种角色体验中，形成合作共同体，并在互相的磨合与学习中，不断纠正和完善自我。这更有助于个体在团体中健全人格、优秀品质的培养。立体育人课堂中，体育品德的培养和运动能力的形成是互为支撑的，培养学生运动能力的过程中所创设的运动情境，既带给学生丰富的情感体验，也能使学生通过参与运动体验培养尊重他人、团结协作等品质。

2. “四能”联动

身动、脑动、心动的共同作用，形成了对人的身体、思维、心灵的综合培养，却对应着体能、动能、智能、心能四种能力的发展。因为，体能发展是体育学科有别于其他学科的特殊要求，它既是运动能力的外在表现，又是提升运动能力的基础条件。因此，由身动、脑动、心动共同构成完整的运动认知系统，从而实现体能、动能、智能、心能四种能力兼容并进，最终形成立体育人的合力。

学科属性为“四能”联动提供了生长的基因。以身体练习、技能学习、体能训练为身体性活动特征的体育教学实践活动，通过身体主体系统（身、脑、心）的相互碰撞、对话、交流和融合，生成教学意义，建构和完善身体主体。因此，在立体育人的课堂上，学生的主体参与将得到充分彰显，从“身体体验”出发，在“身体合作”和“身体交流”中，体悟“身体思维”，在师生之间身体行为和情感思维的变化中，实现知行合一。比如，基于立体育人理念下的校园足球运动，就充分彰显了“身心育人”之道。对青少年进行足球运动教育，最核心的价值就是“育体”，即有效增强学生的体质，因此，应在结构化的运动情境中让学生积极参与足球运动，同时也关注他们的身心平衡。学生从基本动作、身体素质、传接球的规范与应用等外在指标进行充分学练，内在感知体系中的意志力、合作力等也得到应有的培养。内外双重指标形成“身心合一”的运动体验，使学生依托足球运动，提升生命质量，激发足球运动的原动力，达成对足球技能的熟练掌握和对身体的自我完善，在感知、知识、德行、健康、人格等方面全面升华，提升生命质量。

显然，立体育人所涵盖的四种能力的培养是不可割裂的，但基于不同内容、不同类型的课堂进行落实，又统中有分，各有侧重。比如，田径类项目重在体能和运动能力的培养，同时也渗透着情绪调控、心智磨砺；球类运动智能培养的指向性更强，因为球类运动不仅需要过硬的个人技能，有时还依靠团队战术的灵活运用，是观察力、判断力、决策力、行动力共同作用的过程；体操（韵律操）内容则更多关注的是心能，让学生积极展示体态之美、运动之美、合作之美，培植自信，享受运动的意趣。

3. “五育”融合

“五育”融合是新时代背景下实现“五育”并举和落实立德树人根本任务的基本途径。2021 年，《〈体育与健康〉教学改革指导纲要（试行）》也指出：注重学科融合与课程思政，在中华优秀体育文化传承的同时，鼓励适当在体育教学中开展情境式跨学科主题教育教学活动，促进综合育人目标的实现。体育作为“五育”的“中心”，具有丰富的内涵。体育学科与其他学科融合，发挥学科综合育人价值也是新时代体育教育的必然要求。以体育课堂教学为载体，融入其他教育形式，融德育、智育、美育、劳动教育于其中，发挥“以体带全”的功能，即体育学科可向多学科渗透，用体育带动全学科的融合发展。

“五育”融合学科不是“1+1”式的简单拼凑，而应有明晰的教育目标、丰富的教育内容、无痕的组织实施等，在课堂上所涉及的“各育”应呈现出互为表里、自然相融的和谐气象。立体育人教学主张所倡导的五育融合方式主要有两种。一是以体育课堂教学为载体，在其中渗透其他教育，形成“体育+德育（智育、美育、劳动教育）”的课堂样态，从而实现多育成效。在这种教学方式中，体育课堂教学不仅要实现体质健康促进、运动技能传承等体育学科本位的教育价值，还要在其中渗透德育、智育、美育、劳动教育等教育元素，以达到以体树德、以体启智、以体健美、以体促劳的融合育人效应。二是以体育课堂为主体，创设融合其他学科教育于一体的跨学科主题式课堂教学情境，在凸显体育学科主体地位的同时，渗透其他学科教育，进而实现“五育”融合。如以户外探险活动为主线的主题体育活动，以发展学生运动与健康知识为主体，同时将美术、自然、历史等学科知识融入其中，可以达到同时发展学生多学科素养的教育效果。这两种方式显性的差异是前者是在体育课堂上自然渗透其他教育元素，教学过程中并非明确向学生传达要完成涉及的多学科学习任务，融合意图偏向隐性化；后者需要用一个主题将各育串联起来，教学过程中要求学生明确其所需完成的多学科学习任务，融合意图偏向显性化。

立体育人教学主张提倡“五育”融合导向的体育课堂教学目标，在认知、技能、情感三维目标渗透其他学科教学目标，并以此为统领引导教学内容选择、组织实施与教学评价等教学活动开展。以“篮球行进间上篮教学”一课为例，传统的“篮球行进间上篮”教学目标，一般设计为“记住行进间上篮动作要领”“掌握行进间上篮动作技术”“在篮球游戏中形成团队合作意识”。在“五育”融合视域下，认知目标维度可以渗透历史学科教学目标，将其丰富为“记住行进间上篮动作要领，了解行进间上篮动作由来”；技能目标维度可以渗透艺术学科教学目标，将其丰富为“完成行进间的行进步伐与投篮动作，绘出一大二小三上跳的动作结构图解”；情感目标维度则可以渗透音乐学科教学目标，将其丰富为“在篮球游戏中形成团队合作意识，并学会欣赏篮球游戏中的音乐”。

教学内容整合强化。教学内容是实现教学目标的载体，立体育人教学强调以“五育”融合理念为导向，以体育教学内容为“主干”，有选择地加入其他学科的教学内容，形成嫁接式教学内容体系。这样的嫁接将孕育出更加丰富立体的教学内容，在教学内容体系的搭建方式上可采取两种方式，第一种方式以体育教学内容为主体，加入其他单个或几个学科教学内容。比如“直线走”一课，开展“体育+音乐”内容整合，教师可以设置随鼓点节奏做各种步伐练习的内容，既能发展学生体能，又能加强学生的韵律节奏感；再如“蹲踞式跳远”教学，开展“体育+美术”内容整合，学生依据对所学动作的理解，绘出技术分解示意图，既能加深对所学运动技能的理解，又能训练绘画技能。第二种方式的教学策略如下：以体育教学内容为主体，通过“跨学科主题教学”吸纳多个学科内容进行融入。又如“障碍跑”练习，可结合红色主题教育活动“重走长征路”，在设计中将历史、美术、音乐、数学、语文等学科元素加以融合，让学生通过合作研学长征史，结合数学的比例学习，绘制长征路线图，并结合阅读所得，利用现有的体育器械设计各种障碍，模拟长征路上的艰难险阻，学生在完成障碍跑的过程中，扮作“红军战士”，在长征组歌的铿锵曲调中，获得丰富的情感体验。活动后，教师可要求学生撰写体验日记，记录学习心得。这种教学方式强调各学科教学内容互动，把学生从单一的分科教学中解放出来，实现各类学科的无痕渗透，从而达成“五育”融合的效果。

第三节　实施路径

一、立体育人课堂教学建构

创设具有整体性、真实性、教育性的“运动情境”是立体育人课堂最基础的策略，运动能力、健康行为和体育品德等素养的培养均落实于具体项目的运动情境中，产生于身体参与的过程中。凸显真实场景，针对现实问题，呈现多样方式，指向的是学生自主化的深度学习。学生通过动作记忆、方法掌握、生理感受及情感认知，形成运动能力，并联动其他素养深度发展。

1. 任务驱动

运动知觉的形成需要视觉、听觉等多种感觉共同参与。立体育人课堂对运动知觉的培养落实于细化的活动任务中，让学生感知动作的变化、运动的方向、运动时间的长短、运动用力的大小等；同时，借助外界运动的物体或对象，使学生形成对客体反应的认知。如在足球课的教学中，为了帮助学生形成对足球运动的认知，教师让学生在实战中充分感受球的运动方向、球所处的空间位置、队友及对手的运动行为等，努力调动这一过程中多种感官的联动，在反复训练中，学生具备了良好的运动知觉。

而记忆包含信息编码、信息存储和信息提取三个阶段，运动时记忆越深刻，就越有利于形成高度分化的运动技能水平。因此，教学需要设计有梯度的任务，强化运动记忆，从而形成高度分化的运动技能水平。在变换的场景中增大活动的密度，提高活动的效度，延长学练的时间，增加学练的频率，使运动中的信息编码不仅形成在头脑中，更成为贮存于身体中的运动记忆。比如足球课“脚背正面运球”，关于运球技能的运动记忆，主要经历如下形成过程：无球模仿→触踢固定球→在行进间触碰球→推拨运球感知球与脚之间的关系→在对抗中触球→在模拟比赛中触球，在具有梯度性的活动任务中不断巩固并形成运动记忆。

2. 体验助燃

运动场景的真实呈现，其用意是让学生在“真情境”中进行运动技能学习，凸显动作技能学习的实用价值，即落实学以致用，在“真情境”中学练“真技能”，实现“真育人”。真实的运动情境要与动作技能的属性高度相关，要以学生学会该项运动为目的，再现真实运动场景的局部或整体。每一项运动都有其特定的运动场景，在学习运动技能的过程中，教师应尽可能创造条件还原局部或者整体，构建运动项目的真实场景，比如，在“快速跑”一课中，可融入真实的比赛元素，让学生感受更真实的比赛现场。首先，教师需要明确告知学生将要体验奥运会或全运会的 100 米比赛，然后让学生自由选择代表的国家或地区。教师在发令的时候可用英文或中文，组织教学时可将跑的组次按预赛、复赛、半决赛、决赛等进行定位。这样的运动情境营造，一方面让学生置身于比赛的现场，丰富比赛时的心理体验，感受竞技的魅力；另一方面通过竞技比赛的筛选功能，突出个体差异，合理将运动能力接近的学生分在一组，帮助学生建立信心，激发他们对快速跑的喜爱。

除此之外，在立体育人课堂中，运动思维的培养必须借助直接的动作操作来进行，学生需要根据运动项目的特性与属性，以及自身的身心特点，将思维聚焦于身体练习和运动本身。比如，针对“起跑第一步不宜过大”，可以组织学生分组展开对比实验，通过体验与观察，学生领会到若第一步步距过大，会影响提速，不利于迅速进入加速跑状态。当学生成为一个技术的探究者、发现者时，就自然能够建构技能，形成正确的技术判断。同时，运动思维的培养又依托具体战术的实景体验，渗透在运动竞赛前和运动竞赛的过程中，体现在预测比赛进程、确立战术意图、制定各种战术方案、规划和运用各种战术的思维过程中。如在“篮球胸前传接球”练习中，思考应该怎样把球传给最有利、站位最合理的队员；在“足球战术”练习中，思考怎样利用空当突破、传球达到进球得分的目的。形成战术中的运动思维，既需要了解对手的情况，还需要根据各种临场情况做出精准分析，及时作出判断后迅速改变自身的战术方案。这种拟真的比赛场景可以营造出真实的运动情境，让学生在比赛中巩固动作技能，体验团队配合，思考比赛策略，感受成败得失。

3. 技能习得

每一个运动项目都具有整体性，应整合单一运动技术，设计有层次、有递进的学练手段，全方位、系统化地进行学习指导，让学生对运动项目有完整的认知。立体育人的课堂情境中，一个很重要的特征就是情境创设的完整性，如何给学生呈现组合动作技能或是结构化的运动技能，与运动项目本身的特质紧密关联。比如，在“障碍跑”的教学中，笔者曾将两种障碍的设置方式进行过比较。第一种：在 30 米的距离内设置跑、钻、跨、跳四种单个障碍，学生在跑的过程中分别通过四种障碍，强调通过障碍的方法，保持跑速；第二种：在 30 米的距离内设置两组障碍，每组障碍由跑上阶梯到达一定高度后，跳下阶梯接侧滚翻，再钻过呼啦圈，强调组合动作完成的协调性和流畅性。结果显示，两种障碍设置的形式不一，达成的效果也不同，第二种组合障碍的设计，给学生营造了一个更富挑战、更接近实际、更具发展的运动情境。动作技能的组合，对学生持续完成动作提出了更高的要求，更有效地发展了学生的灵敏度和协调性；而高处跳下接侧滚翻，又是一项贴近生活的实用运动技能和自我保护方法，这样的运动情境设置让技能学习更有价值。再如，集体球类项目，更须将单一技术纳入整体化的项目实践，因为球类项目更关注队员之间的有效跑动，球的合理转移，以及位置路线、传接时机等战术应用。在这种结构化组合技能的运动情境中，学生通过反复的真实比赛或模拟游戏，真正体现了学以致用，同时激发了学生学习技术的内驱力。

4. 精神浸润

体育精神是体育形象的反映和诠释，对个体行为具有规范和导向作用，可具化为自信、勇敢顽强、积极进取等外显的品质表现。立体育人的课堂凭借真实运动情境的创设，引发学生的情感共鸣，以明理促笃行，调动身体参与的积极性，将体育精神浸润于活动情境中，并在不断强化中，成为支撑健康行为的内在力量，衍生为成长的无限动能。如在体操课和韵律活动课中，笔者设置了展示区域，变教师推优展示为生生互动邀请，让更多的学生在同伴的相邀中，感受体育中“友谊至上”的和谐氛围，在自由展示的舞台上树立信心；有时学生面对具有挑战性的运动项目，容易产生畏难心理。因此，运动情境的设置要关注个体差异，体现层级梯度，力求让每一个学生都获得成功的体验，与此同时，教师应适时激励，引导学生互赞共勉，使学生获得挑战的信心。为守护好学生对体育的热情，教师可以对传统的评价及奖惩方式进行改良，如惯常做法是竞赛结束后，输的一组被罚做深蹲或者俯卧撑，这样会减弱学生参与运动的积极性。不妨转换思维，给予胜者展示的机会，奖励获胜的小组进行开合跳或集体做俯卧撑，尽情展示成功者的运动魅力，把培育崇尚运动、热爱运动的体育精神根植于课堂细节中。

此外，立体育人课堂要重视对合作分工、合作策略、合作方法的指导，在评价时更应关注学生在合作中的参与度、积极度、贡献度，以及面对输赢时正确的态度。体育学科赋予了规则独特的价值和属性。规则认同，即让学生能够了解规则、遵守规则，并能将其延伸至社会和人际交往中。而且立体育人的课堂借助运动情境的创设，科学、合理地制定运动规则，挖掘其深层价值，更凸显运动项目的本质特征。当然熟知每项运动的不同规则，也是运动情境应该承载的认知过程。比如，在“接力跑：上挑式传接棒”的教学中，学生分组进行传接棒动作的自主巩固，学练环节还原了比赛的“运动情境”，学生明白了什么是接力区，懂得了必须在接力区内完成传接棒才有效，在规范传完棒后还要在规定的跑道内随跑。有规则约束的技能学习才是真技能学习的开始。又如，在“羽毛球：发后场高远球”一课中，若将学生分成两组，面对面进行发球练习，虽然能有效加大练习的密度，但这样的学练形式没有发球规则的约束，还要另辟时间去讲解有效发球区域的规则。如果将这一形式稍加改进，在场地上画一些竖线，两人分别站在线的两侧，一人发球，一人接球，就会形成对角线接发球的练习形式。这样的练习形式不仅营造了羽毛球比赛的运动情境，更让学生理解了有效发球区域的概念，懂得怎样的发球才有效，接发球的站位应该在哪里。培养学生的规则意识不能只是空谈，它应该有机地融合在运动情境中，学生应在个体尝试、合作体验中培养对规则的认同感、需求感，从而自动调节自身行为。因此，教师须充分挖掘运动的内涵，运用丰富的内容和优化的手段，让学生在变化与发展的运动情境中，培养规则意识。

5. 仪式感培养

体育教学中尤其需要仪式感，可以增强学生对运动项目的认知能力。丰富运动中的仪式体验也是立体育人课堂的重点关注点，力求让运动情境实现理性与感性的结合。从基础的服装配置来谈，需要学生穿运动服、运动鞋。如在运动强度较大的课上，体育老师可以要求学生穿运动短裤；在篮球课上，可以让学生穿上篮球背心；在体操课上，有条件的学校可以让学生换上体操鞋等。这些容易被忽视的仪式细节，恰恰是学生尊重运动、崇尚运动、热爱运动的最初动力。

又如在一些球类的比赛中，双方队员在比赛前要有入场仪式，要彼此握手以示友好，啦啦队员要有组织地给队员加油，比赛结束后球员要向观众致谢等。这些看似烦琐的程序，能让学生最直接地感受运动文化，领悟和传承运动精神。也正是在这些仪式中，学生获得了角色的归属感和价值的认同感。

二、立体育人体育活动生态建设

1. 全时域覆盖：从随机散列到一脉贯通

以“尊重兴趣、基于经验、融入生活、多元选择、立足长远”为理念，开发适用于多种场合的运动资源，着力改变体育活动实施惯常的散块状与随机性特征，因时因地制宜，分时段、有指向地改善锻炼方式。

其一，一线串珠，多维延展。将运动活动项目贯穿融合于学生的一日学习与生活中，构筑一个立体的项目活动网络（表 3-1）。同时，在活动对象、活动时域上均做适度延展：在凸显学生的运动主角意识的同时，通过家长协同陪伴，教师组织和引领，实现运动参与的全员化；校内运动习得技能，居家运动助力养成，社区运动融通生活，实现运动区域的无界限发展。

表 3-1　一日运动活动项目安排

项目名称	时间、地点	活动方式	活动目标
亲子晨练	7:00 至 8:00 学校操场及运动场室	每日 7:00，家长带领孩子进校园进行 1 小时的晨间锻炼，按操场功能分区域自主选择锻炼项目	激发兴趣
* 七点晨练	7:30 至 8:00 学校操场及运动场室	由体育老师组织，以游戏的形式进行高密度、小强度的体育运动	
课间活动	课间活动时间 教室附近活动场地	开发小空间、短时间、小群体的课间活动，在传统活动项目上推陈出新	调节学习节奏，愉悦身心
大课间质能提升	9:55 至 10:30 15:10 至 15:30 学校操场及运动场室	开发富有特色的大课间活动，突出活动内容个性化、活动组织实效化、活动形式趣味化、活动效果高效化	体验掌握运动方式与活动形式
体育家庭作业	每日放学后 学生家中或社区运动场所	依托社区家庭中的设施，设计具有创意和增值价值的体育家庭作业，以学生带动家庭，家庭影响社区，实现全民运动	巩固、延展和提升校内运动项目

注：* 为疫情时“亲子晨练”项目的改良。

其二，整体架构，互为关联。涉及一日的活动项目，不仅是时空上的统一部署，活动项目也不是简单的并列铺排，每个项目都有各自的目标取向，凸显主次，互为关联："亲子晨练"和"七点晨练"重在激发兴趣；"课间活动"为自主性运动，重在调节学习节奏，愉悦身心；"大课间质能提升"是体育课堂之外一日活动的主体，不仅活动密度大、强度高，教师的组织和干预更多，学生对运动方式、活动形式的掌握也更好，对其他活动项目具有辐射作用；"体育家庭作业"则是对校内学习的有效复习和补充。厘清活动目标的层级关系，可使得具体实施具有明确的方向；关注活动的均衡与连续，可避免操作的盲目与随意。

其三，遵循差异，渐次生长。遵循指定和自主相结合的原则，对每一个项目都进行弹性设计，既有规定动作，也有自选动作，年段活动内容的架构需要考虑学生的年龄特点，使活动安排有理有序。如"大课间质能提升"作为一日运动活动的主体项目，根据不同年段学生体质发展和成长需求，仅以体能发展大课间活动为例，分化出"柔韧协调性体能游戏""灵敏性体能游戏""力量性体能游戏"三个年段子项目，并提出不同程度的目标要求，这样的活动序列避免了活动内容的无序和重复，实现了从简单到复杂、由单项到综合的梯度变化和年级衔接。

2. 精品化订制：从因需而动到创新而为

教会、勤练、常赛是践行课标要求的具体路径，而"亲子晨练""七点晨练""微运动""体育嘉年华""体育吉尼斯""体育俱乐部""阳光体育节"等特色项目旨在实现运动项目的普及，既助推技能发展，又通过技能普及运动。每一个项目的产生，都着眼于学生发展的需求，助力育人方式的优化。在实施过程中，教师基于儿童身心发展特征，顺应时代环境变革，创新活动形式，使其认知水平与体能相契合。

亲子晨练、七点晨练：家校合力，亲情相伴。"亲子晨练"既拓展了体育锻炼的活动空间，又延长了温馨的亲子时光，同时也让家庭、学校真正成为和谐的整体。疫情之下，家长无法进入校园，于是学校将此项运动改良为"七点晨练"，学生自主参与，教师陪伴运动。

微运动："微运动"项目作为实现学科合体的适切载体，以板块式推出 8 类微运动项目类型，开发出含 56 个微视频的"微运动"资源，将运动技能训练与传统文化、民间艺术等基本素养无缝衔接，深层交织，立体呈现，以求夯筑育人基点，实现体育学科的价值负载。这些操作类小视频，构建起运动素材资源库，其提供的视频二维码链接，便于教师、学生、家长依据类别甄别选用，既可以穿插运用于课堂教学，同时又可以从课堂延伸到课外，渗透于学生学习与生活的诸多方面。

三大体育节：联动项目，创意实施。“体育嘉年华”是对其他运动项目的阶段性总结，分为个人挑战、团队竞技、亲子运动、家长展示、极限挑战等板块。活动前，学校体育组和社区街道办事处征集“最受喜爱的运动项目”，并结合具体实情，遴选出适宜的运动项目，其中包含传统游戏项目（敲大鼓等）、球类运动，田径项目等，形成一份菜单式的活动清单，并设置规程，让参与者尽早准备。赛事活动实现了传统与创新、个人和团队、学生与家长的多重结合，营造出和谐的氛围。“体育吉尼斯”是“体育嘉年华”的延续，鼓励学生随时挑战最好成绩，定期为成功者举行具有仪式感的颁奖礼。“阳光体育节”由线下与线上两大板块组成，首先是将线下运动会的规定项目进行创新化实施。比如，这学期我们基于新课程方案所提出的核心词是“跨学科学习”，我们在线下举行跨学科赤足运动会，把体育运动项目与劳动、科技、美术、音乐等学科融会贯通，同时我们还顺应特殊时期线上学习的需求，设计了“云上运动会”，利用“天天跳绳”APP 布置体育家庭作业，通过对人体动作的智能识别，完成对个人运动能力的评估。

第四节　评价原则

教育评价的最大特点是人是评价的中心，学校体育教育评价也不例外。素养为纲是义务教育体育课程体系的出发点和落脚点。因此，立体育人教学主张所遵循的评价体系，其宗旨是培养具备体育素养的人。基于核心素养评价的角度，下面从评价目标、评价内容、评价方法三个方面进行设定。

1. 评价目标：全面指向核心素养

虽然已经有人强调对三维核心素养进行协同评价，但是在实际操作中依旧存在健康行为、体育品德评价被弱化的现象。运动能力的评价目标应追求提升学生在运动中的综合表现，避免单一动作技能的评价。不能在评价过程中忽略动作技能细节，要对专项运动能力设置较高水平的目标，使学生熟练掌握关键技能，还要高度重视以体质健康为评价指标的体能状况。健康行为的评价应重视学生身心发展，不仅要设置身体健康目标，还须设置增强学生社会适应能力等心理健康目标。体育品德评价目标应突破课堂评价的框束，既突出对学生在体育课堂中德行表现的正式评价，也关注对学生在课外体育活动中德行表现的非正式评价。

2. 评价内容：建立“三育”指标

《课程标准（2022 年版）》明确了体育与健康课程要培养的核心素养，主要是指学生通过体育与健康课程学习而逐步形成的正确价值观、必备品格和关键能力，包括运动能力、健康能力和体育品德等方面。那么，体育与健康学科的评价指向主要是包含运动能力、健康行为和体育品德等方面的核心素养内容。对照立体育人教学主张的核心内涵，可从育体、育心、育脑的角度进行评价模块及指标的设定，“育体”对接能力模块，重点是针对运动能力和体能发展进行评价，具备体育素养的个体拥有展示多种多样的动作技能和运动模式的能力，同时达到与生长节律相匹配的体能数值，该模块是体育素养评价的核心内容。“育心”则包含品德和价值观评价模块，考量学生是否认同体育活动对健康、快乐、挑战、自我表现的作用和在社会交往中的价值，也能展示出尊重自己和对他人负责的个人与社会行为。“育脑”主要指认知模块评价，评价学生在体育学习中形成的对体育概念、运动战术、策略的认知与运用。这三个模块虽然紧扣素养进行评价维度划分，但评价内容相互渗透、相互影响。

3. 评价方法：突出关联性，关注进步度，体现多元化

评价的关联性，是指具有共同项目特征的评价内容之间的关联与统一。一般指在一种运动项目情境中获得的技能、知识或态度对同属性项目的迁移与影响。比如足球、篮球、排球、橄榄球等球类运动都具有技术与战术的关联，因此，在评价方法上可以相互关联，相互借鉴，相互融合，形成球类运动特有的评价体系。

学生的个体差异在体育运动中表现得尤为突出、直接。很大一部分是

先天遗传的因素所致，这种先天的差异直接导致了学生技能学习的快慢和运动能力的强弱。在评价中，教师要特别重视、尊重这种差异，减少生生之间的横向类比，更多侧重于个体的纵向对比。

以身动、心动、脑动为主要表现形式的课堂中，学生的运动能力、健康行为、体育品德的素养表现会呈现多元化，因此在评价中要杜绝单一性，体现多元化。尽可能通过多元评价，找到让学生健康成长的积极因子。

综上所述，立体育人追求的是体育与健康学科的本质属性，顺应学生身心健康发展的本体需求，让培养“完整的人”的教育理念在体育课堂中得以构建和学校体育活动建设中得以施行。教学内容的处理和重构，以及活动设计的优化与创新，使得学生运动能力的形成、运动认知的获得、运动品质的培养，都在真实和完整的运动情境中无痕着陆，自然生成。

第三章　立体育人的课堂实践：教学理念支撑下的教学案例

第一节　奔跑，最美的成长姿态（田径类）

“跑：站立式起跑”课堂教学案例

一、教材内容的价值分析

本课内容为水平二（三年级）跑与游戏单元的第 3 课时“跑：站立式起跑”。

1. “育体”价值

跑是一种简单可行的运动方式，我们的日常生活、学习和体育锻炼都离不开跑。站立式起跑是基础的运动技术，技术含量并不高，主要应用于中长距离跑、迎面接力跑、跳远等各种运动的助跑中。其动作重点如下：异侧手臂在前，上体前倾，用力蹬地，快速摆臂。本课的教学，将站立式起跑的技能内涵与游戏拓展有效衔接，利用体育器材，把站立式起跑融入追逐跑、障碍跑、迎面接力跑等练习之中，吸引学生的注意力，提高学生的练习兴趣。技术动作学习的最终目标是在活动中正确运用，熟练掌握站立式起跑动作，能使学生有效锻炼下肢的力量、速度、平衡等，促进听觉、视觉等本体感觉能力的提升，提高快速跑的能力。

2. “育脑”价值

所有体育活动的过程都离不开思维，因为一切动作技能的形成与运用都是在中枢神经系统的支配与调节下完成的，所以站立式起跑的学习不是简单的重复性练习，而是运动思维的多重参与。比如，起跑时需要集中注意力，听口令、看信号都有助于活跃大脑；快速反应能力的提高，需要大脑和身体的密切配合；战术运用依赖思维活动，要对场上错综复杂的变化做出正确的判断……所以，在知识转化为能力的过程中，教练可以充分利用运动器械与游戏，对练习者的感知能力、专注力、观察力、逻辑思维能力和分析判断能力等进行有意识的培养与指导。

3. “育心”价值

没有一门学科是一座孤岛，体育与其他学科之间总有千丝万缕的联系，而这正是我们进行跨学科学习的着眼点。教学中，练习内容的设计不能拘泥于技能的学习、体能的发展，要注重运动素养的提升。体育运动是一项开放的活动，有特殊的教育功能，能多渠道、深层次、全方位培养学生的意志品质和体育品德。在游戏中，学生能接纳、信任同伴，通力协作，培养合作意识，形成团队凝聚力；在挑战时，学生能感受到自己的心理状态，正视自卑心理、挫折心理，从而提升信心，增强毅力；在比赛时，学生能约束自己的行为，有助于树立规则意识，正确面对输赢；如此，“跑”的简单练习也被赋予了高层次的育人意义。

二、学习目标的设置

(1) 知道站立式起跑的动作与口令，了解起跑动作在运动中的运用。

(2) 掌握站立式起跑的动作方法，做到异侧手臂在前、上体向前倾、用力蹬地、快速摆臂；发展下肢力量，培养灵敏、协调的身体素质，提高快速反应能力和奔跑能力。

(3) 积极进行各种跑的练习，在比赛中能遵守规则，信任同伴，通力协作，共同感受体育活动中的成功与失败。

三、教学重点与难点的确定及突破方法

(1) 教学重点：异侧臂在前，上体前倾。

突破方法：① 抢占阵地；② 换位扶圈；③ 跑位接圈。

(2) 教学难点：用力蹬地，快速摆臂。

突破方法：① 助跑器上起跑；② 人圈追逐；③ 玩“九宫连珠”游戏。

四、学练手段的设计思考

第一，身动。运动的乐趣在于练习的过程，但仅仅一些简单的反复练习是无效的。本课教学充分考虑运动技能的特点，将技术动作设计为一个个递进的游戏：前倾送圈—异侧手滚圈—抢占阵地—换位扶圈—跑位接圈—人圈追逐—九宫连珠，将枯燥、重复的练习变得有趣、有序、有效。本课教学不再过分关注简单的起跑动作，而是着眼于结构化的基本运动技能，尝试将练习融入与之匹配的追逐跑、障碍跑、迎面接力赛中，同时结合视觉、触觉、听觉反应进行起跑练习，促使学生形成丰富的运动体验。整个过程由易到难，层层递进，循序渐进地帮助学生掌握运动技能。

第二，脑动。运动中的脑动无处不在。站立式起跑动作的易错点如下：同手同脚、重心滞后、起跑反应慢、蹬地不充分等。为解决这些问题，我们围绕动作技术，开启学生思维，通过“动体—动脑—实践—体验”等环节，让学生学会发现问题、分析问题、解决问题。在学练过程中，将对学生观察力、判断力、逻辑思维能力、策略分析能力的培养贯穿课程的始终。比如，通过“换位扶圈”游戏，学生明白异侧手臂在前更有利于快速起动，能更好维持身体的平衡；为什么上体要前倾？让学生通过比较明白身体前倾有利于向前加速；利用“助跑器”起跑，则能让学生体验到有力蹬地带来的反作用力，并解决主动摆腿、迅速摆臂的难题；“九宫连珠”游戏，是脑力与体力的完美结合，场上形势瞬息万变，需要队员利用敏锐的观察力、缜密的战术思维力、清晰的判断力迅速果断地做出正确的决策。

第三，心动。站立式起跑虽简单易学，却蕴含着丰富的心理活动，能培养奋勇争先、超越自我、战胜困难的心理品质，发展互助合作、有效沟通、凝聚团队的人际交往能力，塑造遵守规则、尊重同伴、友好竞争的体育品德。本课的练习形式，多以双人、多人、团队合作的方式进行，这就需要学生间相互交流，互帮互助，共同解决在学习和锻炼中遇到的问题，从而掌握合作的技能，养成合作的意识，形成良好的合作习惯。在“跑位接圈”游戏中，设置不同距离的梯度进行练习，先让学生有成功的体验，再引领学生不断挑战新高度，培养坚韧不拔的毅力。“九宫连珠”游戏，不仅启发学生商讨战术，更强调对规则的遵守，这样既能让学生在规范的约束下进行体育活动，也能让他们形成正确面对输赢的价值观。

“跑：站立式起跑”课的教案

教学对象：水平二（三年级）　　单元课次：跑与游戏单元第3课时

<table>
<tr><td>学习目标</td><td colspan="8">1. 知道站立式起跑的动作与口令，了解起跑动作在运动中的运用。
2. 掌握站立式起跑的动作方法，做到异侧手臂在前、上体前倾、用力蹬地、摆臂；发展下肢力量，培养灵敏、协调的身体素质，提高快速反应能力和奔跑能力。
3. 积极体验各种跑的练习，在比赛中能遵守规则，信任同伴，通力协作，共同感受体育活动中的成功与失败。</td></tr>
<tr><td>学习内容</td><td colspan="8">1. 跑：站立式起跑。
2. 游戏：九宫连珠。</td></tr>
<tr><td>教学重点</td><td colspan="3">异侧臂在前，上体前倾。</td><td>教学难点</td><td colspan="4">用力蹬地，快速摆臂。</td></tr>
<tr><td rowspan="2">教学流程</td><td rowspan="2">教学内容</td><td rowspan="2">教师活动</td><td rowspan="2">学生活动</td><td rowspan="2">组织队形
安全要求</td><td colspan="3">运动负荷</td></tr>
<tr><td>时间</td><td>次数</td><td>强度</td></tr>
<tr><td rowspan="2">师生互动

激发兴趣
8′</td><td>1. 师生问好。
2. 课堂常规。
3. 趣味戏圈。
① 走跑入圈。
② 前倾送圈。
③ 摆臂扶圈。
④ 平衡顶圈。
⑤ 滚动接圈。
4. 游戏：抢占阵地。
方法：运用直立、转身、屈膝、蹲立等起跑姿势，快速启动，看谁先入圈。</td><td>1. 常规检查，关注、调节学生的情绪。
2. 宣布课堂内容及要求。
3. 带领学生充分利用圈，进行热身活动，适时提醒安全活动距离。
4. 组织学生两人一组按规定动作进行竞赛，比较、思考最佳起跑姿势。</td><td>1. 体育委员整队，汇报人数，亲切问好。
2. 明确学习内容及要求。
3. 根据动作要求进行模仿练习，动作正确。
4. 集中注意力，积极参与，体验快速启动。</td><td>四列横队
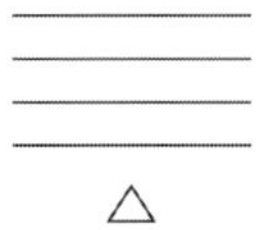
要求：在规定的区域内充分活动，注意安全。
组织要求：两人一组听信号竞赛。</td><td>2′

3′</td><td>2

3~5</td><td>低

中</td></tr>
<tr><td colspan="7">设计意图：“趣味戏圈”充分考虑器材的属性和技能动作的规格，不仅提高准备活动的趣味性，还融入上体前倾、快速摆臂等动作要领，对主教材的学习进行引入和铺垫。“换位入圈”则是运用多种姿势（直立、转身、屈膝、跪撑等）起跑，体验快速启动，提高反应能力，两人间的快乐竞赛也为后续的合作学练奠定基础。</td></tr>
</table>

续表

教学流程	教学内容	教师活动	学生活动	组织队形安全要求	运动负荷		
					时间	次数	强度
趣味学练 掌握技能 18′	1. 视觉起跑：换位扶圈。 方法：两人一组迎面站立，看到同伴松手，快速去扶对方的圈。	1. 讲解和示范动作方法，组织两人一组进行活动，强调左脚在前、右手扶圈。	1. 相互配合，游戏时做到异侧手臂在前。	1. 要求：两人一组，练习时规定跑进路线。 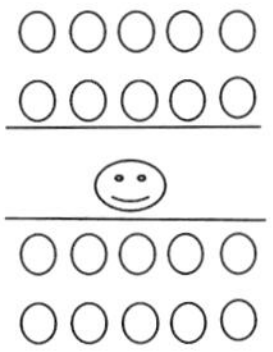	2′	3~5	中
	2. 学习“各就位”动作。	2. 启发学生回忆“各就位”动作，示范动作方法，用口诀的方式指挥学练，提示用力脚在前，能更好地稳定重心。	2. 大胆展示动作，归纳动作要领：两脚前后屈膝站，脚尖对准起跑线，异侧手臂放在前，重心落在前脚上。	2. 要求：在圈内进行模仿练习，两人一组互帮互学。	1′	5	低
	3. 听觉起跑：跑位接圈。 方法：设置3个不同的距离，逐个进阶。	3. 示范、指导学生相互听口令进行练习，做到身体前倾，快速起跑。	3. 改进动作，维持身体平衡，并能选择适宜的距离进行挑战。	3. 四人一组进行比赛，不断进阶挑战自我。	2′	5~8	中
	4. 触觉起跑：在助跑器上起跑。	4. 和学生配合，示范动作，组织学生利用助跑器合作进行体验练习；启发学生思考如何做到快速起动、用力蹬地。	4. 认真观察和模仿，两人互帮互练；明白用力蹬地后，快速摆腿，主动摆臂是关键。	4. 要求：后者用前脚掌顶住助跑器防止滑动，用拍背发令的方式进行练习。	2′	3~5	中偏高
	5. 游戏：人圈追逐。	5. 组织前后两人一组，进行人追圈、圈追人的游戏，重点对站立式起跑动作进行点评。	5. 一人起跑，一人滚圈，集体听教师的哨音进行比赛。	5. 要求：圈滚得直、滚得稳，在跑动过程中注意安全。	2′	3~5	
	设计意图：遵循“发现问题—分析问题—解决问题”的思路，巧妙使用器材作为一个切入点来实施有效教学。 换位扶圈：帮助学生理解并掌握异侧手臂在前的动作要领。 跑位接圈：运用口诀进行动作学练，逐渐挑战难度，明白上体前倾、重心前移能获得最快的起跑速度，真正赢在起跑线上。 助跑器上起跑：给予学生足够的体验空间，让学生直接感受到蹬地有力为快速起跑带来的效果。 人圈追逐：在合作学练中强调技能的应用与评价，增强学习的自信心。 本环节还可通过视觉、触觉、听觉反应进行起跑练习，突出身体动作的变化，注重动作的有效运用，采用单人练习、双人配合、多人挑战的练习形式，提高站立式起跑动作的稳定性与熟练性。						

续表

教学流程	教学内容	教师活动	学生活动	组织队形安全要求	运动负荷		
					时间	次数	强度
游戏竞赛 体验乐趣 10′	游戏：九宫连珠 方法：以击掌接力跑的形式，在九宫格内下棋（地标垫），最先成功连接三个珠的队获胜。	1. 讲解游戏的方法和规则，强调游戏的要求。 2. 指导学生进行尝试练习，提示学生遵守游戏规则。 3. 复盘讲评，指导双方学会攻守转换。 4. 游戏进阶：在途中设置障碍，组织学生分组对抗，并评定胜负。	1. 听清游戏的方法，明确游戏的规则和要求。 2. 分组体验游戏，熟悉游戏过程。 3. 积极动脑，商讨战术意图，合理制定方案。 4. 团结协作，相互鼓励，遵守规则。	要求：两组比拼，每队各设1人为指挥员，其他3人参赛。 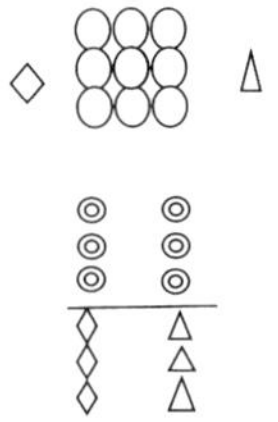	6′	2~3 2~3	高
	设计意图：充分利用本课所有的器材，进行集体性趣味运动游戏的开发，不拘泥于技能的学习、体能的发展，注重学科的整合，健身又动脑，让学生有体验多种练习的经历，全面发展自身素养。 体育比赛的特点之一是竞技性，为了在比赛中取胜，就要引导学生有效合作，不仅要商定战术，还要愉悦接纳同伴，全力以赴发挥自己和团队的水平及潜能。活动中更强调规则的遵守，引导学生形成正确面对输赢的价值观。						
稳定情绪 身心放松 4′	1. 放松练习。 2. 课堂小结。 3. 布置课外作业。 4. 师生再见。	1. 带领学生利用圈进行身心的放松。 2. 引导学生进行交流，积极、正面评价自己和同伴。 3. 指导学生进行课外练习。 4. 组织学生收还器材，与学生道别。	1. 跟随老师做拉伸放松练习。 2. 交流本课的学习收获与体会。 3. 明确课外练习内容，能积极、主动地进行活动。 4. 协助老师收拾和归还器材，与老师道别。	散点进行放松活动。 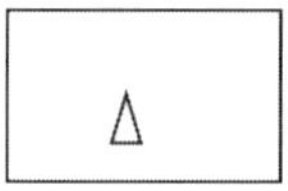 要求：充分拉伸，放松身心。	2′	5~8	中 低
	设计意图：利用呼啦圈进行肢体拉伸，舒缓心情。进行课堂总结时鼓励学生大胆表达感受，突出学练中与伙伴的配合，对自我的评价。最后布置课后练习，把体育锻炼由课内向课外延伸，引导学生形成主动锻炼的意识。						

续表

课后作业	利用生活用品（拖把、笤帚等）与家人挑战“跑位接棒”游戏。		
课后评价指标	优秀	良好	及格
	用站立式起跑动作，成功挑战 2.5 米距离，接住物品。	用站立式起跑动作，成功挑战 2 米距离，接住物品。	用站立式起跑动作，成功挑战 1.5 米距离，接住物品。
负荷预计	平均心率：130~140 次/分　　练习密度：55%左右　　运动量：中等偏强		
场地器材	呼啦圈、地标垫每人各 1 个、录音机 1 台		
安全措施保障	1. 运动前充分活动各关节，运动后做好放松。 2. 正确引导运动行为，提示合理的练习间距。 3. 强调遵守游戏规则，防止违规竞争。		

“合作跑”课堂教学案例

一、教材内容的价值分析

本课内容为水平三（五年级）跑与游戏单元的第 4 课时——“合作跑”。

1. “育体”价值

本单元一共安排 7 课时，本课为第 4 课时，以“合作跑”为教学主题。本课之前的 3 课时，安排了 30 米跑、50 米跑、接力跑（4×30 米~4×50 米）等活动，学生知道了剧烈运动前要充分做好准备活动，初步掌握了加速跑、接力跑的基本方法，能够做到蹬摆协调、大腿积极向前上方抬高。学生在此基础上进行本课多种形式的合作跑，可以进一步增强自身的腿部力量，提高快速跑能力，对协调、速度和力量素质发展都有积极的作用。针对合作跑的动作特点，体能练习安排俯撑击掌，改变肌肉群锻炼部位，尽可能做到全课体能均衡发展，充分发挥教学内容的“育体”价值。这样的教学安排有助于实现本课学习目标，也符合学生的年龄特征。

2. “育脑”价值

合作跑没有简单地把学习跑的技术作为最终教学目标，而是让学生在手牵手跑、手挽手跑、搭肩跑等的过程中，与同伴一起相互感受“同频共振”状态下的配合与互助，学生既丰富了跑的运动体验，又感受到了合作的乐趣。在合作跑表现出来的外在状态，反映思维的灵敏度、合作的默契度。教师可以及时做出指导和调整，从而反复训练学生的思维能力。教师在处理教材时要注意发挥评价的作用，使评价不断指导学生，让学生的身体行为变得有目的、有效果，与思考同步，相辅相成。

3. “育心”价值

田径项目中，跑并不怎么容易吸引学生。如果是长时间进行简单、重复的练习，五年级的学生肯定会缺乏学习兴趣。“跑”项目简单易学，不会因为“学不会”而给学生带来心理负担。因此，注重教材重组的趣味化、学练形式的多样化，可以跑出精彩。这里的精彩自然也体现在合作中，在讲究规则的合作中形成团结、拼搏、自信、自强等素养。对于本单元中的前 3 课时来说，如果合作、协同意识还没有完全被唤醒，那么本课教学就是一种催化，助推学生自然而然地与同伴交往，共同解决合作过程中所遇到的诸如用哪只手相牵、先迈开哪一只脚等实际问题。教师对教材的处理能够凸显其较高的“育心”价值。

二、学习目标的设置

（1）知道并能做出多种合作跑的动作，体验多位同伴合作跑的要义与连续奔跑的身体协调性。

（2）通过合作跑和相关游戏练习，发展下肢力量和动作的协调能力，增强速度、灵敏、耐力等素质。

（3）能积极参与合作跑练习，在与同伴的合作中乐于展示自我，遵守规则，团结协作，勇争第一。

三、教学重点与难点的确定及突破方法

（1）重点：合作跑的动作方法。

突破方法：① 自然铺垫，环环相扣；② 尝试练习，反思实践；③ 榜样示范，自我调整。

（2）难点：动作协调，节奏一致。

突破方法：① 观察、商讨、纠正；② 评价、反思、展示；③ 比赛、重组、创造。

四、学练手段的设计思考

第一，身动。一是设计链式活动，实现主辅教材的技术衔接。例如，开始部分的热身练习中，穿插编排了腿部运动、灵敏性训练等内容，由此自然而然地过渡到后面合作跑的初步体验性学习，让学生在不知不觉中进入自主学习状态。这种状态，由重温已学技能，到学以致用锻炼跑的耐久性以及发展协调、灵敏、力量等身体素质。二是设计展示环节，让优秀的身体动作成为榜样。例如，手挽手跑、俯撑击掌等动作，都随机让学生示范，使身边的伙伴成为某个动作的“小先生”，不断涌现出好的动作、好的榜样，帮助学生树立自信心。教师观察学习者的具体表现后调控教学行为，真正体现“以学定教”。

第二，脑动。注重启发和引导。在合作跑主要环节中，本课设计了多处让学生思考、创造合作跑形式的环节。目的之一是便于学生学习和掌握，启发思维；目的之二是使得动作难易程度符合学生的认知水平。如果直接讲授、布置、提要求，就失去了教材本身的潜在价值。课堂生成的多种形式合作跑是创新思维的产物，注重引导、启迪，让学生自主感悟合作跑形式的名称、要领，使课堂充满生机和活力，真正做到“以学生为主体，以学习为中心”。另外，在体能练习中，“接龙”俯撑击掌，需要掌握好“接龙”的时机，做到“无缝”对接，不耽误时间。这就需要随时观察，随时准备，从而体验到动脑思考带来的快乐。

第三，心动。培育合作素养，营造踊跃展示的和谐氛围。本节课采用小组合作、个性展示、语言激励、学生互评等手段，创建平等、和谐的师生关系，通过趣味比赛合作跑、小组创造合作跑及素质练习等形式，使学生在欢快、愉悦的环境中踊跃展示、善于合作、积极反思。善于合作，在本课主要体现在合作跑过程中主动和同伴商讨、交换自己的想法、选择更符合组内合作跑的方法，同时也要照顾到同伴的感受，不是一味以自己为中心。合作素养的养成，需要教师在日常教学中不断引导，帮助学生逐渐树立合作意识，这样对于“心动”才有积极的作用。

“合作跑”课的教案

教学对象：水平三（五年级）　　单元课次：跑与游戏单元第4课时

<table>
<tr><td>学习目标</td><td colspan="6">1. 知道并能做出多种合作跑的动作,体验多位同伴合作跑的要义与连续奔跑的身体协调性。
2. 通过合作跑和相关游戏练习,发展下肢力量和动作的协调能力,增强速度、灵敏、耐力等素质。
3. 能积极参与合作跑练习,在与同伴的合作中乐于展示自我,遵守规则,团结协作,勇争第一。</td></tr>
<tr><td>学习内容</td><td colspan="6">1. 合作跑。
2. 体能练习:俯撑击掌。</td></tr>
<tr><td>教学重点</td><td colspan="2">合作跑的动作方法。</td><td>教学难点</td><td colspan="3">动作协调,节奏一致。</td></tr>
<tr><td>解决方法</td><td colspan="2">1. 自然铺垫,环环相扣。
2. 尝试练习,反思实践。
3. 榜样示范,自我调整。</td><td>解决方法</td><td colspan="3">1. 观察、商讨、纠正。
2. 评价、反思、展示。
3. 比赛、重组、创造。</td></tr>
<tr><td rowspan="2">教学流程</td><td rowspan="2">教学内容</td><td rowspan="2">教师活动</td><td rowspan="2">学生活动</td><td colspan="3">运动负荷</td></tr>
<tr><td>时间</td><td>次数</td><td>强度</td></tr>
<tr><td>关联再建</td><td>一、课堂常规
1. 课前准备、动员。
2. 师生问好。
3. 宣布本课的学习任务及内容要求,安排见习生。
4. 队列练习。</td><td>1. 集体整队。
2. 与学生问好。
3. 宣布学习内容及要求。
4. 发号口令指挥队列练习,声音洪亮。</td><td>四列横队
△
* * * * * *
* * * * * *
* * * * * *
* * * * * *
1. 站队静、快、齐,认真听讲。
2. 师生问好。
3. 明确学习任务。
4. 动作准确到位,声音清晰、洪亮。</td><td>2′</td><td>3</td><td>低</td></tr>
<tr><td>引发期待
6′</td><td>二、小游戏:几只青蛙几条腿
前脚掌走;
脚后跟走;
小青蛙跳;
两只青蛙三条腿;
……</td><td>1. 边讲解边带领学生练习,用口令指挥。
2. 适时语言提示动作的要求。</td><td>1. 动作协调、模仿到位。
2. 注意力集中,反应灵敏。</td><td>2′</td><td>5</td><td>中</td></tr>
<tr><td></td><td colspan="6">设计意图:常规队列练习后,组织学生在自编儿歌中或面对面,或手牵手,或手挽手活动全身,协同合作;“几只青蛙几条腿”互动式儿歌及相应动作拉近师生、生生之间的心理距离,激发运动的兴趣;“前脚掌走”等趣味走,既活动全身(身动),关注特定的走姿(脑动),全过程又以学生手牵手互动活动为中心,强调多种模拟小游戏手牵手“不松手”(心动),为新学习奠基。</td></tr>
</table>

续表

教学流程	教学内容	教师活动	学生活动	运动负荷		
				时间	次数	强度
分级推进 发展素养 30′	**一、多种形式的合作跑** 1. 手牵手。	1. 组织学生了解合作跑的基本要求及体验合作跑的乐趣。 2. 组织尝试手牵手合作跑。	1. 认真观察,模仿练习。 2. 体验手牵手跑与单独跑的不同感受。	3′	4	中
	2. 前后搭肩。	1. 引导学生由手牵手合作跑改变为前后搭肩合作跑的动作练习。 2. 评价。	1. 仔细观察,集体练习。 2. 总结、分享练习感受。	3′	4	高
	3. 手挽手。	1. 引导学生一起练习,提醒手挽手合作跑的协调动作。	1. 积极参与,动作协调,自然调节呼吸。	3′	4	高
	4. 左右揽腰。	1. 带领学生练习左右揽腰合作跑。 2. 关注安全,发现问题,适时纠正。	1. 体会左右揽腰、连续奔跑的合作要领。 2. 积极协作,坚持到底。	3′	4	高
	5. 左右交叉牵手。	1. 引导学生连续左右交叉牵手等创意性合作跑练习。 2. 强调“滚雪球”的游戏规则,适时点评。	1. 在快乐的创意合作跑中充分展现“我会跑”的天性。 2. 保持和谐的动作节奏,遵守游戏规则,展示小组合作的力量。	4′	4	高
	设计意图:从互动儿歌的热身活动自然过渡到自由结手牵手合作跑,经历手牵手跑与单独跑的不同感受(体验“心动”),交流合作要点;再由手牵手改变为前后搭肩,合作跑形式的改变,更激发了“怎么合作更协调”的思考,“脑动”顺应而生;接着进行手挽手、左右揽腰、模仿“小天鹅”横向队形的体侧左右交叉牵手跑,难度相继增加,团队的协作度也不断提高,趣味性也逐渐变浓。最后的“滚雪球”游戏使牵手跑的能力在比赛的场景中得到应用和发展。 递进式的设计,使学生体验到不同人数、不同方式的牵手跑,始终注重同伴间有效、协调的配合。设计多种形式的“同伴合作”与“跑”的有效关联,找准学习难点,轻松解决合作跑教学的重点,让教学途径切合儿童视角。随着合作跑难度的不断加大,在与同伴的交往中,“做最好的奔跑者”成为学生的自我追求,“跑”的简单练习被赋予了高层次的育人意义,教材的立体育人价值被充分挖掘。					

续表

<table>
<tr><th rowspan="2">教学流程</th><th rowspan="2">教学内容</th><th rowspan="2">教师活动</th><th rowspan="2">学生活动</th><th colspan="3">运动负荷</th></tr>
<tr><th>时间</th><th>次数</th><th>强度</th></tr>
<tr><td rowspan="2">分级推进
发展素养
30′</td><td>二、体能练习
俯撑击掌。</td><td>1. 提示俯撑击掌的动作要领。
2. 发现俯撑击掌的优秀小伙伴,明确“接龙”要求,组织小比赛。</td><td>1. 体会俯撑击掌的动作趣味,挑战自我。
2. 增加动作协调性,做最好的自己。遵守“接龙”比赛规则。</td><td>3′</td><td>20</td><td>中</td></tr>
<tr><td colspan="6">设计意图:“俯撑击掌”游戏的动作技术不难,重点在将体能发展的重心转移到上肢与核心力量上。在前面跑的活动中,学生充分体验到速度、灵敏、协调素质的重要作用,产生与同伴合作中上肢配合的规则意识,智力开发的同时讲究“育心”。俯撑要到位,需要体动;击掌的时机要根据各人的具体情况把握好,“接龙”要灵活,观察力要强,需要脑动;分组比赛,“接龙”不可提前进行,俯撑要到位,需要心动。小比赛不仅有体能练习的价值,还有以体育人的理念贯穿其中。</td></tr>
<tr><td rowspan="2">自由放松
舒展身心
4′</td><td>1. 放松整理。
2. 总结全课。
3. 师生再见。
4. 收还器材。</td><td>1. 引领学生自由放松。
2. 总结。
3. 与学生说再见,宣布下课。
4. 让学生收还器材。</td><td>1. 全身心放松。
2. 自我评价。
3. 与老师说再见。
4. 收还器材。</td><td>2′</td><td>1</td><td>低</td></tr>
<tr><td colspan="6">设计意图:在舒缓的音乐声中开展自由式放松,席地而坐回顾全课学习经历。在课堂上总结时,有意识结合身动、脑动、心动的突出表现,引导学生感悟体育课堂上学习时身心合一的状态,为新的一课的学习作铺垫。课外体育作业所预设的延伸实践,激发了学生课后体育学习的兴趣。本课设计借班上课,在课即将结束之时,体育的乐趣与课堂生发的情谊让师生恋恋不舍、依依惜别。</td></tr>
</table>

<table>
<tr><td rowspan="2">安全知识技能教育:不随身带尖锐物品,鞋带系牢。</td><td>练习密度预计</td><td>预计平均心率</td><td rowspan="2">所需场地器材:标志桶若干。</td></tr>
<tr><td>65%</td><td>135~140 次/分</td></tr>
<tr><td colspan="2">课外锻炼作业:
1. 和他人一起继续练习合作跑,可以自定规则。
2. 创造新的快速跑的比赛方法,注意运动安全。</td><td colspan="2">课后反思(略)</td></tr>
</table>

“折返跑”课堂教学案例

一、教材内容的价值分析

本课内容为水平三（五年级）跑与游戏单元的第 7 课时“折返跑”。

1. “育体”价值

折返跑作为跑与游戏单元的重要内容，在各水平教学中都占有一定的比重，并且是水平三体质测试项目 50 米×8 考核中必须掌握的技能。本课的学习目标，旨在通过有针对性的奔跑能力训练和技术动作修正，加上游戏和循序渐进的学练项目安排，让学生通过勤练、常赛，逐步掌握折返跑动作的技术要领。本课的教学重点是突出身体的协调配合和对转向时的急停、急起的控制力。该动作技术的练习，对人体的灵敏、反应、协调、速度等素质发展都起到积极的作用。在练习的过程中，每个环节的比赛都需要高度调动学生身体的各个活动机能，学生通过挑战自己的极限，享受成功带来的快乐，同时身体素质也得到了进一步的提升。

2. “育脑”价值

折返跑的技术难点是对折返时制动、降重心等一系列控制力的把握。需要学生在跑动过程中，对于准备折返的时机提前做出预判，这个过程需要学生会观察、会判断、会决策，精准把控速度，同时能一气呵成地完成制动、转体、迅速启动等一系列的完整动作。特别是转体后的手脚协调，对于大脑的判断、指挥和小脑的反应、协调这两方面的能力培养都十分有效。每一次的练习大脑都积极参与。

3. “育心”价值

折返跑技术学习起来并不是很难，但是要把每次的动作做好、做快、做连贯，还需要学生做出一定的努力。基于本课学练的预设，整节课的运动量较大，从每一个环节的任务递进到每一次的折返跑练习，再到最后的比赛，强度是慢慢增加上去的，对学生体能和心理是一种重要挑战。在克服身体极限和体能透支的情况下，勇于迎接挑战、克服困难，同伴间相互鼓励，团结协作等优秀品质在整节课上会得到全方位的培养及体现。

二、学习目标的设置

（1）了解折返跑临近折返点时制动、拧转、脚尖内扣的动作要领与方法。

（2）掌握折返跑中急停、急起以及转身时制动、重心控制的动作技能。

（3）乐于和他人进行合作游戏，体验成功的快乐，勇于挑战自我，培养吃苦耐劳的品质和团结协作能力。

三、教学重点与难点的确定及突破方法

教学重点：接近折返点时身体的制动、脚尖内扣、拧转、蹬摆的动作技能。

突破方法：① 游戏“疯狂不倒翁”折返小比赛；② 与老师共同竞技。

教学难点：折返时降速、降重心的控制力及体能的突破。

突破方法：① 分别触碰不同高度部位进行折返练习；② 不同距离的折返练习；③ 接力折返比赛。

四、教学手段的设计思考

第一，身动。本课热身游戏“疯狂不倒翁”和主教材游戏“你快还是我快”都是围绕折返技术的学习展开教学的。考虑到本堂课运动量大、关于跑的技术学习较枯燥，本课设计了多个富有挑战的跑的练习：面对面直线移动击掌折返、摸膝盖折返、摸脚踝折返；游戏挑战体能拓展——“终极大挑战”；素质练习挑战体能游戏——“体能大爆发”。这些练习能更好地帮助学生掌握折返跑的技能，提高学生的身体素质。

第二，脑动。折返跑制动、转体、启动的核心技术的完成，需要学生的注意力高度集中，同时要求观察力、判断力、决策力、执行力在短时间内共同协作并体现，这对于学生的思维能力是一个考验。特别是在折返点降速的时机、折返手脚的协调上，需要学生在跑动中做出快速的反应和及时地调整。两人一组的迎面接力，需要每个人正确判断自己的能力，合理选择并调整跑动的距离，相互配合，保证两个人的跑动路线是最合理的。在进行一次体能挑战后，学生根据自身的体能和小组的实际情况，重新选择队员。这一环节需要学生能接受真实的自己并且有接纳新伙伴的积极心

态。同时小组还需要进行快速的分析和做出正确的决策，保证下一次能挑战成功。让学生在运动中思考，同时感悟体育活动中蕴藏的智慧。

第三，心动。每一节有效的体育课，除了保证学生的身体得到发展外，还需要体现育人价值。跑的练习方式较单一、枯燥，学生缺少学习的积极性。为了让学生更积极地参与本节课的学练，创设良好的学练氛围特别重要，本课通过任务形式设计层层挑战，激发学生参与学习的积极性，通过一次次挑战，培养学生的自信心。热身游戏“疯狂不倒翁”的规则之一是快速地把场地内“小花”温柔地放倒、扶起，并大声数出做了几次；提醒学生安全练习，做到有风度的谦让，避免碰撞，这不仅是对学生在运动中的安全提醒，更是对行为准则的强调。课中每一次比赛、合作、评价都有利于培养学生的细心。

“折返跑”课的教案

教学对象：水平三（五年级）　　单元课次：跑与游戏单元第7课时

<table>
<tr><td>学习目标</td><td colspan="7">1. 了解折返跑临近折返点时制动、拧转、脚尖内扣的动作要领与方法。
2. 掌握提高折返跑中急停、急起和转身时制动、重心控制的动作技能。
3. 乐于和他人进行合作游戏，体验成功的快乐，勇于挑战自我，培养吃苦耐劳的品质和团结协作能力。</td></tr>
<tr><td>学习内容</td><td colspan="7">1. 折返跑。
2. 体能大挑战。</td></tr>
<tr><td>教学重点</td><td colspan="3">接近折返点时身体的制动、脚尖内扣、拧转、蹬摆的动作技能。</td><td>教学难点</td><td colspan="3">折返时降速、降重心的控制力及体能的突破。</td></tr>
<tr><td rowspan="2">教学流程</td><td rowspan="2">教学内容</td><td rowspan="2">教师活动</td><td rowspan="2">学生活动</td><td rowspan="2">组织队形
安全要求</td><td colspan="3">运动负荷</td></tr>
<tr><td>时间</td><td>次数</td><td>强度</td></tr>
<tr><td>常规教学

活动准备
9′</td><td>一、课堂常规
1. 整队、师生问好。
2. 宣布课的教学内容、教学任务和教学要求。
3. 安排见习生。</td><td>一、课堂常规
1. 和学生互动。
2. 讲解课堂要求和布置课堂任务。
3. 约定相互鼓励的方法。</td><td>一、课堂常规
1. 四列横队站立。
2. 认真听讲，站姿规范。</td><td>组织：
○○○○○○
○○○○○○
●●●●●●
●●●●●●
★
要求：精神饱满，思想集中。</td><td></td><td>1</td><td>低</td></tr>
</table>

续表

<table>
<tr><th rowspan="2">教学流程</th><th rowspan="2">教学内容</th><th rowspan="2">教师活动</th><th rowspan="2">学生活动</th><th rowspan="2">组织队形
安全要求</th><th colspan="3">运动负荷</th></tr>
<tr><th>时间</th><th>次数</th><th>强度</th></tr>
<tr><td rowspan="3">常规教学

活动准备
9′</td><td>二、热身小游戏:疯狂不倒翁
方法:单、双数在规定的时间内分别放倒和扶起“小花”。</td><td>二、热身小游戏:疯狂不倒翁
提出游戏方法和要求,并发出口令指挥。</td><td>二、热身小游戏:疯狂不倒翁
根据要求完成游戏。
1. 数出放倒或扶起不倒翁的次数。
2. 体会怎样才能做到快速寻找下一个目标。</td><td>组织:
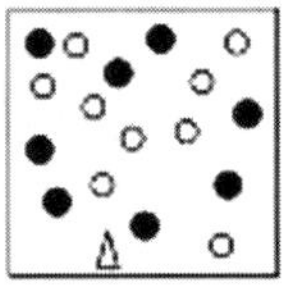
要求:呼吸自然,动作放松。</td><td>2′</td><td>2</td><td>中</td></tr>
<tr><td>三、拉伸活动</td><td>三、拉伸活动
带操,用鼓励性的语言提示学生进行创意拉伸。</td><td>三、拉伸活动
跟随老师的示范认真做操,进行热身运动,做好充分准备。</td><td>组织:体操队形。
要求:动作迅速,距离合理。</td><td>3′</td><td>4＊8</td><td>中高</td></tr>
<tr><td colspan="7">设计意图:充分利用自制器材,根据器材和教学目标合理设计游戏和热身操。以具有竞争性的游戏“疯狂不倒翁”激发学生的兴趣,营造身动、脑动、心动的学习氛围,使学生快速融入课堂,进行折返技术的练习,学会安全避让,有效利用课堂的每一分钟,为接下来的学习打下基础。</td></tr>
<tr><td>学习本领

掌握技能
23′</td><td>折返跑游戏:你快还是我快
方法:老师背对学生在空中写字,当字写好后快速转身,学生看到老师写完字转体瞬间快速转体,做到不让老师看到脸。</td><td>教师活动:
1. 背对学生由慢到快在空中写字并转体看学生,和学生比谁的转体速度更快。</td><td>学生活动:
1. 成四列横队,面对老师的背面,等老师写好字转体瞬间快速转体,争取不要让老师看到脸。</td><td>组织:
原地准备转体→原地踏步转体→行进间转体→慢跑转体。</td><td>3′</td><td>2</td><td>中</td></tr>
</table>

续表

教学流程	教学内容	教师活动	学生活动	组织队形安全要求	运动负荷		
					时间	次数	强度
	1. 击掌折返。	1. 引导学生完成跑过去和对方队员击掌,击完掌后跑回。	1. 完成第一次练习。	组织:迎面站立。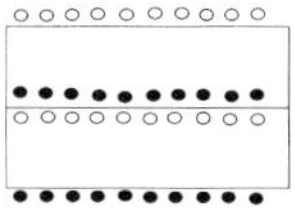	1′	2	高
学习本领	2. 摸膝折返。	2. 交换练习后,引发学生猜想:怎样才能跑得更快呢?	2. 带着问题观看示范。	要求:积极参与,相互鼓励。			
	3. 摸踝折返。	3. 讲解和示范折返时转身。	3. 认真听讲与观察。	组织:体操队形——散点	3′	1	高
	4. 由集体到散点进行走、跑的拧转练习。	4. 组织学生先集中再分散练习,以左右脚为制动的快速拧转。	4. 按要求认真完成学练,体会接近折返点时重心的降低及拧转的方向和速度。	要求:集中注意力进行练习,相互配合。	1′	2	高
掌握技能 23′	5. 两人迎面折返练习。	5. 组织学生两人一组练习迎面折返。	5. 跑动中体会蹬、转,并且安全地进行迎面折返练习。	组织: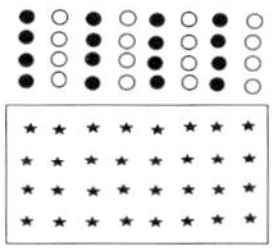	2′	3	中高
	6. 拓展四人一组折返,挑战肌体疲劳的极限。	6. 组织学生四人一组进行折返挑战。	6. 自由组合,敢于向体能极限挑战。(可以根据自己的体能选择折返的次数)		2′	2	高
	7. 调整。	7. 带领学生在练习间隙进行拉伸放松。	7. 随教师进行拉伸放松。		3′	2	高
	设计意图:该环节学生通过循序渐进的练习,体会并发现折返技术的学习要领;以一人练、二人练、四人练的递进学习方式,突出身动的设计理念。在后面的练习中提高练习难度和强度,帮助学生真正地完成体能和技能的挑战,达到"身动"的练习效果。从自主尝试体验技能、游戏化教学巩固技能、竞赛式练习提高技能三方面入手,在过程中注重培养学生的判断能力,发展学生判断力、决策力、行动力,将身动和脑动相结合。						

续表

教学流程	教学内容	教师活动	学生活动	组织队形 安全要求	运动负荷		
					时间	次数	强度
游戏 激发热情 8′	素质游戏：“体能大爆发”：分层轮流进行原地和行进间素质练习。	1. 提出游戏的方法与要求。 2. 组织学生进行游戏。 3. 总结。	1. 认真听讲，积极思考。 2. 注意力集中，明确每一次练习自己是在原地还是行进间，并快速反应做出正确的动作。 3. 听取老师的评讲。	组织： 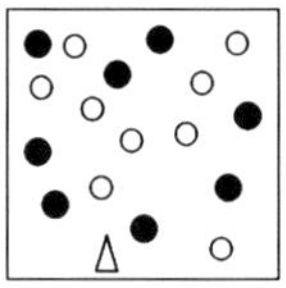 要求：遵守规则，安全地练习。	2′	5	中高
	设计意图：通过性别分组、地垫颜色分组、小组分组，进行原地、行进间不同素质练习的轮换，通过多种分组形式和不同素质项目的搭配，营造良好的氛围，激发学生的练习兴趣，全方位提升身体素质，为课堂教学内容做好延伸和衔接。通过游戏检测学习效果，同时培养学生团结互助的品质。						
恢复身心 稳定情绪	1. 放松操。 2. 课后小结。 3. 师生再见，教师宣布下课。 4. 收放器材。	1. 带领学生一同放松，调整呼吸，放松心情。 2. 讲解运动后补水的常识，总结本课的优缺点。 3. 安排学生收拾器材。	1. 跟随教师的口令练习，动作舒展、放松。 2. 交流学习与心得体会。 3. 与老师道别。	1. 轻松活泼。 2. 充分放松。 组织： 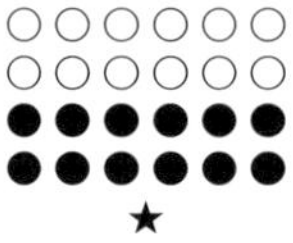	2′	1	中低
	设计意图：带领学生在舒缓的音乐中，做放松操，舒缓心情，拉伸肢体。课堂总结时，讲述运动补水常识。通过对学生进行身动、脑动、心动的总结，充分肯定学生的表现，调动学生参与锻炼的积极性，凸显立体育人的课堂价值。						
预计效果	练习密度	60%左右	平均心率	130~145 次/分	强度指数	1.6	
器材	矿泉水瓶 40 个、标志垫 40 个						
安全措施	1. 清理好场地。 2. 充分做好准备、放松活动。 3. 课堂上进行安全教育，正确引导竞赛行为，防止恶意竞争。						

“跨越式跳高”课堂教学案例

一、教材内容的价值分析

本课内容为水平三（六年级）跳跃与游戏单元的第 3 课时“跨越式跳高”。

1. “育体”价值

跨越式跳高是人体在水平运动（助跑）的基础上，通过起跳、过杆、落地等动作，越过垂直高度横杆的一种运动方式，要求助跑起跳衔接好，快速摆臂用力跳，起跳蹬地要用力，摆动积极过杆稳，其中助跑与起跳相结合是跳高技术的关键，应贯穿教学始终。本课主要学习两腿依次过杆的动作技术，旨在增进学生对依次过杆技术的理解，提高学生两腿依次过杆的能力。通过学练可以提高弹跳力，增强下肢肌肉、关节、韧带的力量和内脏器官的功能，发展力量、速度、灵敏、协调等身体素质。

2. “育脑”价值

跨越式跳高两腿依次过杆动作技术的学习，需要调动学生的大脑去积极思考。学会这个技术，要求学生能够根据自己的实际及可跨越的高度调整助跑距离，并进行助跑起跳节奏的自我矫正，在学练过程中能通过观察、理解、体验、尝试、改进动作技术，并懂得只有将该动作表现出来的水平速度转化为起跳的高度，才能跳得更高。这一过程对学生的观察力、判断力、决策力、执行力等均起到积极的促进作用。教师要循序渐进、因人而异、分层施教，以期学生的技能学习和思维发展同步、身体表现和大脑思考同频。

3. “育心”价值

跨越式跳高动作技术的学习需要有一定的助跑速度和向上的跳跃能力，因其具有挑战性，学生非常感兴趣。有的学生在学练中会一味追求高度，从而导致动作变形，且存在一定安全隐患，所以要适时教育，并合理控制高度。由于人对横杆存在本能的恐惧心理，所以本课选用富有弹性的橡皮筋代替横杆，采用由易到难、由浅入深、循循善诱的教学策略帮助学生掌握动作技术，帮助学生克服恐惧，建立自信，勇于挑战，再用横杆代替橡皮筋进行分层教学，同时渗透跨越式跳高比赛的规则，让学生学以致用，以积极、乐观的心态面对人生的每一次挑战，无论输赢，都能坦然面对。

二、学习目标的设置

（1）掌握跨越式跳高两腿依次过竿的动作要领与方法，并能协调、连贯地做出两腿依次过杆的动作。

（2）通过讲解示范、展示、互评等教学方法，做出起跳腿充分蹬伸、摆动腿积极上摆内旋下压、助跑起跳与两腿依次过杆协调连贯的动作，上下肢力量得到均衡发展。

（3）同伴间相互叫好、击掌、加油，克服恐惧，增强自信。

三、教学重点与难点的确定及突破方法

（1）教学重点：起跳腿积极蹬地，摆动腿积极上摆。

突破方法：① 原地起跳摆腿练习；② 3~5 步助跑起跳摆腿练习；③ 中速、快速助跑起跳摆腿练习。

（2）教学难点：两腿依次过竿动作协调、连贯。

突破方法：① 原地上一步两腿依次跨过30 厘米高度的橡皮筋；② 3~5 步助跑起跳两腿依次跨过 50 厘米高度的橡皮筋；③ 中速、快速助跑起跳两腿依次跨过 70 厘米高度的斜坡橡皮筋。

四、学练手段的设计思考

第一，身动。本课准备部分的热身慢跑、辅助性练习的徒手操、基本部分的学习、素质练习等均围绕“两腿依次过杆技术”展开，为了缓解学生面对横杆时的恐惧心理，杜绝安全隐患，增强学生信心，还可以多分组，增加练习密度，提高练习质量，用橡皮筋代替横杆，采用米字圆形场地，做到一物多用、一物实用、一物巧用、一用到底。热身部分采用错肩跑、“V”字形跑等不同路径、不同跑姿的练习增加跑的趣味性，激发学生的学练欲望，在活动各个关节的同时融入踢腿、摆腿、上步起跳等专门性辅助练习，缩短由静到动的时间差，为本节课两腿依次过杆技术的学练做好充分铺垫。基本部分的教学遵循由易到难、层层深入、循序渐进的教学原则，启发学生一步一步地学会跨越式跳高两腿依次过杆的动作技术，在教学中适时渗透跳高比赛的规则，让学生充分体验、感受，并记住本次课跳的高度，为持续、深入地学习跳高技术、提高跳的高度奠定基础。体能练习依然围绕关键词“依次”进行设计，增加上肢力量的补偿性练习，为的是让学生的上下肢力量得到较均衡的协同发展。整节课力求体现教师主导到位不越位、学生主体充分不过分的优质教学生态，逐步促进学生学科核心素养的养成。

第二，脑动。任何一项运动技能的习得都需要运动知觉、运动记忆、运动思维的全面参与，都涉及观察力、分析力、判断力、决策力、执行力等多项思维能力的培养，都贯穿于课的始终。比如，课堂伊始慢跑热身时采用的列队跑、错肩跑、“V”字形跑等，两队排头领跑的同学，跑的速度、节奏、距离及在圆形场地上的位置要保持一致，跟跑同学前后的间距要均等，匀速跑，还要根据实际情况调整自己的节奏、步幅、间距等，这就需要同学们集中精力观察整支队伍跑的情况，根据实际运动感知获得的真实信息，判断是保持原有的节奏和跑速，还是进行合理的调整，要果断、迅速地进行判断、做出决策并执行。在学练时能依据实际情况调整助跑距离，进行助跑起跳节奏的自我矫正。

第三，心动。学习任何一个运动项目，除了身体得到活动，更要基于项目属性，体验和感受这个项目带来的思想的熏陶和品格的洗礼。六年级的学生正处在生长发育的敏感期，有很强的求知欲和表现欲，喜欢挑战，但部分学生体能基础较弱，尤其是弹跳力、协调性等还有待提高，如果直接用横杆，可能会给学生带来心理上的恐惧或跨越的障碍，为了解决这一问题，本课先用弹性较好的橡皮筋代替横杆，通过讲解示范、图示等练习方法让学生掌握两腿依次过杆的动作技术，树立越过橡皮筋的信心，从而激发其挑战更高高度的热情，适时进行跨越式跳高比赛规则及向上、向高的拼搏精神的渗透，此时再用横杆代替橡皮筋，运用比赛规则进行分层教学，教学效果一定事半功倍。

“跨越式跳高”课的教案

教学对象：水平三（六年级）　　单元课次：跳跃与游戏单元第 3 课时

学习目标	1. 掌握跨越式跳高两腿依次过杆的动作要领与方法，并能协调、连贯地做出两腿依次过杆的动作。 2. 通过讲解示范、展示、互评等教学方法，做出起跳腿充分蹬伸、摆动腿积极上摆内旋下压、起跳与两腿依次过杆协调连贯的动作，上下肢力量得到均衡发展。 3. 同伴间相互叫好、击掌、加油，克服恐惧，增强自信。		
学习内容	1. 跳跃：跨越式跳高两腿依次过杆技术。 2. 素质游戏：俯撑两臂依次撑过 20 厘米高的橡皮筋。		
教学重点	起跳腿积极蹬地，摆动腿积极上摆。	教学难点	两腿依次过竿动作协调、连贯。

教学流程	教学内容	教师活动	学生活动	组织队形 安全要求	运动负荷		
					时间	次数	强度
导入新课	1. 体育委员集合整队，汇报人数。 2. 师生问好。 3. 教师宣布课的任务与要求。 4. 教师安排见习生。	1. 观察、督促学生集合整队。 2. 向学生问好。 3. 宣布课的内容、要求。 4. 安排见习生，协助布置场地。	1. 体育委员用口令指挥学生集合，学生精神饱满，队列整齐，集合要快、静齐。 2. 向老师问好。 3. 明确课的内容、要求。 4. 见习生服从安排，协助布置场地。	两列横队弧形集合。 	1′	1	低
热身准备约 8′	5. 学生绕布置好的场地慢跑：圆形跑、错肩跑、“V”字形跑等，在跑中进行后吸腿、前踢腿等练习。 6. 学生进行向前向上踢腿、向内向外摆腿、上步起跳等练习。	5. 播放音乐，带领学生热身慢跑。 要求：精神饱满，活动充分。 6. 带领学生进行跨越式跳高的各种辅助练习。	5. 两路纵队进行变化路径、跑姿的各种慢跑热身，注意前后间距，避免冲撞，并充满激情地喊口号。 6. 仔细观察教师的动作，认真进行专项准备活动。	要求：前后左右间距适宜有节奏的慢跑。 	4′	6~8	中
	设计意图：课堂伊始，强调纪律及规则要求，在热身慢跑中通过列队跑、错肩跑等练习，增强跑的趣味性，充分预热身体，通过体验向上向高跳、踢腿、跳跃、向内向外摆腿，原地、上一步、上三步起跳与两腿依次过杆的徒手模仿等练习，为学习两腿依次过杆技术做了身体上和心理上的充分铺垫。						

续表

教学流程	教学内容	教师活动	学生活动	组织队形 安全要求	运动负荷		
					时间	次数	强度
学习技能 探索新知 24′	1. 复习助跑与起跳技术，原地、上一步、3～5步助跑与起跳。	1. 示范、讲解，组织学生复习。要求：助跑节奏稳，起跳时脚后跟过渡到脚前掌，向上、向高，协调、连贯。	1. 认真听讲，仔细观察，站成米字形，分成六个小组，由小组长带领练习，节奏由慢到快。	分六组练习。 	2′	6～8	中
	2. 示范、讲解跨越式跳高过杆技术。	2. 示范，教授口诀，组织练习，巡视指导。	2. 观察教师示范，记住口诀：助跑快速，起跳向上，依次过杆，落地缓冲。	教师示范，集中观看。			
	3. 原地、上一步过杆练习。	3. 激励、启发、指导，强调重点：蹬地用力，积极上摆，并进行针对性的帮扶。	3. 练习形式及要求同上，体验感受原地、上一步依次过杆动作技术。		3′	6～8	高
	4. 上3～5步过杆练习，强调依次过杆的难点，要求学生相互鼓励、加油，增强练习时的自信心。	4. 巡视指导，强调难点：用力蹬地，积极上摆，依次过杆，对不能依次过杆的学生一对一帮扶。	4. 上3～5步过杆练习，相互鼓励做到用力蹬地、积极上摆、依次过杆，乐意接受教师的帮助。	小组长带领学生依次练习。 	3′	8～10	高
	5. 循环挑战不同高度的橡皮筋。	5. 组间大循环练习，提醒学生随着高度的增加适时调整助跑距离、速度、节奏。	5. 组间大循环，随着高度的增加，能适时调整助跑距离、速度，做到助跑、起跳、过杆技术协调连贯，过杆瞬间身体平稳，落地缓冲。	自主观看导学单，及时记录。 	3′	8～10	高
	6. 搭建展示平台，鼓励优生展示。	6. 组织学生展示、互评，要求：认真观察、积极、客观评价。	6. 各组选派一名优生展示，认真观察，虚心学习，掌声鼓励，积极评价。				

续表

<table>
<tr><th rowspan="2">教学流程</th><th rowspan="2">教学内容</th><th rowspan="2">教师活动</th><th rowspan="2">学生活动</th><th rowspan="2">组织队形
安全要求</th><th colspan="3">运动负荷</th></tr>
<tr><th>时间</th><th>次数</th><th>强度</th></tr>
<tr><td rowspan="2">学习技能
探索新知
24′</td><td>7. 巩固练习，再次强调重点和难点。

8. 运用跳高比赛规则，分层体验不同高度的练习。</td><td>7. 组织各组继续练习，巩固提高两腿依次过杆技术。

8. 讲解跳高比赛规则，组织学生按照比赛规则分层挑战，教育学生遵守规则。</td><td>7. 各组根据实际情况，巩固练习，注意腾空时身体保持平稳，落地缓冲。

8. 明晰规则，各组按照比赛规则选择适宜的起始高度练习，让学生记住自己跳的高度，并鼓励学生勇于挑战更高的高度。</td><td>自主布置场地，丈量高度。

各组调整高度，分层练习。
</td><td>4′</td><td>3</td><td>中</td></tr>
<tr><td colspan="7">设计意图：通过讲解、示范等教学方法，遵循由易到难、层层深入、循序渐进的教学原则，启发并引导学生完成原地、上一步、3～5 步、5～7 步梯度性、进阶性助跑、起跳、两腿依次过杆的系列活动任务，突出身动，促进对两腿依次过杆动作技术的掌握，达成技能目标。采用“米”字形场地，借助导学单，通过展示、评价等学习方式提高练习密度，最大限度地发展身体各项机能。通过不同高度、斜向摆放的橡皮筋及横杆等教学策略，学生能够根据自己实际跨越的高度调整助跑距离，并进行助跑起跳节奏的自我矫正，在学练过程中能通过观察、理解、体验、尝试、改进动作技术，并懂得将该动作表现的水平速度转化为起跳的高度，才能跳得更高，这对学生的观察力、判断力、决策力、执行力等都是一种考验，更是提升各种能力的有效手段。教学中适时渗透跳高比赛的规则，教育学生遵守规则，诚信做人，每挑战一个高度都要相互鼓掌加油，如果没挑战成功也不要灰心丧气，要客观对待，适度调整，下次课继续挑战，突出评价的导向作用，引导学生形成正确的人生观、价值观，充分让学生体验、感受，并要求其记住本次课所跳的高度，为持续深入学习跳高技术、提高跳的高度和跳的能力奠定基础。</td></tr>
<tr><td rowspan="2">素质练习
4′</td><td>素质游戏：俯卧撑，两手臂依次过 20 厘米高度的橡皮筋。</td><td>组织学生进行素质游戏，要求：俯撑，收紧腰腹，鼓励学生坚持完成。</td><td>分成 6 个小组，俯撑两臂依次过橡皮筋 20 次、30 次、40 次。</td><td></td><td>2′</td><td>3</td><td>高</td></tr>
<tr><td colspan="7">设计意图：素质练习围绕关键词“依次”进行设计，增加对上肢力量、腰腹肌力量的补偿性练习，要求学生撑住，且收紧腰腹，提高机体的感知和控制能力，旨在让学生的上下肢及核心力量得到较均衡的协同发展，同时也体现了学、练、赛、评一体化的创新设计。</td></tr>
</table>

续表

<table>
<tr><th rowspan="2">教学流程</th><th rowspan="2">教学内容</th><th rowspan="2">教师活动</th><th rowspan="2">学生活动</th><th rowspan="2">组织队形安全要求</th><th colspan="3">运动负荷</th></tr>
<tr><th>时间</th><th>次数</th><th>强度</th></tr>
<tr><td rowspan="2">恢复身心
4′</td><td>1. 放松练习。
2. 总结性评价。
3. 布置课后作业。
4. 师生再见。
5. 送还器材。</td><td>1. 播放音乐，踏步缓冲，带领学生进行拉伸和放松。
2. 组织学生进行总结性评价。
3. 布置练习内容：立卧跳15个/组×3组。
4. 安排学生收还器材。
5. 与学生道别。</td><td>1. 听音乐跟随教师充分拉伸放松。
2. 成集合队形，进行总结性评价，积极发言。
3. 明确课后练习的内容。
4. 每日坚持练习。
5. 值日生送还器材。
6. 与老师道别。</td><td>
</td><td>2′</td><td>1~2</td><td>低</td></tr>
<tr><td colspan="7">设计意图：在舒缓音乐的伴奏下，针对本次课负荷较大的身体部位进行有效放松，通过总结性评价再次巩固所学的知识和技能，突出对身动、脑动、心动的总结，凸显“育体”“育心”“育人”的立体价值。课外作业的布置打通了由课内向课外延伸的堵点，旨在让学生养成居家锻炼的良好习惯。</td></tr>
<tr><td>课后作业</td><td colspan="7">与爸爸、妈妈一起，每天坚持立卧跳 15 个/组×3 组。</td></tr>
<tr><td rowspan="2">课后评价指标</td><td colspan="2">优秀</td><td colspan="2">良好</td><td colspan="3">及格</td></tr>
<tr><td colspan="2">有节奏地侧向助跑，起跳迅速有力，手臂配合协调，腾空时两腿依次过杆，协调连贯，落地平稳，且能跳过一定高度。</td><td colspan="2">有节奏地侧向助跑，起跳充分有力，腾空时两腿依次过杆，身体平稳，落地缓冲自然，且能跳过一定高度。</td><td colspan="3">能顺利做出助跑、起跳、两腿依次过杆的动作，身体平稳，落地缓冲自然，能跳过一定高度。</td></tr>
<tr><td>负荷预计</td><td colspan="7">平均心率：约 140 次/分　练习密度：约 60%　运动量：中等偏强</td></tr>
<tr><td>场地器材</td><td colspan="7">导学单 6 张，米尺 6 个，跳高架 7 个，橡皮筋 3 根，大垫子 6 块，音响 1 个</td></tr>
<tr><td>安全措施与保障</td><td colspan="7">1. 课前检查、布置场地，提醒学生将存在安全隐患的物品放在场地边。
2. 课中适时提示学生落地要稳，避免冲撞，注意安全。
3. 小组长任安全员，以身作则，时刻提醒小组成员注意安全。
4. 用弹性较好的橡皮筋代替横杆，让学生克服恐惧心理，同时控制挑战的高度，杜绝安全隐患。</td></tr>
</table>

“持轻物掷准”课堂教学案例

一、教材内容的价值分析

本课内容为水平一（一年级）投掷与游戏单元的第 5 课时“持轻物掷准”。

1. “育体”价值

掷准是投掷教材内容之一，大部分学生对于投掷的动作并不陌生。持轻物掷准，即单手持轻物，肩上屈肘，瞄准目标物，自然挥臂。掷准教学中着重突出两点：一是集中注意力，眼看目标物瞄准；二是用合适的角度和力量掷向目标物。该动作技能的练习，通过多样的投掷物，让学生获得丰富的掷准运动体验，帮助学生形成正确的投掷姿势，初步建立动作概念。对于提升学生视觉运动能力、实物操控能力、上下肢协调能力等具有积极作用。

2. “育脑”价值

影响投掷准确度的因素有很多，投掷的方向、出手的力度和时机的把握等都会影响投掷的准确度。因此，教师应在掷准动作技术的教学基础上，设置多元化的运动情景、多层次的运动目标，在学练中引导学生感知运动方位与手部动作、手部用力程度之间的复杂关系。让学生在不断地尝试与思考中，学会观察、判断，形成运动思维，提高对空间的感知、距离的判断、力量的抉择等多方面的能力。在思中学，在学中思，习得动作技术要领的同时，更为有效、更为科学地进行运动。

3. “育心”价值

投掷技能的学练存在一定的安全隐患，这对于师生来说既是挑战也是契机。可以在教学的过程中，通过形式的组织、师生与生生之间的评价对学生的组织纪律不断强化，帮助学生养成运动中的规则意识。低年级学生的注意力往往容易分散，难以集中，更容易专注于自己所感兴趣的事物，而掷准则是一项对专注力要求较高的运动，要求学生的抗外界干扰能力很高，而多种掷准的练习与游戏，能够让学生在学练过程中提高抵抗外界干扰的能力。

二、学习目标的设置

（1）学生知道掷准（肩上屈肘，自然挥臂）的动作方法，体验投掷时瞄准目标物，上下肢协调用力。

（2）通过各种抛接练习，以及对不同目标的瞄准、投掷练习，提高学生上下肢的配合能力和对各种物品的操控能力。

（3）能够主动参加投掷练习与游戏，遵守规则，敢于和不同的伙伴进行交流与合作。

三、教学重点与难点的确定及突破方法

（1）教学重点：肩上屈肘，自然挥臂。

突破方法：① 模仿教师动作；② 多种姿势的抛接练习；③ 练习中强化肩上屈肘。

（2）教学难点：瞄准目标物，控制力量。

突破方法：① 地面、平面、一定高度目标的掷准；② 不同距离的掷准；③ 不同属性投掷物的掷准。

四、学练手段的设计思考

第一，身动。本课始终以掷准的动作技能为主线贯穿课堂，力求做到各个环节无缝对接，教师设计了一系列教学手段："我说你做"游戏（初步感受抛、接、掷的动作，同时融入简单的思维训练）——地面目标掷准游戏（体验有目标的掷准，感受大小、距离各不相同的掷准）——平面目标掷准游戏（体验平面不同距离目标掷准）——一定高度的目标掷准游戏（体验不同空间目标的掷准）——持轻物抛高游戏（上下肢体能游戏）等。力求通过这些有层次、递进性强的游戏，将动作技能隐藏于形式背后，丰富学生对各种物体掷准的体验。让学生在模仿、体验、游戏中获得运动体验，真正懂得瞄准和选择合适的力量达到掷准的目的，从而更好地掌握掷准的动作技能，在掷准练习中配合体能练习，加大运动量，提高运动强度，做到技能、体能在教学过程中的同步发展。

第二，脑动。本课选用的多种器材，有沙包、软球、羽毛球等重量、形状各不相同的物体，学生需要对所持投掷物进行判断，在实际的掷准动作技能练习中选择合适的方法、角度、力度进行掷准，在多次的尝试与体验中，提高学生对不同属性物体的操控能力，以及技能学习中的思维、判断、决策能力。比如："我说你做"游戏需要学生集中注意力，快速反应，做出与老师要求相同/不同的动作。"地面目标掷准"游戏中投掷目标由大到小，由近及远，由固定目标到有干扰的目标，使学生感受掷准目标的多样性。可以利用丰富的掷准体验，帮助学生建立投掷的空间感、距离感。同时在不断地尝试与练习中，思考投掷角度、力度、时机，有助于低年级学生加深运动体验，形成运动思维。

第三，心动。掷准是一项需要学生注意力高度集中的项目（低年级学生注意力相对难以集中，他们更容易被自己感兴趣的内容吸引。课堂中设置多样的掷准情景，将技能学习隐藏于形式下，在增加课堂趣味性的同时，促使学生主动参与到运动练习中）。课中练习目标由易到难，对于能力水平有差异的学生，进行分层要求、评价，帮助学生获得成功的体验感，增强学生勇于尝试、不断挑战的信心，帮助学生更好地完成体育学习和锻炼任务。投掷课存在一定的安全隐患，学生之间有意或无意地互相打闹等问题，对于教师而言，既是挑战也是极好的契机，从课堂伊始至各个环节，教师应始终强调投掷、捡拾器材时须听自己的口令统一行动，培养学生良好的组织纪律性。在每个教学环节中，师生、生生相互关注，对于违反规则的学生，及时指出并进行纠正，强调与培养学生的规则意识。课中多个练习环节以双人、多人的形式进行，增强学生之间的交流，让他们在新的合作环境中愉快地交流和运动。

“持轻物掷准”课的教案

教学对象：水平一（一年级）　　单元课次：投掷与游戏单元第5课时

学习目标	1. 掌握掷准(肩上屈肘、自然挥臂)的动作方法,体验投掷时瞄准目标物,上下肢协调用力。 2. 通过各种抛接练习,以及对不同目标的瞄准、投掷练习,提高学生上下肢的配合能力和对各种物品的操控能力。 3. 能够主动参加投掷练习与游戏,遵守规则,敢于和不同的伙伴进行交流与合作。		
学习内容	1. 掷准游戏。 2. 体能游戏:持轻物抛高。		
教学重点	肩上屈肘、自然挥臂	教学难点	瞄准目标物,控制力量

教学流程	教学内容	教师活动	学生活动	组织队形安全要求	运动负荷		
					时间	次数	强度
导入新课	1. 师生问好。 2. 宣布课的内容与要求。	1. 检查场地与人数,提示学生收放随身携带的物品,安排好见习生的活动。 2. 宣布本课的教学内容及教学要求。	1. 及时、安静地排队,精神饱满地与教师问好。 2. 仔细听教师讲解,了解上课的内容及要求。	四列横队 	1′	1	低
热身准备 5′	3. 热身游戏“我说你做”。方法:根据老师的提示做出相同的动作,慢跑、开合跳、双手举高做相同(或不同的)数字等。	3. 教师讲解游戏的方法和规则。	3. 认真听取游戏的方法与规则,在游戏中遵守规则。	散点进行练习。		5	低

续表

教学流程	教学内容	教师活动	学生活动	组织队形安全要求	运动负荷		
					时间	次数	强度
导入新课 热身准备 5′	4. 抛接练习。 ① 单人抛接。 ② 双人抛接。一人接一人抛。	4. 演示游戏的方法，与学生一起进行游戏。 5. 在游戏中关注安全与学练效果，及时调控。	4. 积极地与老师一起进行游戏。 5. 在抛接游戏中，控制力量，学会瞄准，节奏一致地将物体抛给同伴。	要求：在规定区域内与不同的伙伴进行抛接练习。	2′	8	低
	设计意图：低年级的课堂，相对而言，趣味性和丰富性更高一些，“我说你做”游戏中，学生须根据老师的提示完成相应的动作，随后过渡到做出与老师不同的动作，这样有利于学生在课堂上集中注意力，调动学生的课堂积极性，拉近师生间的距离。学生模仿老师双手举高做一些简单的数字，在模仿中将肩上屈肘的动作融入其中。单人抛接、双人抛接（一人抛一人接）让学生在个体和集体中尝试和感知多种投掷物的属性，为接下来的掷准练习打下基础。						
学习技能 探索新知 28′	1. 集中模仿练习。（左、右手的掷准动作） 2. 地面目标掷准。（左右手交换练习） ① 目标投地垫。方法：在规定时间内，比一比谁投中地垫的次数多。 ② 目标投地垫中心数字。 ③ 目标投有干扰的地垫：一人垫上开合跳，一人投准。 ④ 目标投不同距离处的地垫。	1. 讲解掷准的动作方法，组织学生集体进行练习。提示学生瞄准目标，控制力量。 2. 讲解游戏的方法、规则及要求，组织学生进行游戏。	1. 认真观察并听取教师的讲解与示范，初步体验掷准动作，练习过程中做到有序规范。 2. 仔细听教师讲解游戏方法、规则及要求。	两人一组练习掷准动作。 	2′	3~4	低

续表

教学流程	教学内容	教师活动	学生活动	组织队形 安全要求	运动负荷		
					时间	次数	强度
学习技能 探索新知 28′	3. 平面目标掷准。（举起的地垫）	3. 在游戏中,教师提示动作要领,重点强调游戏规则:站在投掷线后进行投掷,投中垫子才算成功,碰到边缘无效。	3. 两人一组进行投地垫游戏,体验肩上屈肘,瞄准动作,并能够遵守游戏规则。	要求:双脚前后站立,手臂上举、弯曲、瞄准目标,立于投掷线后进行投掷。	1′	2	低
	4. 一定高度的不同目标掷准。（充分利用场地上的自然目标,如篮球架、球筐、树木等）	4. 投掷目标变小后,教师重点提示学生瞄准的动作,手肘对准中圈。	4. 增加难度后,在学练过程中,集中注意力,手肘对准目标进行瞄准。	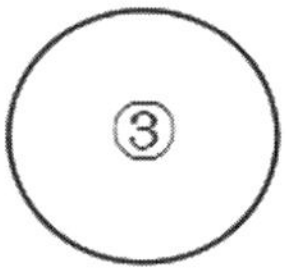	1′	2~3	中
		5. 对学生投掷动作掌握情况进行点评,重点强调投掷时集中注意力、瞄准目标。	5. 认真听取教师的点评,了解自身掌握的情况。				
		6. 讲解并示范一人投地垫,一人在地垫上进行开合跳。	6. 仔细听教师讲解,注意看示范,尝试新的练习方式。		2′	3~4	中偏高
		7. 组织学生进行不同距离的地垫掷准,体验对力量的控制。	7. 投中地垫,可以延长投掷的距离,体验投掷不同距离时力量的变化。		3′	1~2	中偏高
		8. 演示平面掷准的方法,组织学生分别尝试不同距离、不同目标的掷准。	8. 进行平面掷准,分别尝试和体验不同距离、不同目标的掷准。学会瞄准目标,控制力量。		3′	3~5	中

续表

<table>
<tr><th rowspan="2">教学流程</th><th rowspan="2">教学内容</th><th rowspan="2">教师活动</th><th rowspan="2">学生活动</th><th rowspan="2">组织队形
安全要求</th><th colspan="3">运动负荷</th></tr>
<tr><th>时间</th><th>次数</th><th>强度</th></tr>
<tr><td rowspan="2">学习技能
探索新知
28′</td><td></td><td>9. 指导学生进行有一定高度目标的掷准，组织学生有序做掷准练习。提示学生要瞄准目标，遵守规则。</td><td>9. 进行有一定高度目标的掷准，在游戏中选择目标，瞄准进行投掷。</td><td></td><td>4′</td><td>5~6</td><td>中</td></tr>
<tr><td colspan="7">设计意图：在这个环节当中，充分利用场地和器材，通过掷准地面目标（地垫、地垫中心、有干扰的地垫、不同距离的地垫）、掷准平面目标（举起的地垫、不同距离举起的地垫）、掷准一定高度的目标等练习，丰富学生对各种物体掷准的体验。整个投掷练习中目标有大小，有高低，有远近，学生不断尝试、思考、判断，对投掷物的操控能力、对投掷力量和角度的调整能力都有所提升。在投掷地垫练习中增加人为干扰，即一人在地垫上进行开合跳一人掷准，有效提高投掷课的练习密度及运动强度。在一定高度的不同目标掷准练习中，要充分利用场地资源，让学生体会投掷篮架、篮筐、篮板等练习，在释放儿童天性的同时，更好地体验和掌握掷准的动作。</td></tr>
<tr><td rowspan="2">体能练习
4′</td><td>1. 持轻物抛高。</td><td>1. 讲解和示范游戏的方法。
2. 在练习过程中，指导学生上下肢配合用力，将手中物体尽量抛高。</td><td>1. 认真观察老师的示范，听清游戏的方法和游戏时的注意点。
2. 游戏过程中尽量做到上下肢配合发力，将物体抛高。</td><td>进行放松活动。
要求：尽量与同伴保持一定的距离，避免发生碰撞。</td><td>2′</td><td>6~8</td><td>中高</td></tr>
<tr><td colspan="7">设计意图：持轻物抛高是对本节课的拓展与提升，掷准练习主要是以上肢练习为主、注意力较为集中的精准练习，本环节设计稍大幅度的抛高练习，在促使学生全身用力、提高身体协调性的同时，也发展了上下肢力量。</td></tr>
</table>

续表

<table>
<tr><th rowspan="2">教学流程</th><th rowspan="2">教学内容</th><th rowspan="2">教师活动</th><th rowspan="2">学生活动</th><th rowspan="2">组织队形
安全要求</th><th colspan="3">运动负荷</th></tr>
<tr><th>时间</th><th>次数</th><th>强度</th></tr>
<tr><td rowspan="4">恢复身心
3′</td><td>1. 放松与小结。</td><td>1. 带领学生放松。提出问题总结全课。(提问：
问题一：今天这堂课你学会了什么本领？
问题二：在活动、游戏时要注意什么？)</td><td>1. 跟随老师做拉伸放松练习。根据问题踊跃发表自己的观点。</td><td rowspan="3">散点进行放松活动。</td><td rowspan="3">2′</td><td rowspan="3">5~6</td><td rowspan="3">低</td></tr>
<tr><td>2. 布置课外作业。</td><td>2. 布置课外作业。</td><td>2. 听清课外作业，并能在家保质保量完成。</td></tr>
<tr><td>3. 整队，师生再见并安排收回器材。</td><td>3. 整队，与学生道别。组织学生收回器材。</td><td>3. 快速整队，与老师道别，帮助老师收回器材。</td></tr>
<tr><td colspan="7">设计意图：身体拉伸帮助运动后的身体和心理得到充分的放松。在放松过程中，教师用问题引导，帮助学生回忆课堂上的重难点，让学生对掷准动作技术有更深刻的记忆。</td></tr>
<tr><td>课后作业</td><td colspan="7">在家与爸爸、妈妈进行课堂所学的掷准游戏。</td></tr>
<tr><td rowspan="2">课后评价指标</td><td colspan="2">优秀</td><td colspan="2">良好</td><td colspan="3">及格</td></tr>
<tr><td colspan="2">能够利用 3 ~ 4 种投掷物，瞄准目标，做出肩上屈肘掷准动作，动作协调连贯，投中目标。</td><td colspan="2">能够利用 2 ~ 3 种投掷物，瞄准目标，做出肩上屈肘掷准动作，动作协调连贯，投中目标。</td><td colspan="3">能够利用 1 ~ 2 种投掷物，瞄准目标，做出肩上屈肘掷准动作，动作连贯，投中目标。</td></tr>
<tr><td>负荷预计</td><td colspan="7">平均心率：125 ~ 130 次/分　　练习密度：50% ~ 55%　　运动量：中等</td></tr>
<tr><td>场地器材</td><td colspan="7">篮球场 1 片，数字圆垫 26 张，沙包、彩带软球、羽毛球若干，音响 1 个</td></tr>
<tr><td>安全措施与保障</td><td colspan="7">1. 练习过程中，听口令统一投掷、捡拾器材。
2. 游戏中遵守规则，保持安全距离，避免碰撞。</td></tr>
</table>

第二节　一起画个同心圆（体操类）

“各种姿势的爬行”课堂教学案例

一、教材内容的价值分析

本课内容是水平一（一年级）爬行与游戏单元第1课时“各种姿势的爬行”。

1．“育体”价值

爬行是一种四肢着地、模仿动物行走的运动。本节课通过生动的情景设计，激发学生的兴趣，让学生通过模仿，惟妙惟肖地表现出三种不同的爬行姿势，即手脚并用跪膝爬行（乌龟爬）、手脚并用膝盖不着地爬行（大象爬）、匍匐爬行（鳄鱼爬），每一种爬行姿势都需要充分调动身体各器官参与其中，协调配合，进而能有效增强学生的上下肢力量，提高身体的速度、灵敏、协调等身体素质。同时，从单个爬行技能的学习到爬行组合动作的学习，不断变换练习形式，让学生拥有更丰富的运动体验，使得学生的体能在潜移默化中得到发展。

2．“育脑”价值

学生每一次尝试不同姿势的爬行都是对大脑积极地调动。爬行的姿态由静到动，爬行的范围由点到面，学生在爬行的过程中视听范围不断扩大，空间位置感、平衡感不断得到发展。同时，在学练的过程中，学生需要不断地观察和模仿，并巧妙地避开同伴的碰撞，选择合适的爬行路径，灵活掌握爬行方向和爬行速度，这样将运动技能与思维有效地统一起来，有利于提高学生的智力。

3．“育心”价值

对于一年级的学生而言，他们的注意力持续时间短，对单一重复的活动容易失去兴趣。因此，本课采用情境教学并利用多种形式的游戏、竞赛，不断吸引学生的注意力，激发学生学练的兴趣。本课在让学生感受爬行乐趣的同时，教师适时启发学生在学练中面对艰难险阻，敢于挑战，培养学生的自信力、意志力和抗挫力。通过增加小组合作的练习，设置多样性的游戏竞赛，进一步培养学生团结协作的能力，达到寓教于乐、立体育人的目的。

二、学习目标的设置

（1）知道鳄鱼、乌龟、大象等动物行走的特点，基本学会爬行方法，感受到爬行的乐趣。

（2）能生动、形象地模仿出各种动物的爬行姿势，发展上下肢及腰腹部力量。

（3）养成合作意识，在重新分组后很快和新伙伴们一起愉快地活动，并能踊跃表现自己。

三、教学重点与难点的确定及突破方法

（1）教学重点：手脚并用，全身协调用力。

突破方法：① 口令引导；② 慢动作强化；③ 音乐控制节奏。

（2）教学难点：生动、形象地表现出动物爬行的特点。

突破方法：① 示范启发；② 语言引导；③ 表扬激励。

四、学练手段的设计思考

第一，身动。通过“动物王国转一转”游戏热身导入，带领学生在动物王国中漫步，根据热身韵律操的音乐提示学生生动、形象地模仿出动物的各种姿势，在调动学生积极性的同时，很好地活动到了学生的手腕、膝盖、踝关节，有效减少运动损伤的发生。掌握技能部分则邀请了“鳄鱼”“大象”“乌龟”三位好朋友一起来做游戏，通过“鳄鱼觅食、大象躲雨、乌龟出海”等沉浸式教学，让学生直观解锁爬行的动作姿势，并用顺口溜的方式让学生记住“两臂屈肘、大腿屈膝体侧举、蹬腿曲臂向前爬；膝盖不着地、手脚并用向前爬、手膝着地、异侧爬行、抬头看清方向”等动作要领，让学生体验手脚并用、全身协调用力的学练重点，在循序渐进、由浅入深的教学过程中，学生不仅有效掌握了动作技能，协调、灵敏、力量等身体素质也得到了积极的发展。

第二，脑动。爬行运动是一种集视觉、听觉等多种感觉共同参与的运动。一年级的学生具有活泼好动、想象力丰富等身心特点，有较强的表现欲望，但是认知和技能仍需要进一步加强，学习以感性认知为主，自我控制和修正的能力较弱，容易兴奋。因此，要通过“单人散点式练习”“多人互助式合作”，逐步有效强化学生的视、听觉和感知空间位置的能力，这也为他们以后学习其他运动项目提供了较好的身体基础。随着技能的掌握和难度的进阶，逐步拓展各种姿势的爬行动作组合练习，并且不局限于平面的场地，适当设置立体环境下的爬行体验，如持物爬行、蒙眼爬行、利用多种器材的爬行等，最后可以挑战加入跑、跳、投、滚动等非爬行类动作，在速度上忽快忽慢，在方向上前、后、左、右的爬行类“终极挑战”，让学生在困难中找寻方法，在尝试中解决问题，不断提高自己的自主学习能力。

第三，心动。爬行不仅能有效开发智力，对心理发展也有直接的影响。会爬的学生不光动作敏捷，而且充满活力，有求知欲，有目标感，并且“摸爬滚打”也锤炼意志、锻炼胆量，有利于个性发展。“爬行大赛”着重强调合作意识及规则意识，培养学生团结、友爱、互帮互助的精神。教师在组织游戏环节，可以更多地关注学生的课堂表现，并及时给予肯定性的评价，对手脚不协调、爬行速度慢、运动能力欠佳的学生，要给予更多的指导和肯定，适时调整运动目标，不断丰富教学手段，拓展教学资源，变化教学方法，通过设立“模仿小达人”“精神文明队”等奖项，促进学生自我认识、自我提高，逐步达到强健体魄、完善人格的目的。

“各种姿势的爬行”课的教案

教学对象：水平一（一年级）　　单元课次：爬行与游戏单元第1课时

<table>
<tr><td>学习目标</td><td colspan="7">1. 知道鳄鱼、乌龟、大象等动物行走的特点，基本学会爬行方法，感受到爬行的乐趣。
2. 能生动、形象地模仿出各种动物的爬行姿势，发展上下肢及腰腹部力量。
3. 养成合作意识，在重新分组后很快和新伙伴们一起愉快地活动，并能踊跃表现自己。</td></tr>
<tr><td>学习内容</td><td colspan="7">爬行：各种姿势的爬行。
游戏：“爬行大赛”。</td></tr>
<tr><td>教学重点</td><td colspan="3">手脚并用，全身协调用力。</td><td>教学难点</td><td colspan="3">生动、形象地表现出动物爬行的特点。</td></tr>
<tr><td rowspan="2">教学流程</td><td rowspan="2">教学内容</td><td rowspan="2">教师活动</td><td rowspan="2">学生活动</td><td rowspan="2">组织队形
安全要求</td><td colspan="3">运动负荷</td></tr>
<tr><td>时间</td><td>次数</td><td>强度</td></tr>
<tr><td>常规教学

活动准备
8′</td><td>一、课堂常规
1. 整队，师生问好。
2. 检查服装。
3. 安排见习生。

二、情境导入

三、热身运动
“动物王国转一转”</td><td>一、课堂常规
1. 和学生互动。
2. 讲解课堂要求和布置任务。

二、情境导入
用生动、形象的语言描述出情境故事，激发学生学习的兴趣。

三、热身运动
讲解游戏的方法，带领学生在动物王国中漫步，并根据音乐的提示生动、形象地模仿出动物的各种姿势。音乐停止后，迅速找“家”站好。</td><td>一、课堂常规
1. 四列横队站立。
2. 认真听讲，站姿规范。

二、情境导入
认真听讲，了解课的内容和要求。

三、热身运动
认真听讲，在音乐中模仿动物行走，并快速、准确定位。</td><td>组织：
○○○○○○
●●●●●●
○○○○○○
●●●●●●
★
要求：精神饱满，思想集中。

组织：
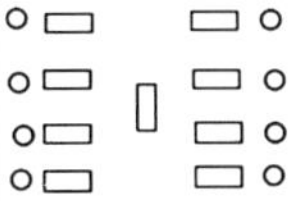
要求：根据音乐节奏进行热身，并根据杯垫位置快快回“家”。</td><td>2′</td><td>3</td><td>中</td></tr>
</table>

续表

教学流程	教学内容	教师活动	学生活动	组织队形安全要求	运动负荷		
					时间	次数	强度
常规教学 活动准备 8′	**四、热身韵律操**	**四、热身韵律操** 1. 讲故事，做示范，用鼓励性的语言提示学生认真做操。 2. 带领学生们一起听音乐做韵律操。	**四、热身韵律操** 1. 跟着老师的示范认真做操，做热身运动，做好充分准备。 2. 随音乐节奏认真练习。	要求：模仿正确，注意安全，注意间距。 组织： 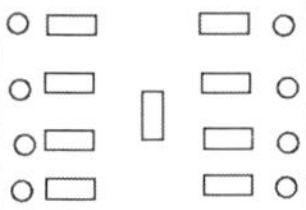	4′	2	中
	设计意图：提高学生的注意力，帮助学生尽快融入课堂，同时通过不断的模仿练习，帮助学生拉伸身体，防止运动损伤。						
学习本领 掌握技能 22′	**一、俯卧爬行** 1. 给出跟鳄鱼妈妈学本领的情境，形象、生动地导入本节课的学习内容。	**一、俯卧爬行** 1. 进行语言指导，请学生配合并示范动作。	**一、俯卧爬行** 1. 认真听讲，明确动作的要求和方法。	组织： 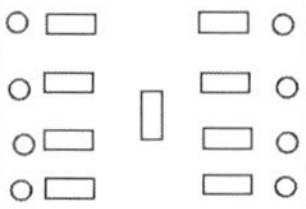	4′	2	中
	2. 鳄鱼觅食动作要点：两臂屈肘；大腿屈膝体侧举；蹬腿曲臂向前爬。	2. 观察学生，用语言提示学生动作姿势和手脚协调用力。 3. 时刻关注场地外围的学生。	2. 听信号，按要求完成相应的动作，做到动作规范、稳定。	要求：注意动作正确，懂得谦让，挑战自己，信任同伴。	4′	3	中
	二、学习“大象爬行” 1. 给出跟着大象妈妈去散步的情境。	**二、学习“大象爬行”** 1. 进行语言引导，给出情境，组织学生四人一组有节奏地爬行。	**二、学习“大象爬行”** 1. 积极动脑，勇于尝试。	组织：同上。 要求：能安全学习，团结协作，听从指挥。	3′ 2′	3	中高 中高
	2. 给出大象躲雨的情境。动作要点：膝盖不着地；手脚并用向前爬。	2. 巡回指导，提示学生上下肢协调用力，动作姿势要准确。	2. 组员间相互评价，积极参与合作学练，分组体验俯撑异侧肢爬行方法。				

续表

教学流程	教学内容	教师活动	学生活动	组织队形 安全要求	运动负荷		
					时间	次数	强度
学习本领 掌握技能 22′	**三、学习“乌龟”爬行** 1. 给出跟乌龟妈妈学本领的情境。	**三、学习“乌龟”爬行** 1. 给出海边爬行的情境，示范讲解乌龟爬行。	**三、学习“乌龟”爬行** 1. 认真听讲，根据要求反复练习，体会乌龟爬行的动作要点。	组织： 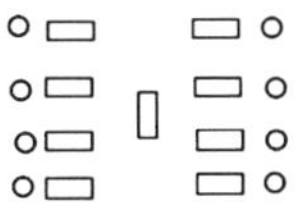	3′	3	中高
	2. 两人合作爬行。 动作要点：手膝着地；异侧爬行；抬头看清方向。	2. 组织学生两人一组爬行。 3. 观察学生练习情况，进行纠错，对个别进行指导。	2. 两人合作练习，体验同伴间的团结协作	要求：能安全学习，团结协作，听从指挥。	2′		中高
	四、“动物王国”大游行 教师给出动物王国游行的情境。	**四、“动物王国”大游行** 1. 提示学生进行支撑和爬行的巩固练习。 2. 巡回指导，提示动作的要点。	**四、“动物王国”大游行** 1. 积极参与练习，体会动作的要点。 2. 练习的过程中注意安排，避免受伤。	组织：散点。 要求：懂得避让，注意安全。	4′	3	中高
	设计意图：引导探究，模仿练习，激活学生思维，发挥学生的主体地位。各种情境调动学生的积极性，使学生整节课满怀激情，全身心地投入课堂中的每个环节。最后通过自主探究进行游戏，培养学生的积极性及勇于探索的能力。						
组织游戏 激发热情 6′	游戏：“爬行大赛” 1. 一种方式爬行大赛。 2. 组合方式爬行大赛。	游戏：“爬行大赛” 1. 组织游戏队形，示范讲解游戏方法和规则。 2. 组织学生进行游戏。 3. 讲评小结。	游戏：“爬行大赛” 1. 认真听讲游戏方法和规则。 2. 玩游戏。 3. 听取教师的评价。	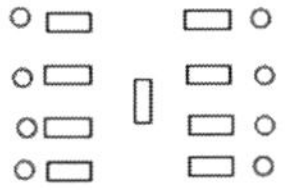 要求：学会方法，遵循规则，自我保护。	5′	3	中高
	设计意图：在增加趣味性的同时，发展学生的体能，培养学生团结协作的能力，增强学生的团队意识。						

续表

<table>
<tr><th rowspan="2">教学流程</th><th rowspan="2">教学内容</th><th rowspan="2">教师活动</th><th rowspan="2">学生活动</th><th rowspan="2">组织队形
安全要求</th><th colspan="3">运动负荷</th></tr>
<tr><th>时间</th><th>次数</th><th>强度</th></tr>
<tr><td rowspan="2">恢复身心

稳定情绪
4′</td><td>一、放松操
小太阳（伴乐）

二、课后小结

三、师生再见

四、收放器材</td><td>1. 带领学生一同放松，调整呼吸，放松心情。
2. 师生共同小结本课的优缺点。
3. 安排学生收拾器材。
4. 宣布下课。</td><td>1. 跟随教师口令练习，动作舒展、放松。
2. 交流学习与心得体会。
3. 与老师道别。</td><td>1. 轻松活泼。
2. 精神饱满。

组织：
○○○○○○
○○○○○○
●●●●●●
●●●●●●
★</td><td>2′</td><td>2</td><td>中低</td></tr>
<tr><td colspan="7">设计意图：充分放松身心，拉伸肌肉，有利于学生的课后恢复。同时培养团结协作、学会分享、互帮互助的品质。</td></tr>
</table>

<table>
<tr><td>课后作业</td><td colspan="3">与爸爸、妈妈一起进行钻爬练习，设置人体障碍。</td></tr>
<tr><td rowspan="2">课后评价指标</td><td>优秀</td><td>良好</td><td>及格</td></tr>
<tr><td>1 分钟时间内完成 30 次钻爬过障碍。</td><td>1 分钟时间内完成 25 次钻爬过障碍。</td><td>1 分钟时间内完成 20 次钻爬过障碍。</td></tr>
<tr><td>负荷预计</td><td colspan="3">平均心率：130~135 分/次　　练习密度：约 60%　　运动量：中等偏高</td></tr>
<tr><td>器材准备</td><td colspan="3">爬行垫 48 个，杯垫 10 个，音响 1 台。</td></tr>
<tr><td>安全措施与保障</td><td colspan="3">1. 清理好场地。
2. 充分做好准备、放松活动。
3. 课堂上进行安全教育，正确引导竞赛行为，防止恶意竞争。</td></tr>
</table>

“前滚翻”课堂教学案例

一、教材内容的价值分析

本课内容是水平一（二年级）技巧与游戏单元第 2 课时“前滚翻”

1. “育体”价值

前滚翻是体操技巧中最基本的动作之一，学生通过本课的学习，在真实而丰富的运动体验中，掌握前滚翻动作，提高身体平衡能力与空间定向能力，增强身体柔韧性、灵巧性、协调性。最重要的是学会前滚翻，能起到应急的保护作用，学生熟练后可在无意识的情况下完成动作，从而起到缓冲进而保护身体的作用。学生通过练习前滚翻动作，身体变得更加灵活协调。在翻滚时，学生的头、眼、四肢等要相互协助做出一系列动作，这样能增加身体的控制能力，锻炼前庭和小脑的平衡能力。运动时会产生多巴胺等，这些重要的神经传导物质都能够全方位提升学生的状态。不仅如此，运动还能提高学生的心肺功能、血管功能，改善代谢，调节体脂，让学生更有活力。

2. “育脑”价值

翻滚动作还涉及学生运动技能的学习和独立活动的能力，以及想象力、思考能力、反应力、观察力、执行力等。本课中，“皮球工厂如何生产高质量的皮球”这一问题贯穿课堂始终，学生带着问题参与练习，在每一个练习环节中逐步验证猜想，最后皮球工厂送来秘诀纸条，解决疑问。各环节的提问，激发学生的学习欲望，提高学生的观察能力，给学生自由的空间，培养学生自主学习的能力。

3. “育心”价值

刚开始练习前滚翻动作的学生，由于动作不标准，可能会产生疼痛感，或者在翻动过程中丧失空间感，感受不到本体的存在。丧失本体的感觉让学生无所适从，学生一度会产生厌学心理，对自己不自信，怀疑自己。基于对学练效果的预设，本课为学生面对困难、解决困难、建立自信以及和同伴间的互帮互助提供了发展的空间，循序渐进的学练方式可以在发展运动技能的同时，帮助学生树立信心，克服恐惧心理。通过练习，激发学生积极参与练习的主观能动性。同伴之间的保护与帮助，小组竞赛中的有效配合和互相鼓励，能够培养学生互帮互助、团结合作的品质。

二、学习目标的设置

（1）能基本掌握前滚翻组合动作技巧，并利用口诀说出动作方法。

（2）约85%的学生能做出低头含胸团身紧的动作，约20%的学生能做到动作舒展、身体协调，注意体操礼仪。

（3）能在活动练习中与同伴友好合作，互帮互助，大胆、自信地完成动作。

三、教学重点与难点的确定及突破方法

（1）教学重点：撑地稳固，蹬伸有力，低头含胸。

突破方法：① 小皮球拍拍，感受撑垫动作；② 小皮球蹬蹬，双脚同时均匀发力；③ 胯下看天，头、颈、肩、背、臀依次着地。

（2）教学难点：动作定位准确，连贯协调。

突破方法：① 利用手掌、皮球标志点定位；② 利用秘诀纸条辅助练习。

四、学练手段的设计思考

第一，身动。本课的教学对象为水平一（二年级）的学生，该年龄段的学生对体操动作技巧有一点了解和身体基础，并且好奇心强，敢于表现自我，单一的训练活动会使他们失去兴趣。本课的教学设计，需要由易到难、由浅入深、层层深入地提升学生的手脚协调能力，为此我们采取了多种教学手段，设计了“小皮球拍拍—小皮球蹬蹬—胯下看天—纸条辅助练习—双人保护与帮助练习—霹雳皮球竞赛”等环节。学生通过一关关的小游戏掌握前滚翻的动作要点。在自编热身操环节，巧妙地将体操礼仪、双脚用力蹬地、团身抱紧、低头含胸、活动头颈部等专项练习融入其中。在完整动作练习时，利用纸条（皮球工厂的礼物）辅助练习，纸条上有口诀“一撑二蹬三低头，团身滚动像皮球”，帮助学生强化记忆，另外，学生可以根据需要，把纸条夹在学生下巴、腹部等位置，规范动作。在进行“霹雳皮球”游戏时依然使用纸条接力，真正做到一物多用。

第二，脑动。本课以模仿“小皮球”为情境主线，通过角色模仿，表现出小皮球圆滚滚、有弹性的特点，将复杂的技巧组合动作具象化，设计皮球工厂如何才能生产出高质量皮球的问题，既能充分调动学生的学练兴趣，激发学生的想象力，又给学生留出思考和探索的空间。各个练习环节设置教师提出问题，学生体验并回答问题。例如，在初始阶段，教师在示范前向学生提问：身体是哪个部分先触垫的？学生在观看示范时就会更仔细，更积极地思考问题以回答老师的提问。这种启发性的思考，让学生去判断，让学生去做决策，更能够帮助学生在课中占据主体地位，学生更能积极地参与到课堂中来，更好地思考问题。在课堂上，从进步幅度、克服困难、展示自我、评价他人等多个维度进行个人评价和小组评价，培养学生思考、总结问题的能力。

第三，心动。结合水平一阶段学生活泼、爱玩的特点，以扮演“小皮球”为情境教学主线，设置“皮球工厂”的情境，激发学生的学习兴趣，引导学生在情境中学会组合动作技巧，适时以角色扮演的身份激发学生在练习中的竞争精神，达到寓教于乐、立体育人的目标。在情景教学中，激发学生主动学习的能力，培养学生的团队合作精神，也为后续的学习做好启发与铺垫。学生在“霹雳皮球”游戏中体会团队合作的重要性，分享交流的快乐，获得成功的体验。

“前滚翻”课的教案

教学对象：水平一（二年级）　　单元课次：技巧与游戏单元第 2 课时

学习目标	1. 能基本掌握前滚翻动作，并利用口诀说出动作方法。 2. 约 85%的学生能做出低头含胸团身紧的动作，约 20%的学生能做到动作舒展、身体协调，注意体操礼仪。 3. 能在活动中与同伴友好合作，互帮互助，大胆、自信地完成动作。		
学习内容	1. 动作技巧：前滚翻。 2. 游戏：霹雳皮球。		
教学重点	撑地稳固，蹬伸有力，低头含胸。	教学难点	动作定位准确，连贯协调。

续表

教学流程	教学内容	教师活动	学生活动	组织队形 安全要求	运动负荷		
					时间	次数	强度
热身准备约6′	1. 体育委员集合整队，汇报人数。	1. 观察并督促体育委员，集合整队。	1. 四列横队集合，体育委员整队，检查并报告人数。	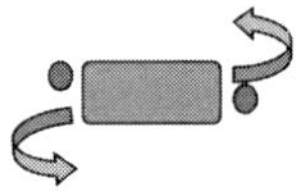	1′	1	低
	2. 师生问好。	2. 向学生问好。	2. 向老师问好。				
	3. 宣布本课的任务与要求。	3. 宣布本课学习内容和要求。	3. 集中注意力，明确本课的内容及要求。				
	4. 安排见习生。	4. 安排见习生。	4. 见习生随堂听课。	要求：两人一组围着体操垫自由跑，注意前后间距安全。			
	5. 创设“皮球工厂”的情境。	5. 创设“皮球工厂”的情境。	5. 快速融入情境，参与学习挑战。		3′	4	中
	6. 慢跑热身。	6. 组织学生两人一组绕垫子进行跑，听口令双脚跳、抱成球、拍皮球。	6. 两人一组，听教师指挥进行绕垫子跑，听口令双脚跳、抱成球、拍皮球。				
	7. 自编热身操。	7. 带领学生做自编的热身操。	7. 跟着老师做自编的热身操。				
	设计意图：课程开始，强调纪律及规则要求。情景导入的方式，激发学生的学习兴趣，初步理解团身抱紧的感觉。通过花式慢跑和热身操，充分活动身体的各个部位，在自编热身操环节，巧妙地融入体操礼仪、双脚用力蹬地、团身抱紧、低头含胸、活动头颈部等专项练习，为接下来的练习活动做好安全保障。						
学习技能 探索新知29′	**一、通过“皮球工厂”的三道关卡**	**一、通过“皮球工厂”的三道关卡**	**一、通过“皮球工厂”的三道关卡**				
	1. 情境导入，教师完整示范。	1. “皮球工厂”情境导入，做一遍完整示范。	1. 认真听讲，仔细观察。		3′	2组	低
	2. 第一关：小皮球拍拍拍。	2. 通过口令示范，组织学生屈体推掌，巡回指导。	2. 模仿老师，喊口令做屈体推掌动作。				

续表

教学流程	教学内容	教师活动	学生活动	组织队形 安全要求	运动负荷		
					时间	次数	强度
学习技能 探索新知 29′	3. 第二关：小皮球蹬蹬蹬。	3. 示范双手压垫、双脚并拢蹬地动作，组织学生学练，巡回指导。	3. 模仿老师做双手压垫动作，喊口令做出双脚并拢蹬地动作。	要求： 1. 秘诀说得顺畅。 2. 翻滚时注意间距，保证安全。	3′	3	中
	4. 第三关：胯下看天。	4. 示范完成胯下看天动作，巡回指导。	4. 观察和模仿，两人一组进行练习。		3′	4	中
	二、“皮球工厂”的礼物：秘诀	**二、“皮球工厂”的礼物：秘诀** 1. 利用纸条上的秘诀讲解示范前滚翻动作，并展示如何利用纸条辅助练习。 2. 巡回指导，纠正学生的错误动作。	**二、“皮球工厂”的礼物：秘诀** 1. 在老师的组织下，尝试利用口诀“一撑二蹬三低头，团身滚动像皮球”练习前滚翻动作。 2. 根据老师的指导，利用纸条夹在腹部、下巴等地方协助练习，纠正错误动作。		4′	6~8	高
	三、保护与帮助	**三、保护与帮助** 1. 请一位学生协助讲解、示范如何保护与提供帮助。 动作要求：保护者单膝跪立于练习者侧面，当滚至背部着垫时，一只手托肩，另一只手压小腿帮助躯体前滚翻，必要时可扶腰背，帮助蹲立。	**三、保护与帮助** 1. 仔细观察。 2. 记住动作要点。	 要求： 1. 仔细观察。 2. 提供保护与帮助的学生要认真负责。	4′	5~6	中

续表

教学流程	教学内容	教师活动	学生活动	组织队形 安全要求	运动负荷		
					时间	次数	强度
		2. 组织学生练习。巡回指导,观察学生动作完成的质量。	2. 两人一组,一人保护帮助,一人练习,互相提醒动作要点。				
	四、自主尝试练习	**四、自主尝试练习** 1. 鼓励学生自主尝试前滚翻动作。 2. 选出每组的皮球小队长,小队长负责本组的皮球制作。	**四、自主尝试练习** 1. 积极尝试前滚翻动作。 2. 皮球小队长督促并帮助本队同伴练习,队员积极主动练习。	 要求: 1. 注意身体姿态。 2. 自信大方。 3. 动作协调。			
	五、优生展示	**五、优生展示** 1. 提出展示要求并组织展示活动。 2. 根据展示情况提出评价并贴发手掌或皮球标志贴。	**五、优生展示** 1. 自信地展示自我,注意体操礼仪与姿态。 2. 大胆提出自己的看法与做出评价。				
学习技能 探索新知 29′	**六、游戏:"霹雳皮球"**	**六、游戏:"霹雳皮球"** 讲解游戏规则(组内成员平分后相距15米站立,双脚夹住纸条做一个前滚翻后,跑到对面传递纸条接力,用时最短者获胜),并组织一次比赛。	**六、学生积极参与比赛,做出规范的动作,互相加油鼓励**	 要求: 1. 遵守游戏规则。 2. 积极竞赛,注意安全。	3′	3~4	高
	设计意图:针对重难点,通过由浅入深的任务驱动,设置多样的练习方法和手段,以学为中心,实现教学评一体化,激发学生自主、合作的潜能。以扮演"小皮球"为情境教学主线,设置"皮球工厂"的情境,激发学生学习兴趣,引导学生在情境中学会技巧组合动作,适时以角色扮演的身份激发学生在练习中的竞争精神,达到寓教于乐、立体育人的目的。在情境教学中,激发学生主动学习的能力,培养学生的团队合作精神,也为后续的学习做好铺垫。在"霹雳皮球"游戏中体会团队合作的重要性,分享交流的快乐,获得成功的体验。						

续表

<table>
<tr><th rowspan="2">教学流程</th><th rowspan="2">教学内容</th><th rowspan="2">教师活动</th><th rowspan="2">学生活动</th><th rowspan="2">组织队形
安全要求</th><th colspan="3">运动负荷</th></tr>
<tr><th>时间</th><th>次数</th><th>强度</th></tr>
<tr><td rowspan="2">恢复身心
5′</td><td>1. 自编放松操。
2. 总结学练。
3. 布置课后作业。
4. 收还器材。
5. 师生再见。</td><td>1. 播放音乐，带领学生做自编放松操。
2. 引导学生评价。
3. 布置课后作业。
4. 安排回收器材。
5. 宣布下课。</td><td>1. 听音乐放松身心，跟随老师做放松操。
2. 客观评价。
3. 完成课后作业。
4. 值日生回收器材。
5. 与老师道别。</td><td>要求：
1. 相对散开放松。
2. 充分拉伸四肢。</td><td>2′</td><td>11 组</td><td>低</td></tr>
<tr><td colspan="7">设计意图：课程结束，播放舒缓的音乐，愉悦身心，充分放松。学生通过自评、互评，总结本节课所学内容，再次凸显育体、育心、育人的价值。课后作业引导学生坚持锻炼，强化和巩固动作要点，培养终身进行体育锻炼的好习惯。</td></tr>
<tr><td>课后作业</td><td colspan="7">小皮球蹬蹬、胯下看天，前滚翻每天练习 5 个，练两组。
有条件的学生可以和家人一起练习。</td></tr>
<tr><td rowspan="2">课后指导评价</td><td colspan="2">优秀</td><td colspan="2">良好</td><td colspan="3">及格</td></tr>
<tr><td colspan="2">能熟练掌握前滚翻动作，做到动作舒展、身体协调，注意体操礼仪，并能够利用口诀说出动作方法。</td><td colspan="2">能基本掌握前滚翻技巧组合动作，做出低头含胸团身紧的动作，并能够利用口诀说出动作方法。</td><td colspan="3">敢于参与练习，在同伴或老师的帮助下能完成前滚翻动作，并能够利用口诀说出动作方法。</td></tr>
<tr><td>负荷预计</td><td colspan="7">平均心率：约 135～140 次/分　　练习密度：约 60%～65%　　运动量：中等</td></tr>
<tr><td>场地器材</td><td colspan="7">篮球场半片，音响 1 台，体操垫 21 个，秘籍纸条 21 份，图画贴纸 41 对。</td></tr>
<tr><td>安全措施与保障</td><td colspan="7">1. 课前要求所有学生身上不得携带尖锐的物品，特别提醒女生不得佩戴发卡等头饰，发型尽量选择双低马尾，便于滚动。加强安全教育，要求学生身体不舒服时须及时告知老师。
2. 热身活动时，注意活动头部，提前预防运动损伤。
3. 组织练习时，体操垫之间留够练习空间，避免碰撞。
4. 进行保护与帮助练习时，强调保护与帮助者处于引导地位，不要强行把练习者翻过去。教师密切关注，及时指正。
5. 结束时，拉伸放松身体，舒缓情绪。</td></tr>
</table>

“两脚蹬地从两臂间穿过成背向器械的站立悬垂”课堂教学案例

一、教材内容的价值分析

本课内容是水平二（四年级）低单杠与游戏单元第3课时“两脚蹬地从两臂间穿过成背向器械的站立悬垂”。

1. “育体”价值

两脚蹬地从两臂间穿过成背向器械的站立悬垂（穿臂后翻下）是在单杠屈体悬垂和悬垂摆动的基础上，通过蹬地团身，后倒翻臀，从两臂间穿过后翻下成背向器械的站立悬垂。蹬地有力，屈膝团身紧，后倒翻臀充分是本课的重点；蹬收倒翻穿动作连贯协调是本课的难点。本课的学习，旨在引领学生在情境化、游戏化的教学体验中，掌握穿臂后翻下的动作方法，通过体操垫动态调整练习的高度，循序渐进地提高单杠技术，发展学生的力量、柔韧、协调、灵敏等身体素质和空间感知能力，凸显育体的价值。

2. “育脑”价值

穿臂后翻下动作的学练，要求学生借助单字口诀，把握节奏，连贯地做出收腹团身，充分后倒，快速翻臀动作；在合作练习时对同伴进行保护与提供帮助，学生需要比较和分析团身蹬地跳、直体悬垂等动作的特点和不同学生动作技能掌握的情况，准确判断站位和保护方法、力量和时机，进行快速、有效的保护与帮助；借助体操垫设置不同高度，学生由高垫向低垫依次学练，分层教学时，需要分析、比较、判断单杠的高度和自身的练习情况，选择适合的练习区域，使体能发展和思维发展相融合。

3. “育心”价值

在单杠穿臂后翻下的学练过程中，会遇到团身不紧、后倒不充分和翻不过去等困难，因而学生会出现畏难心理或学练充满挑战的想法。教师基于对学练效果的预设，设计单杠屈体团身跳、垫上团身滚动等辅助练习；巧用大小标贴，提醒学生后倒时充分后仰以看到标贴；组织各种练习（从辅助练习到小组内互相保护与帮助的合作练习和从高垫练习到低垫练习、分层练习），学生通过努力，夯实运动技能，树立自信心，克服畏难心理，完成学练，体验成功穿过单杠的喜悦。在展示环节和游戏竞赛中，注重渗透体操礼仪，实现身、脑、心的多元融合，帮助学生形成积极乐观的人生态度，培养良好的体育品格。

二、学习目标的设置

（1）知道两脚蹬地屈膝从两臂间穿过成背向器械的站立悬垂保护与帮助的方法，做出蹬地收腿、屈膝团身和后倒翻臀从两臂间穿过的动作。

（2）通过教师讲解示范、说口诀、分层练习、游戏竞赛等，做到蹬地有力，团身快速，后倒翻臀充分，穿臂后翻下动作连贯协调。

（3）在学练中与同伴互帮互助，克服困难，体验成功穿过单杠的喜悦并敢于展示。

三、教学重点与难点的确定及突破方法

（1）教学重点：蹬地有力，屈膝团身紧，后倒翻臀充分。

突破方法：① 垫上团身滚动等辅助练习；② 杠上团身跳等辅助练习；③ 看标贴练习后倒翻臀。

（2）教学难点：蹬收倒翻穿动作连贯协调。

突破方法：① 由高垫到低垫练习;② 小组合作保护与帮助;③ 自主选择高度分层练习。

四、学练手段的设计思考

第一，身动。本课从情境导入、趣味模仿跑、热身操，到基本部分的学习，都紧紧围绕“单杠穿臂后翻下”展开教学。准备部分“改变重心跑”“模仿握杠手型”“荡秋千”“垫上操”“棒操”等热身练习，将握杠、团身、悬垂、后倒翻臀滚动和从两手臂间穿过等动作贯穿其中，为基本部分的学练作铺垫。基本部分从垫上辅助练习（团身滚动、跪姿后仰、穿过体操棒）到杠上辅助练习（屈体悬垂、屈膝团身跳、直体悬垂），再借助垫高练习、分层练习、移形换位游戏等活动，进行由浅入深、由易到难的活动设计，在循序渐进的练习、游戏、竞赛中，学生不仅能有效掌握单杠穿臂后翻下的技术，还能灵活应用和展示单杠技术，促使协调、灵敏、力量等身体素质得到综合发展。

第二，脑动。单杠后翻下技术的掌握，将对观察力、判断力、分析力、执行力等多种思维能力的培养，贯穿于学练全程。如“荡秋千”游戏，学生听数字后做出悬垂摆动或垫上动作，锻炼听力、判断力和反应能力。在辅助练习“屈膝团身跳”和“直体悬垂”中，学生通过蹬地收腿、抬头后仰，最终来确定膝盖的位置、后仰的角度，身体和大脑并用，从而获得运动认知。小组合作练习中，同伴的力量、动作掌握的程度、站立的位置、保护的手型、帮助的时机与方法，都需要学生观察、判断并转化为决策行为；“分层教学”需要学生根据练习的情况，通过分析、判断选择适合的单杠高度进行练习；“移形换位”游戏需要根据距离的远近，判断、思考、反应以准确抓住体操棒。通过情境化、结构化、游戏化的学、练、赛，促进学生运动思维和运动能力的多元融合发展。

第三，心动。单杠运动承载着很多育德育心的功能。基于对学情的分析，四年级学生善于模仿，乐于竞争和展示，具有合作的意识与能力，但四肢力量相对薄弱，在穿臂后翻下动作的练习中，容易出现蹬地团身不充分、不能完成穿臂后翻动作等情况，进而产生畏难心理；本课通过由易到难的任务驱动、垫上辅助练习和杠上辅助练习、小组合作学习，设置学生够得着的目标，由高垫练习过渡到低垫练习，激发学生学习和挑战的热情，学生通过努力，完成练习和挑战，建立信心；在小组合作学习中，强调团结互助，加强对同伴的保护与帮助，进行不同角色的体验，学生有安全责任意识，勇于担当；在展示环节和游戏竞赛中，渗透体操礼仪和规则意识，学生遵守规则，牢记体操礼仪，形成良好的体育品格。

“两脚蹬地从两臂间穿过成背向器械的站立悬垂”课的教案

教学对象：水平二（四年级）　　单元课次：低单杠与游戏单元第 3 课时

学习目标	1. 知道两脚蹬地屈膝从两臂间穿过成背向器械的站立悬垂保护与帮助的方法,做出蹬地收腿、屈膝团身和后倒翻臀从两臂间穿过的动作。 2. 通过教师讲解示范、说口诀、分层练习、游戏竞赛等,做到蹬地有力,团身快速,后倒翻臀充分,穿臂后翻下动作连贯协调。 3. 在学练中与同伴互帮互助,克服困难,体验成功穿过单杠的喜悦并敢于展示。

续表

学习内容	1. 屈体悬垂：两脚蹬地屈膝从两臂间穿过成背向器械的站立悬垂。 2. 游戏：“换位接棒”。						
教学重点	蹬地有力，屈膝团身紧，后倒翻臂充分。		教学难点	蹬收倒翻穿动作连贯协调。			
教学流程	教学内容	教师活动	学生活动	组织队形安全要求	运动负荷		
					时间	次数	强度
准备部分约7′	一、贯彻常规	1. 集合整队。	1. 体育委员用口令指挥学生成六列横队。	组织形式与要求：四列横队。			低
		2. 与学生问好，创设情境。	2. 与老师问好。				
		3. 宣布本课学习内容与要求。	3. 认真听讲，明确内容和要求。	集合整队快、静、齐。			
		4. 安排见习生。	4. 见习生随堂听课。				
	二、创设情境	创设“体操馆学习挑战”情境。	认真听讲，融入情境。				
	三、自由慢跑热身	播放音乐，组织学生自由慢跑，引导学生绕过体操垫、钻过单杠。	在不同区域跑动，绕过体操垫，钻过单杠。	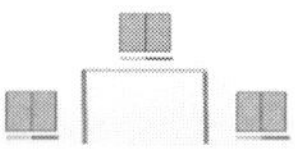	1′	3~6	中
	（一）多种身体姿势的走、跑	1. 用口令指挥高人走、矮人走、绕肩跑。	1. 听口令变换重心走、绕肩跑。				
		2. 用手势指挥学生进行“剪刀、石头、布”活动。	2. 看手势进行“剪刀、石头、布”活动。		2′	各3~5	中
		3. 引导学生脚跟走、屈肘提膝跳、向后绕肩慢跑。	3. 脚跟走、屈肘提膝跳、向后绕肩慢跑。				
	（二）垫上棒操	1. 挑腕、勾脚。	1. 活动手腕脚踝。		2′	各5~6	高
		2. 勾脚、收腿。	2. 说口诀“勾收”并练习。				
		3. 勾脚、收腿、团身。	3. 集体说口诀练习。	1. 注意力集中，反应迅速。 2. 组间顺时针轮换场地。			
		4. 团身后倒点地、后倒穿臂过棒。	4. 体会团身、双脚穿过手臂的动作。				

续表

教学流程	教学内容	教师活动	学生活动	组织队形 安全要求	运动负荷		
					时间	次数	强度
准备部分约7′	设计意图：课堂伊始，提出学练要求，加强安全教育，通过绕肩跑、钻杠跑、高人走、矮人走和“剪刀、石头、布”等多种形式的走、跑、跳，充分活动身体部位；“荡秋千”游戏通过喊数字快速反应，集中学生的注意力，锻炼学生的反应能力，激发学生的兴趣，初步体会人与单杠的关系；借助体操棒练习垫上操强化勾脚团身、后倒翻臀技术，体会双腿从两臂间穿过动作，将握杠、团身、悬垂、后倒翻臀滚动和从两手臂间穿过等动作贯穿其中，为基本部分的教学做足身体和心理上的铺垫。						
基本部分约28′	**任务一：蹲悬垂** 辅助练习：跳过体操垫	1. 讲解和示范蹲悬垂的动作要领和保护与帮助的方法。 2. 引导学生说口诀“勾收”并练习。 3. 组织学生双脚跳过体操垫。	1. 认真听记、思考。 2. 勾脚收腿，做直臂蹲悬垂。 3. 双脚依次跳过体操垫。	 1. 直臂抓杠，勾脚收腿。 2. 保护及时，有序轮换。	2′	3~5	中
	任务二：屈膝团身跳 辅助练习：屈膝快团身。	1. 讲解和示范直臂悬垂，屈膝团身跳。 2. 引导学生说口诀“快蹬收，团身紧”并练习。 3. 组织学生在垫上进行屈膝快团身的练习。	1. 相对集中听记，注意观察。 2. 说口诀，进行互相保护与帮助练习。 3. 在垫上进行辅助练习屈膝快团身。	 1. 蹬地有力，收腿充分。 2. 膝盖靠近胸前贴纸。	2′	4~6	高
	任务三：直体悬垂 辅助练习：跪姿后仰。	1. 讲解和示范直体悬垂的动作要领和保护与帮助的方法。 2. 引导学生直臂悬垂，充分挺髋、后倒。 3. 组织学生跪在垫上上体充分后仰。	1. 相对集中听记，积极思考。 2. 直臂悬垂，挺髋后倒充分。 3. 跪姿抓脚踝，身体充分后仰。	 1. 后仰充分，不屈髋。 2. 互相提醒后仰，看同伴胸前的红色标贴。	1′	4~6	高

续表

教学流程	教学内容	教师活动	学生活动	组织队形 安全要求	运动负荷		
					时间	次数	强度
基本部分约 28′	设计意图：通过垫上辅助练习（跳过体操垫、团身滚动、跪姿后仰、穿过体操棒）、杠上（屈体悬垂、屈膝团身跳、直体悬垂）任务的驱动，充分利用器材进行针对性的练习，提高练习密度，减少练习等待时间；借助胸前红色标贴直观地引导学生用膝盖积极去找胸前标贴、后仰看同伴的标贴，从而掌握勾脚收腿、抬头后仰动作，掌握蹬地用力的技巧；通过小组合作学习、互相保护与帮助，学生在观察中分析、判断自己和同伴的学习情况，做出正确的决策，从而选择适合的方式和时机进行保护与帮助——对运动技能掌握较好的学生进行保护，对运动技能掌握不好的学生加强帮助，促进运动思维的发展。在任务中，注重体操礼仪的渗透和多元化的评价，关注同伴间互帮互助，培养安全第一的责任意识，引导学生形成良好的体育品德。						
挑战部分约 12′	完整动作——屈体悬垂：两脚蹬地屈膝，从两臂间穿过成背向器械的站立悬垂。	完整示范，请学生配合讲解示范保护和帮助的方法：站在体侧，一只手握手腕，另一只手托臂助力完成。	积极配合，相对集中，听记观察。				
	挑战一：高垫练习 辅助练习：穿过体操棒	1. 引导学生借助三层体操垫练习。 2. 自编口诀“握蹬收倒翻穿”并引导学生练习。	1. 设置好高垫，借助三层垫进行练习。 2. 说口诀练习，提醒同伴动作要领。		2′	3	高
	挑战二：低垫练习	1. 引导学生借助两层体操垫练习。 2. 引导学生在垫上完成穿过体操棒的练习。	1. 设置好低垫，借助两层垫练习。 2. 完成辅助练习：穿过体操棒。		2′	3	高
	挑战三：平垫练习	1. 引导学生在平垫上练习。 2. 引导学生后倒充分，抬头看彩色圆垫。	1. 在平垫上完成练习。 2. 后倒充分，抬头看彩色圆垫。	1. 保护及时、到位。 2. 互相帮助和鼓励。 3. 充分后倒，看圆垫。	1′	6~8	高
	挑战四：分层练习	设置不同高度的区域，引导学生继续练习	根据能力选择合适的高度练习。		3′	4~6	高

续表

<table>
<tr><th rowspan="2">教学流程</th><th rowspan="2">教学内容</th><th rowspan="2">教师活动</th><th rowspan="2">学生活动</th><th rowspan="2">组织队形
安全要求</th><th colspan="3">运动负荷</th></tr>
<tr><th>时间</th><th>次数</th><th>强度</th></tr>
<tr><td rowspan="3">挑战部分约12′</td><td>游戏："换位接棒"</td><td>1. 讲解游戏方法、要求和规则。
2. 组织学生两人一组,借助体操棒进行游戏。</td><td>1. 认真听记游戏方法、要求和规则。
2. 两人一组快速互相交换位置,棒不倒。</td><td rowspan="2"></td><td>1′</td><td>4</td><td>高</td></tr>
<tr><td>素质练习:跳跳乐</td><td>1. 引导学生双脚跳过体操垫和体操棒。</td><td>1. 双脚跳过体操垫和体操棒。</td><td>1′</td><td>2</td><td>高</td></tr>
<tr><td colspan="7">设计意图:设置不同的垫高进行由高垫到低垫的练习挑战和穿过体操棒的辅助练习,由浅入深、循序渐进地达成技能目标,促使学生协调、灵敏、力量等身体素质得到综合发展,体现身动。利用体操垫设置不同高度,降低练习难度,学生能够缓解对高度、空间的畏惧心理,循序渐进掌握单杠技能,建立信心;在每个学练环节,用体操垫设置辅助练习,提高练习密度,巩固动作技能,做到一物多用、一物尽用,为学练做好充分的准备;分层练习设置不同的练习区域,提出不同的学练要求,在学练过程中动态调整组别,关注学生学练差异,使每个学生都能得到不同程度的发展,达成学练目标。游戏竞赛和素质练习能很好地锻炼学生快速反应的能力和腰腹部的力量,提高学生的观察力、判断力和决策行动力,提高身体和思维的灵敏性,使得身心共同发展。</td></tr>
<tr><td rowspan="2">结束部分约5′</td><td>1. 听音乐放松。
2. 总结学练。
3. 布置课外作业。
4. 收还器材。
5. 师生再见。</td><td>1. 带领学生放松。
2. 引导学生评价。
3. 不倒翁30次/天。
4. 安排收还器材。
5. 宣布下课。</td><td>1. 借助单杠拉伸身体各部位。
2. 客观评价。
3. 听记课外作业。
4. 组长收还器材。
5. 与老师道别。</td><td>组织形式:
</td><td>3′</td><td></td><td>低</td></tr>
<tr><td colspan="7">设计意图:充分利用单杠和体操垫进行拉伸,做到器材多用、巧用、尽用;伴随舒缓音乐,使身心逐渐恢复平静的状态;进行课堂总结时,学生自评、互评,师生评相结合,突出对运动认知、运动技能、运动思维和运动品德的评价,凸显育体、育脑、育心的课堂价值;课外作业的布置是对本课学习内容的拓展与延伸,旨在让学生养成锻炼的好习惯。</td></tr>
<tr><td>课后作业</td><td colspan="7">与家人、朋友一起在垫上玩"不倒翁"游戏——进行连续团身前后滚动30次/天。</td></tr>
</table>

续表

<table>
<tr><td rowspan="2">教学流程</td><td rowspan="2">教学内容</td><td rowspan="2">教师活动</td><td rowspan="2">学生活动</td><td rowspan="2">组织队形
安全要求</td><td colspan="3">运动负荷</td></tr>
<tr><td>时间</td><td>次数</td><td>强度</td></tr>
<tr><td rowspan="2">课后评价指标</td><td colspan="2">优秀</td><td colspan="2">良好</td><td colspan="3">及格</td></tr>
<tr><td colspan="2">积极认真完成课后练习；团身紧，能圆滑地连续多次滚动，控制身体重心。</td><td colspan="2">认真完成课后练习；团身紧，能连续滚动 3 次及以上，较好保持身体姿势且不倒。</td><td colspan="3">能完成课后练习；做出团身滚动的动作，能基本控制身体重心，尝试连续滚动。</td></tr>
<tr><td>场地器材</td><td colspan="7">半径 15 米圆形场地一片，单杠 6 副，体操垫 36 个，圆形贴纸 36 个，体操棒 18 根，彩色圆垫 6 个，音箱 1 台。</td></tr>
<tr><td>负荷预计</td><td colspan="7">预计练习密度：55%～60%　　预计平均心率：135～140 次/分</td></tr>
<tr><td>安全措施与保障</td><td colspan="7">1. 教师课前检查学生着装及场地器材，消除安全隐患，加强安全教育。
2. 课中充分活动各关节，教师提醒学生握紧单杠，站稳后才能松开；加强对同伴的保护与帮助，提高安全意识。
3. 单杠下铺设体操垫进行安全防护，每组负责保护与帮助的学生，加强安全责任意识。
4. 设置由高到低的体操垫辅助练习，学生自主选择不同高度的区域进行分层练习，克服恐惧心理，激发挑战兴趣。</td></tr>
</table>

“‘限高’‘限距’支撑跳跃练习”课堂教学案例

一、教学内容的价值分析

本课内容为水平三（六年级）支撑跳跃与游戏单元第1课时“‘限高’‘限距’支撑跳跃练习”。

1.“育体”价值

“山羊分腿腾越”除了教学参考用书所讲的灵敏、协调、平衡等要求，还有手臂、腰腹、腿的力量，以及跑的速度、节奏等其他素质要求，缺一不可。本课以“山羊分腿腾越”技术为主线出发，从教学和学生的视角，将相关技术、素养进行链接、拓展，将山羊技术“解构”，化难为易、由繁至简，让学生在快乐、愉悦中，完成山羊技术的学习，让学生的身心得到进一步的发展。

2.“育脑”价值

本节课在完成踏跳与支撑动作的动作衔接与规范的基础上，还着重培养学生的思考能力。在距离不同、高度相同的器材上，让学生体会不同速度下的踏跳与支撑跳跃。通过不断的练习与思考，培养学生对速度的感知能力。借用高度不同的器材锻炼学生的空间知觉。课堂中，“体操垫”会灵活转换成不同的练习器材，学生需要思考如何去合作、如何最快完成任务、如何获得成功。

3.“育心”价值

山羊器材学生见得少，且动作技术难度又比较大，学生会有畏难心理。所以本课将山羊动作技术加以分解，把器材进行解构与建构，努力降低练习的难度，舒缓学生的恐惧心理，在加强学生身体素质和技术素质的同时，增强学生的自信心，让学生敢于完成后续的山羊分腿腾越动作技术。通过器材制作与集体游戏，培养学生的动手能力与合作能力。

二、学习目标的设置

（1）通过练习，掌握不同高度的支撑跳跃，体会踏跳、支撑推手、收腹提臀、分腿等山羊关键技术。

（2）增强手臂力量和提高肢体活动能力，为后续练习打下基础。

（3）提高学生的学习兴趣，增强学生信心，让学生克服恐惧心理。

三、教学重点与难点的确定及突破方法

（1）教学重点：双脚踏跳与支撑提臀分腿。

突破方法：①“限高”支撑跳跃；②“限距”支撑跳跃。

（2）教学难点：上肢力量与身体平衡。

突破方法：①跪姿爬行（婴儿爬）；②手脚并用走（大象走）；③兔子跳、分腿跳；④“限高”“限距”支撑跳跃。

四、学练手段的设计思考

第一，身动。该课主要通过“手脚并用活动”“平地支撑跳”“限距支撑跳跃”“限高支撑跳跃”这几个方面的练习，循序渐进地让学生体会不同状态下的直臂支撑和空间位置感。在进行平地练习时，主要让学生体会直臂顶肩的感觉，以及动态中如何保持身体平衡。增加练习的高度，旨在让学生感受不同高度的身体空间位置。增加练习的远度，重点让学生体会转化向前的冲力，将速度转化为高度。本课在锻炼学生手臂力量和协调性的同时，为后续的山羊分腿腾越学习做技术和心理上的准备。

第二，脑动。山羊分腿腾越对身体素质要求较高，更需要学生集中注意力。调整练习距离，把握起跳时机，分析身体的空间位置，判断练习动作是否到位，都需要学生调动多种感觉共同参与。比如，平地中的支撑跳跃到“限高”的支撑跳跃，让学生体会不同场景下的手臂支撑。平地支撑，学生只要做到直臂支撑、上下肢协调，就可以完成平地的支撑跳跃。而在“限高”的情况下，学生就要思考如何将速度动能转化为向上的动能，把直臂支撑提臀做到位，找准分腿时机。这个过程循序渐进，动态生成。学生需要在活动任务中，不断巩固，形成运动记忆。

第三，心动。山羊分腿腾越的学习，不仅是运动技术的学习，还是隐性的德育渗透。德育教育的内容润物细无声，这样才不会引起学生的排斥，增强德育效果。练习器材选用常用的体操垫，练习内容从平地的支撑跳跃开始，降低学生的恐惧心理，让学生循序渐进，逐步理解不同阶段的动作要求，体验成功的快乐。课堂中所有器材变化都需要学生来调整，并且还需要制作练习器材，增加学生的动手制作和相互配合的机会。在这个过程中，要重视组内的合作，让学生在实践中意识到合作的重要性。

“‘限高’‘限距’支撑跳跃练习”课的教案

教学对象：水平三（六年级）　　单元课次：支撑跳跃与游戏单元第1课时

<table>
<tr><td>学习目标</td><td colspan="7">1. 通过练习，掌握不同高度的支撑跳跃，体会踏跳、支撑推手、收腹提臀分腿等山羊关键技术。
2. 增强手臂力量和提高肢体活动能力，为后续练习打下基础。
3. 提高学生的学习兴趣，增强学生信心，让学生克服恐惧心理。</td></tr>
<tr><td>学习内容</td><td colspan="7">1.“限高”“限距”支撑跳跃练习。
2. 游戏：“骑马抓羊”。</td></tr>
<tr><td>教学重点</td><td colspan="3">双脚踏跳与支撑提臀分腿。</td><td>教学难点</td><td colspan="3">上肢力量与身体平衡。</td></tr>
<tr><td rowspan="2">教学流程</td><td rowspan="2">教学内容</td><td rowspan="2">教师活动</td><td rowspan="2">学生活动</td><td rowspan="2">组织队形
安全要求</td><td colspan="3">运动负荷</td></tr>
<tr><td>时间</td><td>次数</td><td>强度</td></tr>
<tr><td>导入新课

热身准备
9′</td><td>一、课堂常规
1. 整队集合。
2. 师生问好。
3. 宣布本课学习任务。
4. 安排见习生。
二、手脚并用活动练习
1. 跪姿爬行（婴儿爬）。
2. 手脚并用走（大象走）。
3. 兔子跳。
4. 分腿跳。
场地：体操垫围成一个封闭的长方形。</td><td>1. 向学生问好。
2. 口令准确，声音洪亮。
1. 讲解简明扼要。
2. 镜面示范，动作优美。
3. 提出练习要求，即手脚协调用力，手掌撑地用力。
4. 逐渐加大间隔距离，能跃起腾空为佳。
5. 巡回指导。</td><td>1. 站队静、快、齐。
2. 向老师问好。
1. 认真听讲，仔细观察。模仿老师的动作。
2. 按老师指定的线路活动。
3. 活动时注意前后距离，控制速度，不拥挤。
4. 注意自己与他人的安全。</td><td>四列横队
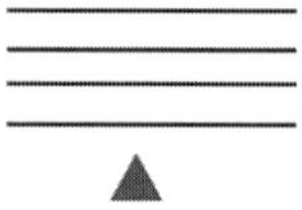
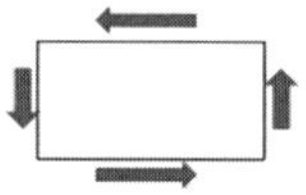
要求：控制速度与前后距离。</td><td>5′</td><td>2~4</td><td>低
中</td></tr>
<tr><td></td><td colspan="7">设计意图：山羊分腿腾越整个技术过程中每个阶段都有重难点。学生从助跑开始双脚上板起跳后身体腾起，两臂前伸支撑，两手迅速推离山羊，这个过程的后期，重点是手臂支撑了整个身体的重量和急速跑动中的惯性力量。由于手臂力量薄弱和技能缺失，许多学生做不好，也不敢做。所以，从一开始就要让手臂参与到活动中来，在增加手臂锻炼的同时，让学生体会直臂顶肩的动作，为后续的活动作铺垫。</td></tr>
</table>

续表

教学流程	教学内容	教师活动	学生活动	组织队形安全要求	运动负荷		
					时间	次数	强度
基本部分27′	**一、“限高”支撑跳跃** 1.“两块垫子高度”连续支撑跳跃提臀;移动支撑分腿跳。 2.“八块垫子高度”连续支撑跳跃提臀;分腿。 重点:直臂支撑、提臀。 难点:身体协调用力与平衡。	1. 讲解简明扼要。 2. 镜面示范,动作优美。 3. 提出练习要求:手脚协调用力,直臂支撑,要有推手和蹬腿动作。 4. 逐渐加大高度与间隔距离,能跃起腾空为佳。 5. 巡回指导,纠偏,点评。	1. 按照要求,合作完成器材的组合。 2. 认真听讲,按要求做动作。 3. 分解练习和完整练习。 4. 按教师口令统一练习。 5. 观摩评价,互相纠偏,踊跃展示。	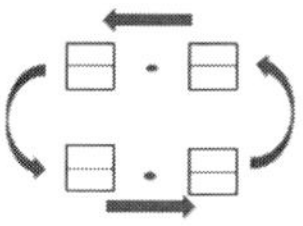 	6′	8~15	中
	二、“限距”支撑跳跃 重点:支撑时的提臀高度与分腿时机。 难点:支撑时的身体平衡。 1. 上一步支撑提臀分腿、分腿推手回落练习。 2. 上三步练习支撑提臀分腿。	1. 讲解简明扼要,点出要点。 2. 让各小组合作制作器材,讲解连接垫子的方法。 3. 发号口令指挥,各组根据要求试练几次,注意安全。 4. 进行小组比赛。 5. 随时注意比赛中的情况,并及时处理。	1. 认真听讲,按要求制作练习器材。 2. 按要求练习,安排好保护人员。 3. 制作器材分工明确。 4. 观摩评价,互相纠偏,踊跃展示。 5. 要求:精神饱满,动作到位,注意安全,保护人员要有责任心。	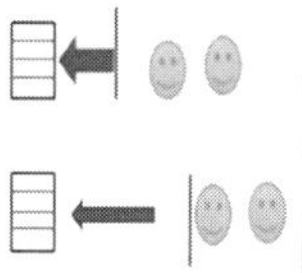 要求:学生态度端正,认真负责。	6′	8~15	中

续表

教学流程	教学内容	教师活动	学生活动	组织队形安全要求	运动负荷		
					时间	次数	强度
基本部分27′	设计意图:限制练习器材的高度,“低山羊”的设置,在降低难度的同时,让学生体会支撑提臂高于肩部的空中位置,感受在这种高度下分腿的滞空感。“高山羊”的设置,让学生在正常高度下,思考如何将速度转换为向上的动力,达到提臂的高度,进而把握分腿时机。学生通过限制距离的练习,让手臂逐步适应身体的冲力;通过练习掌握不同速度下的支撑提臂分腿动作,能够控制身体的平衡。器材选择常用的体操垫,学生可以通过合作制作成不同高度的“山羊”。在丰富练习器材数量的同时,也可以增加学生的动手实践与合作机会。教师在保护与帮助环节中,对于认真、负责的学生应给予充分的肯定,引导学生懂得为他人安全负责。						
	三、游戏:“骑马抓羊” 方法:把垫子当作马,2 ~ 3人骑在一张垫子上。全班分成若干队,每队出一组,在规定的场地和时间内把其他队人员身上的“羊”(贴纸)抓回来,比赛结束后谁抓的羊最多,那一队获得一分,然后每队下一组继续,以此类推,直至所有人都完成游戏,记录总得分,分数最高的一组获胜。	1. 指挥学生进行队形的变换。 2. 讲解游戏规则和方法,并指出注意的要点。 3. 分队比赛,各队出一组“骑士”。 4. 组织学生开展游戏。 5. 不可故意推人、打人。	1. 按照要求变换队形,各队按数字分组。 2. 领会游戏方法和要求,双手抓紧体操垫。 3. 组内人员协同合作,按照比赛要求进行比赛。 4. 严格遵守游戏规则,听口令进行游戏。	 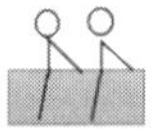 要求: 1. 学生必须骑在垫子上,如果脱离垫子去抓“羊”,则为犯规。 2. 不准恶意去打其他队友,文明比赛。	5′	2 ~ 3	中
	设计意图:“骑马抓羊”游戏,充分利用已有器材体操垫作为游戏道具,是一种合作类的对抗游戏。队员之间要学会如何配合才能灵活地驾驭“马”,去抓对方的“羊”。在这个过程中,共骑一匹马的学生,不仅要学会配合,还要思考如何躲避对方的攻击及如何主动出击获得胜利。学生在规定时间内,不停地走跑躲闪,在享受游戏的同时,有效锻炼灵敏性和协调性。						

续表

<table>
<tr><th rowspan="2">教学流程</th><th rowspan="2">教学内容</th><th rowspan="2">教师活动</th><th rowspan="2">学生活动</th><th rowspan="2">组织队形
安全要求</th><th colspan="3">运动负荷</th></tr>
<tr><th>时间</th><th>次数</th><th>强度</th></tr>
<tr><td>结束部分
4′</td><td>一、放松练习
反口令
组织：学生坐在垫子上，教师宣布“反口令练习开始”，教师喊“坐”，学生躺在垫子上，喊“躺”，学生坐在垫子上。教师让压左腿，学生压右腿，教师让抬左腿，学生抬右腿。练习结束时，教师宣布“反口令游戏结束”。
要求：机智、灵敏、反应快。
二、小结
1. 教师总结本课情况，布置课外作业。
2. 师生收放器材。</td><td>1. 讲解反口令活动的规则。
2. 提出练习要求，并宣布游戏开始和结束。

小结本课情况，布置课后练习，收放器材。</td><td>1. 按要求坐在垫子的一侧，认真听老师讲活动要求。
2. 动作与教师口令相同者，或中途改变动作者，以及动作迟缓者均视为失败。

认真听小结，并反思；帮助教师收放器材。</td><td>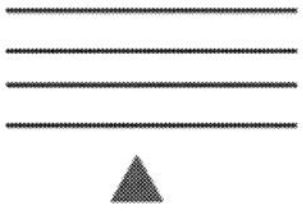
要求：拆解山羊，每人一张体操垫。</td><td>2′</td><td>2～4</td><td>低</td></tr>
<tr><td></td><td colspan="7">设计意图：拆解前面练习的器材“山羊”，学生每人一张垫子，充分利用体操垫，也方便课后快速收器材。反口令练习，在放松学生身体的同时，增加活动的趣味性。布置课外作业，学生针对自己的情况，进行选择练习。</td></tr>
<tr><td rowspan="2">安全知识</td><td rowspan="2">1. 在保护和提供帮助时，态度要端正，不可以随意打闹。
2. 在练习时，控制前后距离和速度，避免碰撞。
3. 自制器材时，出于安全考虑，需要一名学生在旁边扶着，以保证练习效果。</td><td rowspan="2">场地器材</td><td rowspan="2">体操垫若干，绳子 12 条。</td><td>练习密度</td><td colspan="3">60%</td></tr>
<tr><td>平均心率</td><td colspan="3">125～130 次/分</td></tr>
<tr><td>课后作业</td><td colspan="7">选择练习：
1. 俯卧撑 10 个一组，共 3 组。
2. 仰卧起坐 30 个一组，共 3 组。</td></tr>
</table>

第三节　球场上的欢笑（球类）

“行进间直线运球”课堂教学案例

一、教材内容的价值分析

本课内容为水平三（五年级）小篮球与游戏单元第2课时“行进间直线运球”。

1. “育体”价值

行进间直线运球技术是原地运球与行进间变向运球的过渡技术，动作不算难，但是要掌握与运用技术，需要对该技术有深刻的领会。学生易做出以下一些错误动作：手指并拢运球、运球与位移节奏不协调、推球跑等。因此，本课采用不同的学练方式让学生能够直观地看到和体验到技术的掌握过程。行进间直线运球能够发展学生的奔跑能力、快速移动中对篮球的控制能力和上下肢协调能力。在游戏与比赛环节中学生根据不同比赛情境运用原地运球和行进间直线运球提高自身的反应速度和灵活变化能力。

2. “育脑”价值

篮球比赛中经常会用到非常规的运球方法，学生要在练习中区别原地运球与行进间直线运球的相同点与不同点，明晰不同的运用情境。作为开放式运动项目，篮球技术的掌握和运用要把握正确性和准确性。因此，初步掌握行进间直线运球技术之后，要以快速练习来尽快掌握运球的动作方法，只有这样，才能在比赛中更好地把握进攻。

3. “育心”价值

五年级的一些学生由于篮球基础薄弱，手臂力量较弱，在学练中出现自信心不足和羞于展示等情况。基于此，本课设计遵循循序渐进和由易到难的原则，对基础薄弱的学生降低要求，予以鼓励，帮助他们树立信心。在“抢断球”游戏中，由于实力与比赛情境的瞬间性与不确定性，学生会出现运动认知失调，需要在学练中快速调整运动认知，培养自己积极进取、不畏强敌、敢于挑战的品质。在游戏与竞赛中，同伴之间的相互鼓励与提醒能够培养学生的情绪调控能力，学生在同伴的鼓励与加油声中，遇到积极的防守时，保持沉着冷静不焦虑，迅速调整自己的情绪，提升应对状态，培养竞争意识、合作意识和遵守规则的意识。

二、学习目标的设置

（1）明晰行进间直线运球的基本手型和动作方法，区分原地与行进间运球不同的触球部位。

（2）通过循序渐进的主题式探究学习和针对性的游戏，逐步掌握行进间直线运球的动作方法，在学练赛中有层次地发展体能；在有一定限制的对抗游戏赛中初步领悟技能的运用时机，提高技术的运用能力，逐步做到人球合一；发展上下肢的核心力量和协调性。

（3）体验合作学习的乐趣，提高集体意识与竞争意识。

三、教学重点与难点的确定及突破方法

（1）教学重点：行进间运球的手型和方法。

突破方法：① 按拍球的不同部位发现规律；② 运球换位；③ 人走线上，球在线侧。

（2）教学难点：连贯动作时上下肢协调配合。

突破方法：① 长距离、快速度运球；② 不同层次的防守实战演练；③ 游戏竞赛灵活运用。

四、学练手段的设计思考

第一，身动。本课的准备部分在复习旧知识与铺垫新知识中不断强化学生基本的篮球素养，分别设计了“石头、剪刀、布”和两人一组“抢断球”游戏，以此来强化学生运球抬头观察和运球护球的意识。在基本部分的开始，教师设计了“指挥官”和“移形换位”练习，使学生在“玩”中认识到行进间直线运球需要按拍球的后前方。在由近到远不断地增加距离、由慢到快地提升运球速度的“玩”中，让学生体会到行进间直线运球技术需要把握的运球高度、球的落点和对球的控制能力，对发展学生速度、灵敏、协调等身体素质能起到积极的作用。

第二，脑动。作为开放式运动技能，篮球运动项目对判断力、观察力、决策力等思维能力的培养，应贯穿整个教学过程。在按拍五个不同部位的运球中，培养学生的观察能力与总结能力，启发学生了解按拍部位与

运行轨迹之间的关系；在“移形换位”游戏中做到快速换位，启发学生寻找到球最佳的反弹高度；在快速行进中做到“人球合一”，学生需要进行综合分析，做到手型、落点、高度的完美结合；“小马过河”游戏中，遇到不同状态的“鳄鱼”（沉睡的鳄鱼、游来游去的鳄鱼和捕食的鳄鱼），可以训练学生的判断能力。

第三，心动。在篮球运动中，一些学生的控球能力较弱，容易出现抱球走或者二次运球的情形。在加入防守的练习中，学生要面对未知的防守，有的学生能够很好地判断，利用行进间直线运球快速运球过人；有的学生因为害怕被抢断球，出现抱球走和两次运球的情况。在出现违例的现象时，教师应及时对学生进行规则教育，普及篮球规则。在更贴近实战情境的游戏与比赛环节，面对积极的防守，有些学生有怕失误、怕丢球等心理负担，出现情绪低落的情况，此时应指导学生进行积极的情绪调控，通过调节表情（放松面部）、调节动作（改变运球节奏）、调节周围环境（同伴加油）、调控呼吸（深呼吸）等积极调动学生在场上的状态。

“行进间直线运球”课的教案

教学对象：水平三（五年级）　　单元课次：小篮球与游戏单元第 2 课时

<table>
<tr><td>学习目标</td><td colspan="3">1. 明晰行进间直线运球的基本手型和动作方法，区分原地与行进间运球不同的触球部位。
2. 通过循序渐进的主题式探究学习和针对性的游戏，逐步掌握行进间直线运球的动作方法，在学练赛中有层次地发展体能；在有一定限制的对抗游戏赛中初步领悟技能的运用时机、提高技术的运用能力，逐步做到人球合一；发展上下肢的核心力量和协调性。
3. 体验合作学习的乐趣，提高集体意识与竞争意识。</td></tr>
<tr><td>学习内容</td><td colspan="3">1. 小篮球：行进间直线运球。
2. 游戏：“小马过河”。</td></tr>
<tr><td>教学重点</td><td>行进间运球的手型和方法。</td><td>教学难点</td><td>连贯动作时上下肢协调配合。</td></tr>
</table>

续表

<table>
<tr><th rowspan="2">教学流程</th><th rowspan="2">教学内容</th><th rowspan="2">教师活动</th><th rowspan="2">学生活动</th><th rowspan="2">组织队形
安全要求</th><th colspan="3">运动负荷</th></tr>
<tr><th>时间</th><th>次数</th><th>强度</th></tr>
<tr><td rowspan="3">导入新课

热身准备约 8′</td><td>1. 集队,师生问好,检查服装。

2. 宣布本课内容,安排见习生,导入本课内容。</td><td>1. 组织学生整队,向学生问好,安排见习生。

2. 宣布本课内容,导入本课内容,强调纪律。</td><td>1. 快速集合,向老师问好。

2. 听清本课要求。</td><td>
四列横队弧形集合。</td><td>1′</td><td>1</td><td>低</td></tr>
<tr><td>3. 热身,熟悉球性及复习原地运球。</td><td>3. 利用“石头、剪刀、布”“抢断球”等游戏练习组织学生复习上节课所学习的原地运球,重点提示学生抬头,注意护球动作,运球时身体要富有弹性。</td><td>3. 认真跟老师模仿,记住重点,跟上音乐节奏,要掌控好球,不能将球脱手,时刻注意老师的手势,在运球的同时抬头观察,抢断对方的球,不让同伴打掉球。</td><td>
散点进行游戏。</td><td>3′</td><td>4~5</td><td>中</td></tr>
<tr><td colspan="7">设计意图：简单的球性练习用来暖场,运用“石头、剪刀、布”游戏复习原地运球并巩固抬头观察的能力,运用“抢断球”游戏来检验原地运球的护球动作。</td></tr>
<tr><td rowspan="3">学习技能

探索新知
24′</td><td>1. 学生体验按拍球的五种部位。</td><td>1. 示范、讲解,组织学生练习,提醒学生发现按拍球的部位与球的移动之间的规律。</td><td>1. 根据老师的提醒认真去思考,并大声回答。</td><td rowspan="2">
老师统一指挥。</td><td>1′</td><td>3~4</td><td></td></tr>
<tr><td>2. 指挥官指挥学生进行不同方向的运球。</td><td>2. 组织练习,巡视指导,指挥学生进行不同方向的运球。</td><td>2. 根据发现的规律和老师的手势进行行进间运球,注意按拍球的部位。</td><td>1′</td><td>6~8</td><td>中</td></tr>
<tr><td>3. 移形换位。</td><td>3. 组织学生按拍球 3 次后进行换位。</td><td>3. 思考:球向前应该按拍哪个部位,人向前应该是哪个姿势?</td><td>
两人一组,面对面站立。</td><td>2′</td><td>8~10</td><td>中</td></tr>
</table>

续表

教学流程	教学内容	教师活动	学生活动	组织队形安全要求	运动负荷		
					时间	次数	强度
	4. 教师讲解和示范“前后运球换位”游戏方法、规则。	4. 组织学生进行练习，让学生自主体会行进间运球与原地运球的区别，并知道行进间运球时，手在球的哪个位置。	4. 认真听讲，仔细看示范，熟知练习的要求，在练习中体会手按压球的不同部位。		2′	5~7	中
学习技能 探索新知 24′	5. 四人面对面运球换位。	5. 讲解和示范四人面对面运球换位的方法及规则，在练习过程中找出“运球过低过高”的问题，给学生展示正确的运球高度后，让学生继续进行练习。	5. 认真听讲，仔细看示范，熟知练习的要求，根据老师的动作，查看自己的运球是否正确。若有问题，及时更正后继续练习。		2′	7~9	高
	6. 中距离“人在线上，球在线外”练习。	6. 在练习中发现学生运球时球的落点不正确后，积极做出正确的动作，让学生明白球要落在身体的侧前方，示范过后让学生继续练习。	6. 认真观看示范，掌握练习要求，随着音乐节奏进行练习，当老师纠正错误的动作时，仔细观看，检验自己是否存在这样的问题，如果有，及时改正，改正过后积极有序练习。		2′	5~7	高

续表

教学流程	教学内容	教师活动	学生活动	组织队形安全要求	运动负荷		
					时间	次数	强度
学习技能 探索新知 24′	7. 长距离的行进间直线运球。	7. 在练习过程中发现学生人球不协调的问题后，给学生做出正确的示范，强调“行进间运球时要根据手用力的大小，来调整自己的步幅”，让学生基本做到人球合一。	7. 认真听老师对于练习的要求，跟随老师口令进行练习，当老师纠错时，仔细看老师示范，练习时要规范自己的动作，争取做到人球合一。		2′	4~6	高
	8. 行进间直线运球实战防守比赛。	8. 讲解比赛方法和规则，强调学会观察防守人的位置，在讲究快的同时，还要注重稳定，增强实战意识。	8. 认真听比赛规则，在游戏中积极拼搏的同时，注意自身和他人的安全，提高运球的规范性。		2′	3~5	高
	9. “小马过河”游戏。	9. 讲解“小马过河”的游戏方法和规则，强调学会观察防守人的位置，在讲究快的同时，还要注重稳定，增强实战意识；提示学生遵守游戏规则，加强安全教育。	9. 学生分为四组，选5名学生作为“小鳄鱼”，四组学生分批进行游戏，先让“小鳄鱼”单脚跳防守，再增加难度，跑动中进行防守，游戏中抬头看人，注意安全。	四人一组。	3′	3~5	中

续表

教学流程	教学内容	教师活动	学生活动	组织队形 安全要求	运动负荷		
					时间	次数	强度
学习技能 探索新知 24′	设计意图:“按拍球的五种部位”体验按拍球不同部位后球的运行路线能够启发学生发现球的移动规律;“指挥官”能够让学生在慢速移动中体会球“走”起来的感觉;“移形换位”让学生体验人和球同时运动的感觉。以“问题导入、顺口互动、量化巩固、音乐情境、实战游戏”等教学手段,不断激发学生的练习兴趣;在“两人前后短距离移形换位”“四人中距离面对面换位”“人走线上,球在线外”练习中逐步解决学生的手型、高度、落点等问题;在长距离运球中,依次突破人球合一的学习难点,通过总结、教师适时点拨示范,逐步引导学生,最后在小马过河的游戏中提高学生的实战意识。						
素质练习 4′	素质练习:俯撑拨球。	1.组织学生单人核心力量练习。 2.组织学生双人核心力量练习。	1.积极尝试,认真练习。 2.互相合作。		2′	10×2拍	高
	设计意图:“俯撑拨球”是体能练习中融合球性的复合练习,对学生在稳定的练习中控制球有较高的要求;双人双球练习更是加大了学生配合的难度,同时要求在规定的时间内达到一定的次数,可以提高体能练习的趣味性,提升学生的合作能力,发展学生的核心力量。						
恢复身心 4′	1. 组织学生进行音乐放松。 2. 小结本课。 3. 布置课后作业。 4. 送还器材。	1. 播放音乐,带领学生进行拉伸和放松。 2. 总结性评价。 3. 布置课后内容。 4. 安排学生收还器材。 5. 和学生道别。	1. 听音乐和老师一起放松。 2. 听清作业要求。 3. 按照老师要求收还器材。 4. 和老师道别。	散点站立,认真模仿。	1′	1~2	低
	设计意图:恢复身心阶段仍然人手一球,做到一用到底。在拉伸手臂、大腿时采用手指拨球的练习,让学生通过按压、敲打肌肉,简单放松身体的各个部位。						
课后作业	左右手行进间直线运球各5分钟。						

续表

<table>
<tr><td rowspan="2">教学流程</td><td colspan="2" rowspan="2">教学内容</td><td rowspan="2">教师活动</td><td rowspan="2">学生活动</td><td rowspan="2">组织队形
安全要求</td><td colspan="3">运动负荷</td></tr>
<tr><td>时间</td><td>次数</td><td>强度</td></tr>
<tr><td rowspan="2">课后评价指标</td><td colspan="2">优秀</td><td colspan="3">良好</td><td colspan="3">及格</td></tr>
<tr><td colspan="2">能够做出正确的行进间运球动作;在对抗游戏赛中能初步领悟技能的运用时机,逐步做到人球合一;具备集体意识。</td><td colspan="3">能区分原地与行进间运球不同的触球部位;能做出长距离、快速度地运球;行进间运球动作上下肢协调配合;练习时与同伴友好合作。</td><td colspan="3">能做出行进间直线运球的正确手型;可以通过按拍球的部位,找到正确的行进间运球按拍球部位;练习时能与同伴积极合作。</td></tr>
<tr><td>负荷预计</td><td colspan="8">平均心率:约 140 次/分　　练习密度:约 60%　　运动量:中等偏强</td></tr>
<tr><td>场地器材</td><td colspan="8">篮球 41 个,胶带 1 卷,音箱 1 部,发带 8~10 个。</td></tr>
<tr><td>安全措施与保障</td><td colspan="8">1. 严格纪律要求,注重安全教育灌输。
2. 合理安排场地,保证练习安全间距。
3. 适时教学评价,提升学生规则意识。
4. 教学结构分明,逐步提高教学要求。</td></tr>
</table>

“行进间体前变向运球”课堂教学案例

一、教材内容的价值分析

本课内容是水平三（五年级）小篮球与游戏单元第3课时“行进间体前变向运球”。

1. “育体”价值

篮球是一项集奔跑、跳跃、投掷于一体的综合性运动，比赛过程中需要个人技术和团队战术的完美配合。通过本课的学练，旨在让学生在真实而丰富的运动体验中，基本掌握变向运球的动作技能。运球是展示个人技术的有效途径，行进间运球能发展学生的奔跑能力和上下肢协调配合的能力，通过行进间变向的教学，提高学生在有对抗的情况下运用技术的能力，使其掌握的技术更加贴近实战，拓展学习时空，激发学生在课内外参加篮球比赛的兴趣。

2. “育脑”价值

从学习原地运球的初级技术开始，到学习行进间运球、体前变向运球、传接球技术、各种过人技术、三步上篮动作及各种战术等，逐步深入到对篮球基本战术的全面了解和学练。这样不仅有利于增强学生体质，培养团队意识，而且比赛过程中对千变万化的球场形势的判断和对正确行为的抉择，能够发展学生的智力，促进学生全面发展。

3. “育心”价值

五年级的学生善于模仿，好胜心强，喜欢对抗。本课所学的体前变向运球，学生在学练时经常出现一些问题（球脱手，动作变向，不能很好地控制球，投篮时手型不正确，不能恰当地控制住手的力量等），因而容易产生畏难心理。我们根据五年级学生的身心特点，结合篮球运动项目特征，在课堂教学中，运用小组合作学练的方式，学生相互配合，共同提高，进而明白团队合作、与人友好交往的重要性。在评价环节，教师通过观察与监督，表扬诚实的同学，让学生明白诚信要比胜负更重要，突出应以正确的价值观面对输赢的育人价值。

二、学习目标的设置

（1）了解行进间变向运球是篮球的基础技术之一，具有很强的实用价值；能做出行进间左右手交换变向运球的换手、跨步、侧身、推行动作，控制好换手运球的部位与角度。

（2）利用标志桶和呼啦圈创设防守障碍情境，练习变向运球动作。

（3）面对困难，密切配合，主动参与，体验参加篮球活动带来的愉悦感。

三、教学重点与难点的确定及突破方法

（1）教学重点：换手、跨步。

突破方法：① 左右换手运球游戏；② 利用标志桶，听口令换手前行；③ 照镜子，利用呼啦圈，两人一组进行面对面过标志杆，动作一致练换手与跨步。

（2）教学难点：侧身、推行。

突破方法：① 利用标志桶，练习侧身；② 变向换手过标志桶、呼啦圈；③ 照镜子，利用呼啦圈，两人一组进行面对面过标志杆，动作一致练侧身。

四、学练手段的设计思考

第一，身动。在本节“行进间体前变向运球”课的教学中，围绕投篮展开。准备活动之后，首先，让学生进行投篮比赛，体验篮球运动的乐趣。其次，拉大距离，通过行进间运球至篮下进行投篮。在此提出篮球比赛出现对方防守时如何过人的技术，体验自己认为的过人技术，教师引出本课的学习内容“行进间体前变向运球”。最后，进行行进间变向运球过人投篮比赛。本课教学时刻围绕篮球项目的投篮要领组织学练，让学生了解篮球运动的特性。在循序渐进的学练中，学生不仅可以有效掌握动作技能，学生的协调、灵敏、力量等身体素质也能得到很好的发展。

第二，脑动。篮球项目教学从“尝试性游戏”开始，到“总体性比赛”结束。一改过去“从局部开始分解教学”的思路，变成“从整体开始教学再到局部，再回到整体教学”的教学过程，学生从开始的无技术的游戏，到挑战具有一定技术的篮球比赛，这是一个主动的学习过程。本课是体现“领会教学法”的新课堂，在课堂开始时以投篮切入，以场景的变

化层层引入“做什么”“如何做”，充分体现“知其然，知其所以然”“知其用，知其如何用、灵活用”的全新理念。

第三，心动。以往的篮球课上，教师总是事无巨细对篮球技术展开从简到繁、从易到难、从分解到完整的教学过程，但是学生由于无法认识和理解篮球运动特征，在进行篮球运动或是比赛时依然感到茫然。篮球运动是开放性的、技战术运用极强的运动项目；篮球运动的活动环境是变幻莫测的，我们应该结合实战，模拟场景并进行引导，帮助学生掌握应对临场复杂情况的方法和培养瞬时决断的能力。这便要求我们在教学中结合技战术，教会学生面对瞬息万变的运动现场，能领会到根据实况判断应该“做什么”，并且选择最佳行动方案。

“行进间体前变向运球”课的教案

教学对象：水平三（五年级）　　单元课次：小篮球与游戏单元第3课时

<table>
<tr><td>学习目标</td><td colspan="3">1. 了解行进间变向运球是篮球的基础技术之一，具有很强的实用价值；能做出行进间左右手交换变向运球的换手、跨步、侧身、推行动作，控制好换手运球的部位与角度。
2. 利用标志桶和呼啦圈创设防守障碍情境，练习变向运球动作。
3. 面对困难，密切配合，主动参与，体验参加篮球活动带来的愉悦感。</td></tr>
<tr><td>学习内容</td><td colspan="3">1. 行进间体前变向运球与游戏。
2. 游戏：“过关斩将”。</td></tr>
<tr><td>教学重点</td><td>换手、跨步。</td><td>教学难点</td><td>侧身、推行。</td></tr>
</table>

续表

教学流程	教学内容	教师活动	学生活动	组织队形 安全要求	运动负荷		
					时间	次数	强度
导入新课 热身准备 6′	**一、课堂常规** 1. 整队，师生问好。 2. 宣布课的教学内容、教学任务和教学要求。 3. 安排见习生。	1. 和学生互动。 2. 讲解课堂要求和任务。	1. 四列横队站立。 2. 认真听讲，站姿规范。	组织： ○○○○○○ ○○○○○○ ●●●●●● ●●●●●● ★ 要求：精神饱满，思想集中，准备上课。			
	二、小游戏 模仿练习，我做你仿。	做动作，让学生模仿。（注意力集中训练）	模仿老师动作。	组织：散点练习。 要求思想集中，认真、细致观察教师动作再模仿。	1′	3	中
	三、熟悉球性 抛接球、绕球、拨球等动作。	1. 提出练习要求与方法。 2. 组织学生散点练习。	1. 认真听讲与思考。 2. 根据要求进行自主练习。	组织：学生散点练习。 要求：熟悉球性，提高球感，注意抛的方向，防止落球砸人。	2′	3	中
	四、球操 模仿操： 拨球、伸展、踢腿、提转、体侧、腹背、全身、跳跃。	1. 用鼓励性的语言提示学生认真做操。	1. 跟着老师的示范认真做热身运动，做好充分准备。 2. 随音乐节奏认真练习。	组织：体操队形。 要求：动作正确、到位、有力。	3′	4×8	中
	设计意图："我做你仿"游戏将学生的注意力吸引到课堂中来。把熟悉球性、运球、音乐节奏相结合，可以提高学生练习兴趣，复习旧知识，并为主教材学习做好铺垫。						

续表

教学流程	教学内容	教师活动	学生活动	组织队形安全要求	运动负荷		
					时间	次数	强度
学习技术 掌握技能 23′	**一、原地运球高、低、左、右手运球** 游戏:“石头、剪刀、布”。 一只手运球,另一只手与老师进行游戏,比一比谁胜老师的次数多。	1. 讲解和示范原地运球的动作要领。 2. 组织学生进行原地运球练习。 3. 游戏:“石头、剪刀、布”。	1. 认真听讲与观察。 2. 练习分组原地运球。 3. 与老师进行游戏。	组织:同上。 要求:按压明显,有节奏运球,眼睛注意观察老师进行游戏。	2′	5	中
	二、原地左右换手运球 从原地左手运5下换右手5下,逐渐递减,直至左右手直接连续换。	1. 讲解和示范练习方法。 2. 组织练习运球5次,换手1次。 3. 邀请1~2名学生展示表演,讲解换手时拍球的部位。 4. 组织逐渐递减运球次数的换手练习。 5. 指导学生游戏。	1. 认真观看。 2. 认真练习。 3. 观看与评价。 4. 根据要求从原地运球4次至左右手直接交换。 5. 进行游戏:同伴从身后绕至另一侧,运球者换手侧挡。	组织:在规定的场地内,散点组织。 要求:运球动作正确,换手拍球部位和球的落地配合到位,换手自然,玩游戏时做好换手侧挡动作。	4′	4	高

续表

教学流程	教学内容	教师活动	学生活动	组织队形 安全要求	运动负荷		
					时间	次数	强度
	三、行进间换手运球练习 利用标志桶,2人一组,右手原地运球3次,听口令换手前行。	1. 讲解和示范动作方法与要求。 2. 组织分组,由组长带队沿着球场线进行练习。	1. 认真听讲运动方法与要求。 2. 在组长的带领下进行行进间换手运球。	组织:沿着篮球场线进行练习。 要求:保持距离,避免碰撞,换手时拍球的部位和落地要准确。	4′	4	中
学习技术 掌握技能 23′	**四、行进间变向运球:换手,跨步、侧身、推行。** 1. 变向换手过标志桶和呼啦圈。 ◀◀—	**四、行进间变向运球** 1. 利用关键字进行讲解和示范:换手,跨步、侧身、推行。 2. 尝试练习。 3. 指导、讲评。 4. 组织分组练习。	**四、行进间变向运球** 1. 记住关键词,了解关键词代表的动作。 2. 边做动作,边说出关键词。 3. 认真听老师的提示。 4. 分组继续练习。	组织:四列横队。 ○○○○○ ○○○○○ ●●●●● ●●●●● △ 要求:做到换手、跨步、侧身、推行动作连贯。	2′	4	强
	2. 实战情景:过人练习。两人一组,一人双脚夹球原地站立,消极防守,另一人变向运球通过防守队员。	1. 分组。 2. 组织练习,逐个指导和评价。 3. 邀请示范展示,组织讨论。 4. 继续练习。	1. 分组安排。 2. 进行练习。 3. 观看同学的示范,提出自己的观点。 4. 认真学练。	要求:运球学生做到换手、跨步、侧身、推行等动作连贯;防守队员,积极防守,积极配合。	3′	4	强
	设计意图:学生通过游戏竞赛,巩固新知识,培养兴趣,同时在游戏中融合直线运球与变向运球,发展体能。利用呼啦圈与标志桶组合器材,明确动作技术的要求,通过不断增加难度的实战练习,增强学生的护球与传球意识。以实战激发学生的练习积极性,促进技能的形成和兴趣的提升。同伴间的相互配合可以提高学生的交往能力;学生能在练习过程中建立信心。						

续表

教学流程	教学内容	教师活动	学生活动	组织队形 安全要求	运动负荷		
					时间	次数	强度
游戏激趣	**一、游戏:“过关斩将”** (分四组,三组队员站在点上进行中枢脚防守,一人行进间变向运球过人,比比谁进球多。依次轮换)	1. 提出比赛的方法与要求。 2. 组织分组游戏。 3. 统计评价。 4. 组织第二轮游戏。	1. 认真听讲,积极思考。 2. 进行第一轮游戏。 3. 为获胜组鼓掌。 4. 进行第二轮游戏。	组织: 要求:能运用所学动作进行游戏,遵守规则,认真完成游戏。	2′	2	中
体能提升 7′	**二、体能游戏** 矮人推球走接力 15 米。	1. 讲解练习方法与要求。 2. 组织学生练习。	1. 明确方法与要求。 2. 进行练习。	组织:四列横队体操队形。 要求:矮人走要深蹲,既要快又要稳。	3′	2	高
	设计意图:运用变向运球动作,进行投篮,篮球技术学习的终极目标是“会用”。在教学过程中也要注意从教了多少转向教会多少,让学生学以致用,在比赛过程中会运用已经掌握的技术动作。充分利用器材,发展学生的身体素质。						
恢复身心 稳定情绪 4′	1. 放松操。 2. 课后小结。 3. 宣布下课。 4. 收放器材。	1. 带领学生放松,调整呼吸,放松心情。 2. 师生共同小结本课的优缺点。 3. 安排学生收拾器材。	1. 随老师口令散点练习,动作舒展、放松。 2. 交流学习与心得体会。 3. 与老师道别。	1. 轻松活泼。 2. 精神饱满。 组织: ○○○○○○ ○○○○○○ ●●●●●● ●●●●●● ★	2′	3	中
	设计意图:让学生通过按压、敲打肌肉,简单放松身体的各个部位。						
课后作业	亲子运球互抢比赛 10 分钟。						

续表

课后评价指标	优秀	良好	及格
	运球动作自然,能协调自然地做出体前变向动作。	运球动作较自然,能较协调地做出体前变向动作。	运球动作不太自然,能基本做出体前变向动作。
负荷预计	平均心率:约 130 次/分　　练习密度:约 70%　　运动强度:中等偏强		
器材准备	篮球 40 个,呼啦圈 8 个,标志桶 8 个,录音机 1 台。		
安全措施与保障	1. 清理好场地。 2. 充分做好准备、放松活动。 3. 课堂上进行安全教育;正确引导竞赛行为,防止恶意竞争。		

“前额正面头顶球”课堂教学案例

一、教材内容的价值分析

本课内容为水平三（五年级）小足球与游戏单元第 3 课时“前额正面头顶球”。

1. “育体”价值

相较于足球的其他动作技能，头顶球动作具有一定的难度，它的完成需要把握好两个关键点：一是“梗脖”，把脖子收紧，二是腰腹部协调用力，前额顶球。本课的学习，旨在让学生在真实而丰富的运动体验中，基本掌握前额顶球的动作技能，提高空间判断力和控球能力。在比赛实战中，足球始终处于运动状态，而顶球则需要全身协调发力。因此，该动作技能的练习对人体的灵敏、协调、力量、速度等素质发展都能起到积极的作用。在动作技能学练过程中，学生能有效调动身体器官的各项机能。在游戏和比赛中，学生则能根据体能状况，灵活调节适合自身的运动强度，既掌握运动技能，又使体能得到发展。

2. “育脑”价值

头顶球技能不只是完成能顶到球的低阶目标，更重要的是学生能够精准把控顶球的时机、方向、力度等，对同伴间的配合做出灵敏的反应，这些都需要思维。因此，在技术转化为能力的过程中，对观察力、分析力、判断力、决策力、执行力的培养都需要教师适时引导、指导。在具体的学、练、赛的过程中，要有重点、有层次地凸显技能的学习与思维的发展。

3. “育心”价值

鉴于头顶球技术的难度较大，对于初学者来说，在学练过程中自然会出现多次失误，因而易产生畏难心理。基于对学练效果的预设，该内容为学生迎接挑战、克服畏难、积极进取、建立自信、协助团队提供了发展的可能和空间。由易到难、循序渐进的学练方式可以在夯实运动技能的同时，帮助学生树立信心，克服畏难心理。在游戏与比赛中，巧借评价契机，培养学生的规则意识、诚信品质，以及在面对输赢时积极、乐观的人生态度。

二、学习目标的设置

（1）能知道“前额”这个身体部位，并用前额进行顶气球、顶足球。

（2）在前额头顶球中，能做到目迎目送、锁紧脖子、腰腹协调用力、前额顶球，提高对球的空间判断力和身体的协调性。

（3）在练习中能克服畏难心理，讲诚信，练习时能控制好抛球的力度、角度。

三、教学重点与难点的确定及突破方法

（1）教学重点：目迎目送，收紧下巴，前额顶球。

突破方法：① 顶身体高度的氦气球；② 顶头巾；③ 强调目迎目送。

（2）教学难点：身体后仰，腰腹协调发力。

突破方法：① 跪姿顶球；② 顶头巾比远度；③ 顶目标物。

四、学练手段的设计思考

第一，身动。本课从准备部分的集体游戏到热身活动，再到基本部分的学习，均围绕“前额正面头顶球”展开教学。为了避免枯燥无味的重复学练，本课设计了丰富多彩的教学活动：顶氦气球—顶头巾—跪姿顶球—合作头顶球竞赛—顶球比准—声东击西等。在顶氦气球、顶足球的过程中让学生逐步掌握前额顶球的动作要点。用跪姿的方式顶球，让学生体验腰腹协调用力。学生在循序渐进的学练中，不仅能有效掌握动作技能，他们的协调、灵敏、力量等身体素质也可以得到积极的发展。

第二，脑动。观察力、分析力、判断力、决策力、执行力等多项思维能力的培养贯穿于学练全程。如课堂伊始的“头顶氦气球”游戏，因受控于自然条件下的风向变化，氦气球会产生一定幅度的移动，这就需要学生集中注意力观察，判断顶球的时机；而在练习“顶氦气球”“顶头巾”“顶足球”时产生的不同体验，则是为了让学生通过对发力技巧和力度的控制获得运动认知，并将运动记忆贮存于身体中；在互抛互顶的环节，同伴间需要根据两人之间的距离大小，判断抛球与顶球的角度与力量，并转化为决策行为；在“声东击西”的对抗游戏中，进攻方需要根据防守队员的位置进行判断，思考使用假动作或突然变向来触碰气球。

第三，心动。足球运动不仅是一项体育运动，还承载着诸多的育德育心功能。基于学生的现状，他们在头顶球的学练中，可能会存在畏难心理。所以本课在正式头顶足球之前，先使用氦气球、头巾、未充满气的足球这些辅助器材进行前置练习，帮助学生建立心理缓冲带，让他们在难度的逐渐提升中获得成功体验，增强他们不断接受挑战的信心。在互抛互顶的环节中，始终强调团队意识，要求学生控制抛球的角度与力度，为更好地合作做铺垫，顶球的学生将球顶至同伴胸前，达成抛与顶的默契。在每个教学竞赛环节，教师关注违反规则的学生，及时进行纠正，强调规则意识。在评价环节，教师表扬说出真实成绩的学生，让学生明白诚信比胜负更重要，对输赢要有正确的价值观。

“前额正面头顶球”课的教案

教学对象：水平三（五年级）　　单元课次：小足球与游戏单元第3课时

学习目标	1. 能知道“前额”这个身体部位，并用前额进行顶气球、顶足球。 2. 在前额头顶球中，能做到目迎目送、锁紧脖子、腰腹协调用力、前额顶球，提高对球的空间判断力和身体的协调性。 3. 在练习中能克服畏难心理，讲诚信，在练习时能控制好抛球的力度、角度。		
学习内容	1. 前额正面头顶球。 2. 体能游戏：“声东击西”。		
教学重点	目迎目送，收紧下巴，前额顶球。	教学难点	身体后仰，腰腹协调发力。

教学流程	教学内容	教师活动	学生活动	组织队形安全要求	运动负荷		
					时间	次数	强度
导入新课 热身准备 8′	1. 师生问好。 2. 宣布课堂规则。 3. 游戏：“照镜子”。 方法：根据老师的动作集体模仿，在老师的手势指挥下完成相应的动作。 4. 游戏：运顶球、抛顶球。 方法：在规定的场地内运动，听到相应的颜色快速跑去头顶球；在原地跑动中抛抛球，听到身体部位，用该部位顶球一次。	1. 向学生问好。 2. 宣布课的内容。 3. 讲解“照镜子”和热身游戏的方法，组织学生进行游戏，对团队凝聚力和个人反应能力进行点评。 4. 强调抛球位置在头顶处，要求目迎目送。 5. 带领学生认识前额。	1. 向老师问好。 2. 听清游戏的方法和要求，集体做游戏时双脚不动。 3. 运顶球游戏时，做到快速反应，抛球位置在头顶处。 4. 在抛顶球时要目迎目送。 5. 积极参与，感受游戏的乐趣。	四列横队 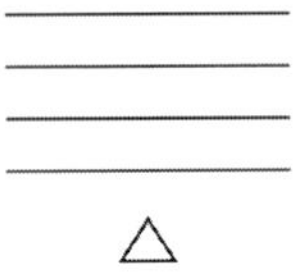 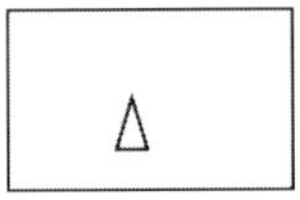 要求：在规定区域内运球、抛球，并完成相应任务。	2′ 2′ 2′	6 5 4	低 中 中

续表

教学流程	教学内容	教师活动	学生活动	组织队形 安全要求	运动负荷		
					时间	次数	强度
导入新课热身准备 8′	设计意图："照镜子"游戏要求学生根据老师的指挥完成动作，迅速集中注意力，调动学练积极性，增强团队凝聚力，懂得团队的重要性。运顶球游戏，学生初步建立头与球的关系，通过顶不同颜色的氦气球，不仅缓解畏难心理，也围绕本课头顶球动作技能进行了尝试与体验。抛顶球游戏强化学生由下而上抛球、学会控制力量的能力，为下面更好地完成合作顶球做了铺垫。						
学习技能 探索新知 24′	1. 游戏："顶气球"。 方法：两人一组，前额顶球。	1. 讲解前额部位，安排学生用前额头顶气球与足球。	1. 认真听讲并练习，体验颈部锁紧、前额触球动作。	1. 两人一组顶气球。 	2′	5~6	中
	2. 徒手模仿前额正面头顶球动作。	2. 强调动作要领：收紧脖子，眼睛睁开，前额顶球，目迎目送。	2. 顶头巾游戏中，体验腰腹发力，动作要快速。		1′	2~3	低
	3. 游戏："顶头巾"。 方法：顶头巾比远，选择5名同学比赛。	3. 讲解游戏的方法、规则及要求，组织学生进行游戏。	3. 两人一组的顶足球练习中，抛球要控制力度、高度，抛于同伴额前，并接住同伴顶回的球。	要求：一人一次，锁紧下颚，前额顶球，目迎目送。	2′	5~6	中
	4. 跪姿顶足球。	4. 重点对动作技能的掌握情况进行点评，纠正共性问题，对抛球的力度、准度、高度进行特别强调。	4. 在学练过程中，睁开眼睛，做到目迎目送。	2. 自主找到5名同学进行比赛。 要求：找到空地进行比赛，不聚集。	2′	5~6	中偏高
	5. 站姿顶足球及游戏。 方法：互抛互顶，规定时间内比谁的得分多。	5. 在评价中突出评价讲诚信、配合好的学练小组。	5. 在游戏过程中，要讲诚信，两人配合好，力争完成游戏任务。	3. 两人一组散点进行学练。 要求：不干扰同伴练习，找到合适的练习场地。	3′	8~10	中偏高

续表

教学流程	教学内容	教师活动	学生活动	组织队形安全要求	运动负荷		
					时间	次数	强度
学习技能探索新知24′	6. 头顶目标物（气球）及游戏。 方法：自抛自顶，顶不同高度的气球，看谁顶中的多。	6. 在顶球过程中，可让学生自主选择软式排球进行练习，鼓励学生选择足球练习。		4. 散点进行头顶目标物。 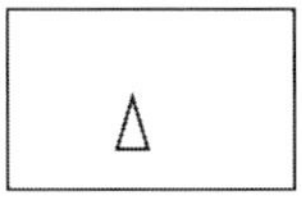 要求：挑战同一个目标物的人数不要太多，挑战不同高度的目标物。	3′	8～10	中偏高
	设计意图：该环节通过顶气球、徒手动作学习、顶头巾、跪姿顶球、站姿顶球、互抛互顶、顶目标物等具有梯度性的活动任务突出“身动”的效度，在不断巩固中形成运动记忆，达成运动技能目标。学练时单人自主或两人一组，加大练习密度与运动量，有效发展身体各项机能。在顶气球、头巾、足球的体验中，学生需要针对不同的器材，思考如何顶准目标和控制力度。顶固定球与移动球的活动，不仅对学生的观察力、判断力、决策力是一种考验，更是促使这些能力提升的有效手段。在顶头巾比远的游戏中，教师重点关注越线的学生，以此为契机进行规则意识的渗透。在互抛互顶的环节，突出“抛”与“顶”的配合的重要性，教师适时给予方法指导与榜样评价。在竞赛点评环节，教师对于守规则、讲诚信的团队给予充分肯定，突出评价的导向作用，引导学生形成正确的价值观。						
体能练习4′	1. 游戏：“声东击西”。 方法：一人护住气球，另一人移动用手去碰球，碰到则交换。	1. 讲解和示范对抗游戏的方法和注意点。 2. 指导学生如何防守及怎样摆脱防守。 3. 对防守队员和进攻队员的表现给予评价。	1. 认真观察老师的示范动作，听清游戏的规则。 2. 两人一组配合完成对抗游戏。 3. 防守队员合理取位，进攻队员要做假动作声东击西。	散点，两个一组。 	2′	6	高
	设计意图：“声东击西”是一种对抗性游戏，对于防守队员和进攻队员都提出了更高的要求，双方队员均需要通过思考、决定策略，最终获得胜利。学生在短时间内不停地移动，有效促进了灵敏、力量等体能素质的发展。对抗游戏让学生明白同伴间既是对手，又是队友，只有在规则下竞争、适度对抗才更有意义。						

续表

教学流程	教学内容	教师活动	学生活动	组织队形 安全要求	运动负荷		
					时间	次数	强度
恢复身心 4′	1. 放松活动：结合球的拉伸。方法：一人一只足球，跟着老师进行拉伸。 2. 总结本课。 3. 布置课外作业。 4. 收器材，师生再见。	1. 讲解和示范放松活动的要求，与学生一起进行拉伸。 2. 提问，学生回答，总结本课。 3. 布置课外作业：与爸爸、妈妈分别挑战头顶软式玩具或枕头各 10 次，比比谁抛得更远。 4. 安排学生收还器材。	1. 按照老师的要求进行拉伸。 2. 与老师共同总结本课收获。 3. 收还器材。	散点进行放松活动。 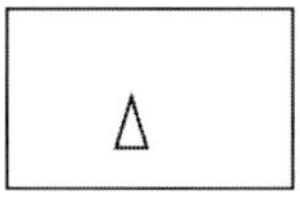 要求：头、手、脚不碰到气球。	2′	6~8	低
	设计意图：充分利用场地器材进行颈部、下肢的拉伸，舒缓心情，放松肢体。在进行课堂总结时，通过对话与交流，突出对身动、脑动、心动的总结，凸显立体育人的课堂价值。课外作业的布置是对本课学习内容的拓展与延伸，旨在让学生养成居家锻炼的好习惯。						

课后作业	与爸爸、妈妈分别挑战头顶软式玩具或枕头各 10 次，比比谁抛得更远。 自抛自顶足球，体验腰腹发力。		
课后评价指标	优秀	良好	及格
	前额正面头顶球，自抛自顶 5 米。	前额正面头顶球，自抛自顶 4 米。	前额正面头顶球，自抛自顶 2 米。
负荷预计	平均心率：约 130 次/分　　练习密度：约 60%　　运动量：中等偏强		
场地器材	头巾 48 个，氦气球 30 只，足球每人 1 只，软式排球 10 只，足球场地一片，便携式录音机 1 台		
安全措施与保障	1. 头戴头巾进行头顶球练习，保障头部安全。 2. 两人一组，引导学生拉开间距，练习时不干扰。 3. 使用氦气球，而非氢气球，氦气球具备安全系数，有利于技能的掌握。 4. 在教学过程中，教师密切关注学生的学练方式和练习场地，及时调控。		

“下手发球”课堂教学案例

一、教材内容的价值分析

本课内容为水平三（六年级）小排球与游戏单元第6课时“下手发球”。

1. “育体”价值

发球是排球运动的开始，与排球的其他动作技能相比，侧面下手发球动作简单。动作的完成有赖于抛好球，用正确的部位击准球。对于初学者来说，下手发球动作要区分正面和侧面两个动作。本课的学习主要是能够用自下向上的发力顺序完成击准球，让球飞过一定距离的球网，提高对球的控制能力。发球动作对于身体的协调、力量及击球手的耐挫能力都有一定的锻炼作用。在练习过程中，学生要双手协调，击球时由另一只手的拳眼或者拳跟击打球，充分调动腿、腰、手部的协调发力顺序，就可以发出高质量的球，这项练习能够锻炼身体的协调性和灵活运用肌肉的能力。

2. “育脑”价值

下手发球不仅仅是将球击打飞出那么简单。需要的是手眼协调，对大脑参与的要求很高。以惯用右手为例，左手在抛球的力度、高度、角度上的把控是基础，在球抛出后下落的有限时间内，大脑指挥右手，用正确的部位击准球的中后方，让球呈抛物线飞行，并落在对面的合理空间内。对于初学者而言，击打的力量、力度都需要大脑的指挥。教师提醒学生通过观察球的飞行路线调整学习动作，并反思运动时肌肉的参与度、发球的角度、速度，来不断修正动作技术。

3. “育心”价值

当完成排球下手发球时，对于初学者来说，在抛稳球、基准球的学习过程中会出现很多的失误，若向上抛球过程中抛得过高，就会击不准球，从而使学生的心理受挫。所以，老师在课堂中采取精讲多练、教学相辅的方式，激起学生对排球运动的兴趣，从而让学生积极参与，建立反复练习的信心，充分发挥教学评价功能，使每一位学生都能体验成功的喜悦，促进学生全面、和谐发展。让学生带着浓厚的兴趣和愉悦的心情，积极主动地完成本课学习目标。

二、学习目标的设置

（1）能知道排球下手发球时正确的击球部位，并做出正确的动作。

（2）能够在完成下手发球时抛好球、击准球，让球呈抛物线向正前方飞行，侧面下手发球时自下而上，利用腿、腰、手协调发力，使球飞过一定高度的横绳。

（3）勇于克服学习中的困难，对自己充满信心。

三、教学重点与难点的确定及突破方法

（1）教学重点：抛球、挥臂、击打动作的协调配合。

突破方法：① 手托球；② 徒手做击打动作；③ 蹬地挥臂。

（2）教学难点：击准球，控制球飞行的方向和力度。

突破方法：① 击打固定球；② 侧面蹬地挥臂击打固定球。

四、学练手段的设计思考

第一，身动。本课从准备部分的集体游戏，到热身活动，再到基本部分的学习，均围绕排球下手发球动作开展。为了让学习有趣，本课设计了丰富多彩的学习形式：蹲地两人一组抛球—跪姿击打球—击打固定球—正面下手发球—侧面下手发球—打扫房间（游戏）等。让学生在由低到高、由简单到复杂、循序渐进的过程中完成排球下手发球，并在正面发球动作技术的基础上体会侧面发球动作。因为发球练习密度相对较大，体能消耗小，所以我们在最后部分增加了前后移动的脚步练习，让学生在学习技能的同时，锻炼速度、灵敏、协调等身体素质，促进学生全面发展。

第二，脑动。球类运动是手、眼、脑协调的运动，对于协调能力、快速反应能力要求极高。在排球发球过程中，学生要运用大脑判断击球部位、击球力度、球飞行的路线、球飞行的弧度、球飞行的速度等一系列因素，可以有效培养学生的观察能力、判断能力等。在练习过程中，学生要明确本节课学习的侧面下手发球的正确部位和抛球时对力量的控制，并逐渐过渡到全面的动作技能方法。然后依据不同的口令要求，体验并加强对球的控制能力；在此之后逐渐增加难度，完成侧面下手抛球击打球的练习，逐步掌握排球下手发球。老师通过问题引导，让学生在反复练习中找到最佳动作姿势、力度，提升发球的质量。在相互练习和游戏环节中通过评价，激发学生主动思考如何高质量发球，以期获得更多的积分。

第三，心动。排球是一项团队运动，在运动过程中成功的喜悦和失误的失落，对学生的心理影响甚大。学生通过不断调整，一次又一次地把球高质量地发过网，激发学习兴趣，为将来更多地参与排球运动打下基础，最终掌握此动作。学生通过身体素质练习过程中的体能挑战，充分感受到参与排球运动的辛苦，从而联想到女排精神，这对培养他们吃苦耐劳、拼搏进取，树立远大的理想起重要的作用。

“下手发球”课的教案

教学对象：水平三（六年级）　　单元课次：小排球与游戏单元第 6 课时

课次	第六课时	水平目标	水平三	执教人	华刘明
学习内容	1. 小排球：下手发球。 2. 游戏：“相互发球”。				
学习目标	1. 能知道排球下手发球时正确的击球部位，并做出正确的动作。 2. 能够在完成下手发球时抛好球、击准球，让球呈抛物线向正前方飞行，侧面下手发球时自下而上，利用腿、腰、手协调发力，使球飞过一定高度的横绳。 3. 勇于克服学习中的困难，对自己充满信心。				
教学重点	抛球、挥臂、击打动作的协调配合。		教学难点	击准球，控制球飞行的方向和力度。	

续表

教学流程	教学内容	教师活动	学生活动	组织队形 安全要求	运动负荷		
					次数	时间	强度
常规教学 热身激趣 10′	**一、课堂常规：** 1. 整队，师生交流问好。 2. 宣布课的教学内容、教学任务和教学要求。	1. 整队，跟学生问好。 2. 讲解课堂要求和任务。 3. 用童趣化的语言将学生引入情境，与学生进行互动。	1. 每人找一个标志垫站立，标志垫就是自己的“家”，对面的同学就是今天的合作伙伴。 2. 认真听讲，站姿规范，遵守课堂纪律。	组织： ○○○○○○ ○○○○○○ ●●●●●● ●●●●●● ★ 要求：精神饱满，思想集中。	1	2′	低
	二、热身活动 1. 找到位置，原地跳跃。 2. 做游戏。	1. 用口令引导学生完成各种跳跃练习。 2. 讲解游戏方法。 3. 引导并提示学生跟在后面完成各种动作。	1. 按照老师的指令，认真完成练习。 2. 在活动的过程中尽量按照老师的要求做。 3. 在游戏的过程中注意安全，相互避让。	组织：两人一组，为合作伙伴，与另一组成为游戏“对手”。 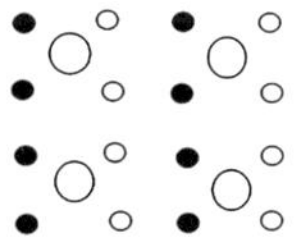 要求：听老师讲解游戏方法，认真完成任务。	2 4	1′ 3′	高 中
	设计意图：通过各种任务的走、跑、跳等动作，完成热身活动，在过程中营造良好的课堂学习氛围，提醒学生课堂安全注意事项，养成良好的课堂行为习惯，其中穿插关节运动，突出身动、脑动、心动的过程，让学生以饱满的情绪参与其中，为接下来的学习打下良好的基础。						

续表

教学流程	教学内容	教师活动	学生活动	组织队形安全要求	运动负荷		
					次数	时间	强度
技能教学 掌握本领 23′	一、下手发球	1. 两人一球互相发球。 2. 讲解发球手型。 3. 针对学生做的动作进行拓展,延伸托球侧下手发球。 4. 讲解并示范,引导学生抛球、挥臂、击打协调完成动作。 5. 提示学生注意控制好球的飞行方向,注意安全。 6. 邀请小组展示。 7. 组织学生继续学练并巡回指导。 8. 有针对地进行发球的错误之处并让学生修正,提示触球部位和要求抛球时球抛好。	1. 认真听老师讲解动作,在完成动作的过程中集中注意力,争取做到准确无误。 2. 认真听、仔细看老师的讲解与示范。 3. 在老师的带领下进行分解动作练习。 4. 敢于展现自我。	组织: ★ ●●●●●●●● ↕ ○○○○○○○○ ○○○○○○○○ ↕ ●●●●●●●● 要求:精神饱满,思想集中。	5 5 5 3 3	2′ 2′ 2′ 3′ 3′	中 中高 中高 中高 中高 高
	设计意图:通过两人一组的循序渐进活动,以及从下往上、由易到难的排球学习,学生在“抛球—击打固定球—正面下手发球—侧面下手发球等”一系列活动中,突出“身动”的练习。教师在练习过程中通过语言提示、评价让学生积极思考,达到“脑动”的目的。在抛球动作与击打系列动作过程中,突出“抛—打”动作的协调配合,让学生学习并掌握发球动作;通过反复提醒、观察、多次练习感悟,引导学生体会高质量的发球,回忆发球动作、触球部位、击打力量,达到手脑协调配合的目的,提升练习效果。						

续表

教学流程	教学内容	教师活动	学生活动	组织队形安全要求	运动负荷		
					次数	时间	强度
技能教学 掌握本领 23′	**二、相互发球** 将学生分成两队面对面站立，中间相隔8~10米距离，听老师信号后，每人将手里的球，用下手发球的方式，打向对方，然后捡起任意飞来的球，继续回到原来所站的位置，继续发球。 注意：躲避空中飞过来的球。	1. 讲解游戏方式，调整场地。 2. 讲解游戏方式和规则。 3. 延伸讲解发球时如何让球飞得又高又远，明确注意点，指导学生进行练习。 4. 渗透排球发球的规则。（发球区不能踩线等） 5. 巡回指导。	1. 认真听、仔细看老师的讲解与示范。 2. 遵守课堂纪律。 3. 分组游戏时注意安全，充分参与游戏。	组织： 分组两大组，面对面站立。 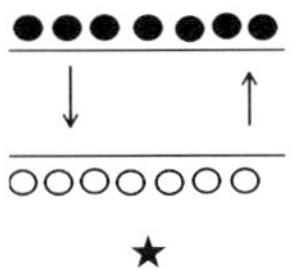 要求：注意安全，学生根据老师的要求完成游戏，思想要集中。	4	3′	中高
	设计意图："相互发球"游戏，是在学习技术的基础上，加大练习密度，把队伍分成两组，通过比较短时间内发球次数的多少来让学生主动去找球，并迅速投入新的发球中。老师讲解运动方式，让学生发散思维，通过接下来的活动形式，形成正确的运动感知，再通过对竞赛规则的讲解，激发学生乐于游戏的"心动"效应。在游戏过程中，两种计数方式的规则，让学生在有限的时间内充分练习，以求通过高密度的发球练习来掌握下手发球动作，并培养学生的规则意识和团队协作能力。						
素质练习 课堂拓展 3′	**三、脚步移动**	1. 讲解练习方式。 2. 利用语言激励学生积极参与练习。 3. 及时评价。 4. 巡回指导。	1. 认真听老师讲解任务的要求。 2. 在老师的组织下，听老师的口令完成任务。 3. 注意安全，尽量避免碰撞。		4	1′	高
	设计意图：在排球运动中，手脑眼的协调是高效完成排球发球动作的保证，脚步移动也是素质练习的有效补充。通过移动练习，培养体能，发展学生的身体素质，同时也是对练习强度的有效补充，培养学生吃苦耐劳、不畏困难的良好品质。						

续表

<table>
<tr><th rowspan="2">教学流程</th><th rowspan="2">教学内容</th><th rowspan="2">教师活动</th><th rowspan="2">学生活动</th><th rowspan="2">组织队形
安全要求</th><th colspan="3">运动负荷</th></tr>
<tr><th>次数</th><th>时间</th><th>强度</th></tr>
<tr><td rowspan="2">恢复身心
稳定情绪
4′</td><td>1. 放松。
2. 课后小结。
3. 师生再见，回收器材。</td><td>1. 带领学生一同滚球压腿，调整呼吸，放松心情。
2. 与学生共同总结本课的优缺点。
3. 与学生道别。</td><td>1. 跟随教师口令练习，动作舒展、放松。
2. 与同伴交流学习与心得体会。
3. 与老师道别。</td><td>1. 轻松活泼。
2. 精神饱满。
组织：自由站队。
○○○○○○
○○○○○○
●●●●●●
●●●●●●
★</td><td>2</td><td>2′</td><td>低</td></tr>
<tr><td colspan="7">设计意图：充分利用器材进行放松活动，舒缓心情，拉伸肢体。进行课堂总结时，教师通过对话与交流，讲解展示排球发球的动作类型，调动学生日后继续参与排球活动的兴趣，旨在让学生养成课后积极参与锻炼的好习惯。通过身动、脑动、心动的总结，凸显立体育人的课堂价值。</td></tr>
<tr><td>器材准备</td><td colspan="7">软式排球 40 只，音响 1 个。</td></tr>
<tr><td>预计效果</td><td>练习密度</td><td>60%</td><td>平均心率</td><td>125~130 分/次</td><td>安全措施</td><td colspan="2">1. 清理好场地。
2. 充分做好准备、放松活动。
3. 课堂上进行安全教育；正确引导竞赛行为，防止恶意竞争。</td></tr>
</table>

第四节　力与美的相遇（韵律组合）

“柔韧与灵敏”课堂教学案例

一、教材内容的价值分析

本课内容为水平一（二年级）柔韧与灵敏单元第 13 课时“柔韧与灵敏”。

1. “育体”价值

相较于身体的其他动作技能，柔韧属于非移动式技能，灵敏属于移动式技能，两者结合，对提高学生对身体的控制能力、关节肌肉柔韧性具有重要作用。在完成动作的过程中，如何让非移动和移动两种不同类型的运动技能结合在一起，要注重两个关键点：一是体现灵敏性，理解移动和非移动技能的主次关系，灵敏性的活动要略多于柔韧性的活动。二是两者互融互通，以灵敏促柔韧，以柔韧融灵敏。在游戏和比赛中，学生能根据自身体能状况，灵活调节适合自身的运动强度，使得运动技能和体能发展互为融合，在复杂的情境中快速做出反应。

2. "育脑"价值

柔韧与灵敏的技能不仅是完成"横叉""纵叉"等低阶目标，更重要的是为今后其他的身体技能打下基础。锻炼学生在复杂的环境中能快速反应，知道控制重心，完成横叉、纵叉等动作。引导学生在不同情境中做出对不同策略的判断、分析、观察、模仿、合作、决策等，让学生主动学习和思考，脑体结合，动脑动手，实现大脑主动参与、身体自然接受、内心主动学习的脑身心融会贯通。

3. "育心"价值

基于对身体姿势控制的难度，初学者会因此产生畏难心理，加之多次与同学合作无法产生积极效应，小组可能由此出现纷争。出于对初学者的学练预设，该内容降低了难度，让每个学生都能获得成功的体验，让学生逐渐建立信心，关注自身身体姿势。结构化的教学学练、连贯性的知识体系，让伙伴之间有效配合和鼓励，在夯实学生基础的同时，不断锤炼他们的意志，促使他们养成不怕困难、果敢勇毅的品质。学生在学练过程中充分享受运动带来的乐趣，尽情展示自我，主动帮助身体动作不协调的学生，正确看待比赛结果，胜不骄败不馁，逐渐养成正确的胜负价值观。

二、学习目标的设置

（1）通过教学，让85%的孩子初步掌握柔韧与灵敏动作的练习方法，其他同学在老师或同学的帮助下也能完成这些动作。

（2）发展学生协调、力量、柔韧性等素质，培养良好的柔韧性和灵敏性。

（3）激发学生学习兴趣，养成相互交流、相互合作的习惯，享受游戏和比赛带来的乐趣和体验成功的喜悦。

三、教学重点与难点的确定及突破方法

（1）教学重点：柔韧与灵敏的动作组合方法。

突破方法：① 耳听八方，眼观六路；② 眼疾手快；③ 快速躲避。

（2）教学难点：在复杂环境中快速反应，控制住自己的身体姿势。

突破方法：① 急速营救；② 运送物资；③ 送标志物。

四、学练手段的设计思考

第一，身动。本课从准备部分的集体游戏，到热身活动，再到基本部分的学习，均围绕“柔韧与灵敏”展开教学。为了避免枯燥无味的重复学练，本课设计了丰富多彩的教学活动：耳听八方—眼观六路—比比谁的反应快—眼疾手快—急速营救—运送物资等，充分关注学生对运动技能的掌握情况。以抛接、躲避、拦截玩具公仔的方式，让学生学、练、赛结合。在循序渐进的学练中，学生不仅有效掌握动作技能，协调、灵敏、力量、速度、耐力等身体素质也得到积极的发展。

第二，脑动。身体运动技能类的掌握，更需要身体和思维共同参与。可以说，判断、分析、观察、模仿、合作、决策等多种思维融入了学练赛的过程，如课开始的“耳听八方”游戏，要求学生随着音乐情境做出相应的动作，音乐停止，迅速做出一个柔韧动作，这就需要学生集中注意力听，不仅要听，还要掌握好音乐的停顿和节拍；而在练习中，“眼观六路”“眼疾手快”“极速营救”等游戏则是为了让学生快速反应，模仿动作，同时分析物体的落点，把控抛接力度，控制身体姿势保持的时长。学生在观察周围复杂环境时，需要迅速做出应激反应，接着做出决策，和伙伴共同进行判断；在“营救队友”环节，学生不仅需要帮助自己的队友，还要抵抗干扰，防止“敌人”的渗入，一心多用，同时要懂得自我保护；在“运送物资”体能游戏中，更要思考用哪种方式最方便、最快捷。

第三，心动。柔韧与灵敏课承载着诸多的育德育心功能。基于对学情的分析，二年级的学生大部分刚刚加入少先队，对红色精神了解相对较少，但对红色歌曲和故事有着浓厚的兴趣，也开始模仿战士，憧憬着自己能像战士一样保家卫国。从党的教育方针来看，我们要培养合格的社会主义接班人，培养德、智、体、美、劳全面发展的人。本课以“红岩”军事体验营为故事线，以“争当合格小战士”为明线索，以“爱国教育”渗透为暗线索，培养长大后能真正保家卫国的社会主义接班人；培养一群不畏艰难险阻、勇于面对复杂环境、吃苦耐劳、互帮互助、勇于进取的“小战士”。同时，培养学生的艺术素养，唱红歌，讲故事，让他们在真实的情境中进行学练。

“柔韧与灵敏”课的教案

教学对象：水平一（二年级）　　单元课次：柔韧与灵敏单元第13课时

学习目标	1. 通过教学，让85%的孩子初步掌握柔韧与灵敏动作的练习方法，其他同学在老师或同学的帮助下也能完成这些动作。 2. 发展学生协调、力量、柔韧性等素质，培养良好的柔韧性和灵敏性。 3. 激发学生学习兴趣，养成相互交流、相互合作的习惯，享受游戏比赛带来的乐趣和体验成功的喜悦。
学习内容	1. 柔韧与灵敏。 2. 体能游戏：“运送物资”。

教学重点	柔韧与灵敏的动作组合方法。	教学难点	在复杂环境中快速反应，控制住自己的身体姿势。

教学流程	教学内容	教师活动	学生活动	组织队形安全要求	运动负荷		
					时间	次数	强度
导入新课 热身准备 8′	1. 师生问好。	1. 向学生问好。	1. 向老师问好。		2′	4	低
	2. 宣布课堂规则。	2. 宣布课的内容。	2. 听老师讲游戏的方法和要求，集体游戏时双脚不动。	四列横队。 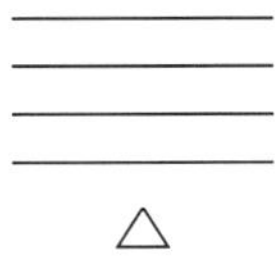			
	3. 游戏：“耳听八方”。 方法：学生集体模仿老师的动作，在老师的手势指挥下完成相应的动作。	3. 讲解“耳听八方”及热身游戏的玩法，组织学生进行游戏，对纪律和个人反应能力进行点评。	3. 玩游戏时做到快速反应，保持身体姿势不动10秒。		2′	2	中
	4. 游戏：“眼观六路”。 方法：学生在规定场地内运动，迅速模仿老师的动作，并能保持相应的一段时间。	4. 强调快速反应，巧妙拉伸，要求姿态优美。 5. 带领学生认识身体拉伸、快速反应的方法。	4. 快速模仿老师的动作，并快速反应。 5. 积极参与，感受游戏的乐趣。	要求：学生在规定区域内模仿老师的动作，并完成相应的任务。	2′	4	中
	设计意图：“耳听八方”“眼观六路”游戏中，学生须根据老师的指挥完成动作，集中注意力，调动学练积极性，增强团队意识；“眼观六路”游戏中，学生须注意身体姿势优美，初步建立身体姿势意识，强化关节开合度，注意观察和模仿老师的动作。						

续表

教学流程	教学内容	教师活动	学生活动	组织队形 安全要求	运动负荷		
					时间	次数	强度
学习技能 探索新知 24′	1. 游戏:“眼疾手快”。 方法:抛接小球,采用不同的姿势抛接公仔小球。 2. 躲避同伴以各种姿势抛过来的公仔小球。	1. 讲解动作方法,直上直下抛接小球,眼睛看球的落点。 2. 强调动作要领:重心降低,眼观球的落点,积极接球。	1. 认真听讲并练习,体验不同姿势抛接公仔小球的动作。 2. 音乐响起,迅速投掷,另一名学生迅速躲避。	组织队形:四列横排。 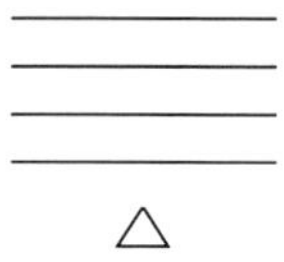 要求: 积极主动。 互帮互学。 遵守规则。 注意安全。	2′ 3′	5~6 4~6	中 低
	3. 游戏:“急速营救”。 方法:持一种颜色的玩具公仔去触碰其他颜色的同学,被碰到的同学需要做好一个柔韧动作,也可以选择自我保护。	3. 讲解游戏的方法、规则及要求,组织学生进行游戏。 4. 重点对动作技能的掌握情况进行点评,纠正共性问题,特别强调抛球的力度、准度和高度。 5. 在评价中突出评价讲诚信、配合好的学练小组。 6. 在躲避过程中,可让学生自主选择柔韧动作进行练习,鼓励学生选择不同的柔韧动作。	3. 两人一组的顶足球练习中,抛球要控制力度、高度,抛于同伴额前,接住同伴顶回的球。 4. 在学练过程中,睁开眼睛,做到躲避危险,眼观前方,手臂迅速摆动。 5. 在游戏过程中要讲诚信,两人配合好,力争完成游戏任务。	组织队列:散点练习。 要求: 规定区域。 遵守规则。 积极学练。 自我保护。 互帮互助。	2′ 3′ 4′	4~6 2~3	中 中偏高 中偏高

续表

<table>
<tr><th rowspan="2">教学
流程</th><th rowspan="2">教学内容</th><th rowspan="2">教师活动</th><th rowspan="2">学生活动</th><th rowspan="2">组织队形
安全要求</th><th colspan="3">运动负荷</th></tr>
<tr><th>时间</th><th>次数</th><th>强度</th></tr>
<tr><td>学习
技能

探索
新知
24′</td><td colspan="7">设计意图:该环节通过“眼疾手快”、“急速营救”等方式,让学生初步掌握抛接的动作方法和要点,同时关注自身的身体姿势。在复杂的环境中能迅速做出应激反应,同时,两人一组的抛接活动有效发展学生的注意力和合作意识;增加练习密度和运动量,有效发展学生的身体机能。在“急速营救”过程中,学生不仅要观察周围环境,还要帮助伙伴,不仅对其专注力、判断力、思考力等多方面思维能力进行考察,同时以帮助伙伴为契机渗透德育。不跑出边线,规定活动范围,对规则意识进行渗透。教师融入其中,和学生一起学练,突出学生主体地位,同时教师注意引导,关注个体差异,对身体素质较差学生,适量减少运动量,对运动能力较强学生,适当增加运动量。对做得好的团队及时给予肯定,突出评价的引导作用,帮助学生树立正确的胜负价值观。以“营救队友”为明线,以培养“战士技能”为暗线,从简单到复杂,让学生充分体验成功的快乐。</td></tr>
<tr><td rowspan="2">体能
练习
5′</td><td>1. 游戏:“运送物资”。
方法:4 人小组运送,形成内链条循环。</td><td>1. 讲解和示范游戏的方法和规则。
2. 指导学生如何运送及放物资。
3. 对勇于拼搏的队员的表现给予评价。</td><td>1. 认真观察老师的示范动作,听清游戏的规则。
2. 4 人一组配合完成比赛。
3. 适当降低难度,关注学生个体差异。</td><td>4 人一组:
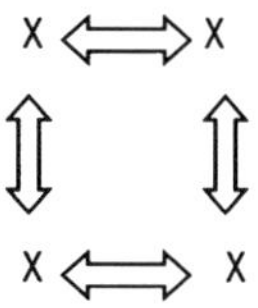</td><td>3′</td><td>6</td><td>高</td></tr>
<tr><td colspan="7">设计意图:“运送物资”是一种体能练习游戏,对学生的速度、柔韧、力量提出了新的要求,需要学生通过不断练习,进一步深化各方面的身体素质。在比赛中,学生逐渐明白同伴既是对手,又是队友,只有在规则下竞争、在比赛中互帮互助才更有意义。</td></tr>
</table>

续表

<table>
<tr><th rowspan="2">教学流程</th><th rowspan="2">教学内容</th><th rowspan="2">教师活动</th><th rowspan="2">学生活动</th><th rowspan="2">组织队形
安全要求</th><th colspan="3">运动负荷</th></tr>
<tr><th>时间</th><th>次数</th><th>强度</th></tr>
<tr><td rowspan="2">恢复身心
3′</td><td>1. 放松活动：打靶归来。
方法：学生模仿老师进行拉伸。
2. 总结本课。
3. 布置课外作业。
4. 收器材，师生再见。</td><td>1. 讲解和示范放松活动的要求，与学生一起进行拉伸。
2. 提问，学生回答，总结本课。
3. 布置课外作业。
4. 安排学生收还器材。</td><td>1. 按照老师的要求进行拉伸。
2. 与老师共同总结本课收获。
3. 收还器材。</td><td>散点进行放松活动。
要求：规范拉伸，放松身心，互帮互评。</td><td>2′</td><td>6~8</td><td>低</td></tr>
<tr><td colspan="7">设计意图：充分利用场地器材进行腰部、下肢的拉伸，舒缓心情，放松肢体。课堂总结时通过对话与交流，突出对身动、脑动、心动的总结，凸显立体育人的课堂价值。课外作业的布置是对本课学习内容的拓展与延伸，旨在让学生养成居家锻炼的好习惯。</td></tr>
<tr><td>课后作业</td><td colspan="7">与爸爸、妈妈分别挑战躲避抛接物品，静动态柔韧拉伸（例如横叉、纵叉）。</td></tr>
<tr><td rowspan="2">课后评价指标</td><td colspan="2">优秀</td><td colspan="2">良好</td><td colspan="3">及格</td></tr>
<tr><td colspan="2">抛接轻物，自抛自接完成10次。</td><td colspan="2">抛接轻物，自抛自接完成8次。</td><td colspan="3">抛接轻物，自抛自接完成4次。</td></tr>
<tr><td>负荷预计</td><td colspan="7">平均心率：约145次/分　　练习密度：约70%　　运动量：中等偏强</td></tr>
<tr><td>场地器材</td><td colspan="7">玩具公仔人手1个，标志垫40张，足球场地一片，便携式录音机1台。</td></tr>
<tr><td>安全措施与保障</td><td colspan="7">1. 上课前检查好学生是否带了小刀、尺子、钥匙等不利于体育活动的危险物品，及时消除安全隐患。
2. 教师合理安排和布置场地，提前检查器材情况，为课堂教学提供安全保障。
3. 在进行练习活动之前让学生充分做好准备活动，避免不必要的伤害。
4. 合理调整安全空间位置，避免发生碰撞。</td></tr>
</table>

“韵律组合与游戏”课堂教学案例

一、教材内容的价值分析

本课内容为水平二（三年级）韵律活动与游戏单元第1课时“韵律组合与游戏”。

1. “育体”价值

相较于韵律活动与舞蹈的其他动作技能，韵律组合动作的发力与控制更明显，它的完成需要突破两个关键点：一是组合动作连贯有控制，二是节奏准确。本课的学习，旨在让学生在真实、完整的运动情境中，基本掌握韵律组合的动作技能，提升学生对节奏的掌控感与自信心。在韵律活动的表演与比赛中，需要身体协调用力，听清音乐的节奏，控制每个动作的幅度。经常练习，对人体的灵敏、协调、力量、柔韧等素质发展都能起到积极的作用。动作技能学练能有效调动身体器官的各项机能。在游戏和比赛中，学生则可以根据体能状况，灵活调节适合自身的运动强度，使得运动技能和体能发展互为融合。

2. “育脑”价值

韵律组合动作不只是完成几个动作的串联。更重要的是，要对韵律动作的控制感、节奏感、方位感及表现力与感染力进行精准把控，对同伴分享的动作进行模仿和创编，这些都需要运动思维的积极参与。因此，在将技术转化为能力的过程中，对于注意力、观察力、表述力、创新力、执行力的培养都需要适时引导、指导。在具体的学、练、赛过程中，要有重点、有层次地凸显技能的学习与思维的发展。

3. “育心”价值

初学者在学练过程会出现动作不协调、节奏跟不上等情况，同时因担心动作不协调引来同伴的嘲笑，易产生畏难心理。基于对学练效果的预设，该内容为学生激发学习兴趣、建立自信、自主创新、克服困难、迎接挑战、团队协作提供了机会。学练方式由浅入深、由点及面，在增强学生运动技能的同时，帮助学生树立信心，调整自己的情绪。在游戏与比赛中，教师巧借评价契机，培养学生的规则意识和诚信品质，陶冶美的情操。

二、学习目标的设置

（1）通过教学，80%的学生能够完成并脚跳、开合跳、弓步跳这三个基本步伐与组合动作，20%的学生能够在音乐伴奏下连贯完成组合动作。

（2）在组合练习中，能做到动作连贯、找准节奏，提高学生身体的协调性与柔韧性。

（3）在练习中能相互讨论、合作、互助，展演时表现出学生的朝气蓬勃与表现力。

三、教学重点与难点的确定及突破方法

（1）教学重点：步伐正确，组合连贯。

突破方法：① 经典石头剪刀布；② 创意石头剪刀布；③ 我型我秀组合创编。

（2）教学难点：动作连贯，踩准节奏。

突破方法：① 律动石头剪刀布；② 组合动作大比拼；③ 巡回演出。

四、学练手段的设计思考

第一，身动。为了避免枯燥无味的重复学练，本课的设计将韵律活动与传统经典游戏“石头、剪刀、布”进行了创新与改编，通过传统版“石头、剪刀、布”等活动充分练习并脚跳、弓步跳、开合跳这三个动作，既提高了学生的学习兴趣，又使学生充分掌握运动技能。教师再通过学生的自主分享，引出本课所需要学习的单个动作，鼓励学生进行模仿练习与组合创编，实现本课教学组合动作从学生中来、到学生中去的教学目标。最后的体能练习在强化组合动作的同时，对上肢进行补偿练习，让情境更加完整，不仅能让学生高效地掌握动作技能，而且对其协调、灵敏、柔韧等身体素质的发展也起到积极的作用。

第二，脑动。本课时的教学内容有助于提高注意力、观察力、表述力、创新力、执行力等多项思维能力，并贯穿于学练全程。如课中的“我型我秀”游戏，学生需要在完成并脚跳、弓步跳和开合跳的基础之上自主创编上肢动作并分享，这就要求学生集中注意力听清老师的要求，主动思考并创新动作，清晰表述动作要领。集体模仿时，仔细观察动作的规格与幅度。从配合音乐节奏进行组合动作创编到完整动作的学习，这一过程需要完成眼看、耳听、嘴说、脑思、身动的相互配合。

第三，心动。韵律活动承载着诸多的育德育心功能。基于对学情的分析，在韵律组合的学练中，男生可能会存在难为情的心理。所以本课的各个环节以快乐韵律之旅为主线，让学生在经典游戏“石头、剪刀、布”的升级创新中，提高学习兴趣，在玩中学，在玩中用。课堂形式上由枯燥的一教一学改变为由学生自主体验、自主创新、自主运用，给予学生自主思考的空间与实践的机会，学习难度层层叠加，让学生更富有挑战欲与探索欲。而同伴之间相互学习、各小组展示都强调团队意识，促使他们养成良好的合作行为。在每个教学竞赛环节，强调规则意识。在评价环节，通过师生评价、生生评价的方式，针对学生的动作技术、表现力等方面进行评价，使学生清晰地了解到韵律活动不仅仅需要身体姿势美、节奏感准，还强调夸张的表现力与张力，增强学生的自信心。

“韵律活动与游戏”课的教案

教学对象：水平二（三年级）　　　单元课次：韵律活动与游戏单元第1课时

学习目标	1. 通过教学，80%的学生能够完成并脚跳、开合跳、弓步跳这三个基本步伐与组合动作，20%的学生能够在音乐伴奏下连贯完成组合动作。 2. 在组合练习中，能做到动作连贯、找准节奏，提高学生身体的协调性与柔韧性。 3. 在练习中能相互讨论、合作、互助，展演时表现出学生的朝气蓬勃与表现力。		
学习内容	1. 韵律组合与游戏。 2. 体能游戏：“巡回演出”。		
教学重点	步伐正确，组合连贯。	教学难点	动作连贯，踩准节奏。

续表

教学流程	教学内容	教师活动	学生活动	组织队形 安全要求	运动负荷		
					时间	次数	强度
导入新课 热身准备 6′	1. 师生问好。 2. 宣布课堂规则。	1. 向学生问好。 2. 宣布课的内容。	1. 向老师问好。 2. 听清游戏的方法和要求,集体游戏时注意安全空间。	四列横队 ———— ———— ———— ———— △	2′	3	低
	3. 游戏:“抢占小垫”。 方法:老师带领学生根据音乐节奏后踢腿行进,音乐停止后每人抢占一张小垫。	3. 讲解“抢占小垫”和“比比谁的反应快”游戏的方法,组织学生进行游戏,对身体姿势和节奏感进行点评。	3. 玩“抢占小垫”游戏时,做到后踢绷脚尖,听清音乐节奏前进,保持安全距离。	×× ×× ×× ×× ○○ ○○ ○○ ○○ △	2′	3	中
	4. 游戏:“比比谁的反应快”。 方法:根据老师的提示,集体模仿老师的动作。	4. 带领学生体会不同的身体动作节奏与音乐节奏。	4. 进行“比比谁的反应快”游戏时,做到快速反应、快速模仿,听清音乐节奏的变化,积极参与,感受游戏的乐趣。	要求:各小组选择行进的路线,行进时不踩垫。			中
	设计意图:“抢占小垫”和“比比谁的反应快”游戏须根据老师的指挥,交叉分层完成,迅速集中学生的注意力,提高学生的学习趣味性,增强团队凝聚力。通过三个层次进行“比比谁的反应快”:上肢动作练习、下肢动作与击掌节奏感练习、音乐伴奏下的上下肢协调动作练习。依次递增难度,将组合动作分解成单个动作:上肢动作、下肢动作。通过单独练习与节奏感练习,提前给学生建立正确的动作概念,培养节奏感,为更好地完成组合动作学习作铺垫。						

续表

教学流程	教学内容	教师活动	学生活动	组织队形 安全要求	运动负荷		
					时间	次数	强度
学习技能 探索新知 24′	1. 我会玩。 (1) 游戏“石头、剪刀、布”。 方法：由老师带领学生进行“石头、剪刀、布”比赛，再两人一组进行比赛。 (2) 游戏“创意石头、剪刀、布”。 方法：自主创编上肢动作，进行“创意石头、剪刀、布”比赛，创意动作多的人获胜。 (3) 游戏“律动石头、剪刀、布”。 方法：根据音乐节奏完成“律动石头、剪刀、布”的比赛，花样多的人获胜。 2. 我会用。 游戏“我型我秀”。 方法：请学生分享创意动作，并根据秘诀进行集体模仿练习与比赛。	1. 讲解游戏“石头、剪刀、布”规则，与学生进行3次比赛。 2. 引导学生说出动作要点：石头双脚并拢，剪刀像小弓步，布要双脚分开与肩同宽并屈膝。组织学生两人一组，根据要点进行练习与循环比赛。 3. 讲解“创意石头、剪刀、布”游戏的方法、规则及要求，组织学生进行游戏。 4. 在“律动石头、剪刀、布”游戏时，重点对并脚跳、弓步跳、开合跳的动作要点进行讲解，踩准音乐节奏。	1. 认真听讲，与老师进行比赛，积极思考石头、剪刀、布三个动作的动作要点。 2. 根据动作要点进行双人比赛，比赛时遵守规则，诚实守信。 3. 进行“创意石头、剪刀、布”游戏时，巩固下肢动作，并创新上肢动作。 4. 进行“律动石头、剪刀、布”游戏时，找准音乐的节奏，数清不同创意动作的次数。	1. 前后两个大组轮换。 ×× ×× ×× ×× ○○ ○○ ○○ ○○ △ 要求：输的人原地并脚跳，赢的人后踢腿移动找伙伴，如遇比赛还未结束，需要在一旁后踢腿等待。 2. 比赛时数清创意动作的次数。 3. 集体散点进行学练。 要求：不干扰同伴练习，不嘲笑同伴的动作。	3′ 1′ 1′ 2′	5~6 3 5 5~6	低 低 中 低

续表

教学流程	教学内容	教师活动	学生活动	组织队形 安全要求	运动负荷		
					时间	次数	强度
学习技能 探索新知 24′	3. 我会创。 游戏“组合动作创编”。 方法：在音乐伴奏下完成四个八拍的组合创编，并进行个人展示、集体模仿练习、比赛。	5. 在游戏“我型我秀”中引导学生分享“创意石头、剪刀、布”的动作，用“石头石头脚并拢，石头石头立手肘；剪刀剪刀小弓步，剪刀剪刀手交叉；布布脚分开，手臂伸直五指开”的顺口溜强调动作要点，并进行组合动作的创编。	5. 在“我型我秀”学练过程中，主动思考，积极创编。	4. 散点在小垫上进行组合动作创编。 ×× ×× ×× ×× ○○ ○○ ○○ ○○ △	4′	8~10	中
		6. 在组合创编评价中突出评价自主创编、积极尝试、相互帮助的学练小组与个人。	6. 在游戏过程中要讲诚信，同伴之间相互提醒动作质量，找准节奏，评价时要客观。	要求：当小垫位移时，及时调整。	5′	8~10	中偏高
	设计意图：该环节通过“经典石头、剪刀、布”“创意石头、剪刀、布”“律动石头、剪刀、布”“我型我秀”等层层深入的活动任务突出了“身动”的效度，在不同形式的游戏中巩固单个技术动作，形成运动记忆，达成运动技能目标。学练时两人一组，搭档轮换时采用后踢腿加并脚跳的形式增加练习密度和运动量，通过“经典石头、剪刀、布”引出动作概念、“创意石头、剪刀、布”巩固并脚跳、弓步跳、开合跳的动作要领后，创编上肢动作，再在“律动石头、剪刀、布”中将动作与音乐相结合，既有趣，又巩固了单个技术。教师在自主创编的过程中引导学生自主尝试、自主创新，从中发现和寻找本课所需的动作，通过自我表述与顺口溜的形式让学生快速掌握各个动作的要领。在创编组合动作时引导学生将新学的动作与已学会的动作进行有效连接，不仅对学生的注意力、观察力、创新力、表述力、执行力是一种考验，更是提高这种能力的有效手段。学生在组合比赛的环节中，不断变化方位，增强身体的方位感。教学各环节强调身体姿势的调整，同时加强规则意识的渗透。在比赛点评环节，对守规则、讲诚信的小组与个人给予充分肯定，突出评价的导向作用，引导学生形成正确的价值观。						

续表

<table>
<tr><th rowspan="2">教学流程</th><th rowspan="2">教学内容</th><th rowspan="2">教师活动</th><th rowspan="2">学生活动</th><th rowspan="2">组织队形
安全要求</th><th colspan="3">运动负荷</th></tr>
<tr><th>时间</th><th>次数</th><th>强度</th></tr>
<tr><td rowspan="4">体能练习
6′</td><td>1. 游戏：“巡回演出”。
方法：每人完成组合动作，当音乐节奏变换时，后踢腿前往下一个地点进行演出。</td><td>1. 讲解和示范体能游戏的方法和规则。</td><td>1. 认真观察老师的示范动作，听清游戏的规则。</td><td rowspan="3">散点，两人一组。
×× ××
×× ××
○○ ○○
○○ ○○
△</td><td>2′</td><td>1</td><td>高</td></tr>
<tr><td>2. 游戏“俯撑石头、剪刀、布”。
方法：两人面对面玩“俯撑石头、剪刀、布”游戏，在规定时间里赢的次数多的人获胜。</td><td>2. 指导学生如何踩准音乐的节奏。</td><td>2. 两人一组，配合完成对抗游戏。</td><td>2′</td><td>2</td><td>中</td></tr>
<tr><td>3. 游戏“节奏跳动”。
方法：根据音乐节奏的变化做出不同的动作。</td><td>3. 重点评价学生的身体姿势、表现力与坚持不懈的意志品质。</td><td>3. 完成动作时身体有控制，变现力强。</td><td></td><td>2</td><td>高</td></tr>
<tr><td colspan="7">设计意图：游戏“巡回演出”是对完整组合练习的巩固和提高，“俯撑石头、剪刀、布”游戏是补偿性的上肢练习，也是“经典石头、剪刀、布”游戏的延伸，而“节奏跳动”则通过不同节奏、不同动作的跳动与快乐韵律之旅的情境首尾呼应。通过三个不同音乐节奏的体能游戏，学生组合动作的质量得以提高，方向感、节奏感与竞争意识得以培养。</td></tr>
</table>

续表

<table>
<tr><th rowspan="2">教学流程</th><th rowspan="2">教学内容</th><th rowspan="2">教师活动</th><th rowspan="2">学生活动</th><th rowspan="2">组织队形
安全要求</th><th colspan="3">运动负荷</th></tr>
<tr><th>时间</th><th>次数</th><th>强度</th></tr>
<tr><td rowspan="2">恢复身心
4′</td><td>1. 放松活动：拉伸组合动作方法：模仿老师进行拉伸。
2. 总结本课。
3. 布置课外作业。
4. 收还器材，师生道别。</td><td>1. 讲解和示范放松活动的要求，与学生一起进行拉伸。
2. 提问，学生回答，总结本课。
3. 布置课外作业。
4. 安排收还器材。</td><td>1. 按照老师的要求进行拉伸。
2. 与老师共同总结本课收获。
3. 收还器材。</td><td>散点进行放松活动。
×× ××
×× ××
○○ ○○
○○ ○○
△
要求：充分拉伸，返回时将垫子带走。</td><td>2′</td><td>1</td><td>低</td></tr>
<tr><td colspan="7">设计意图：充分利用场地器材进行全身的拉伸，调整心情，放松肢体。进行课堂总结时，通过对话与交流，突出对身动、脑动、心动的总结，凸显立体育人的课堂价值。课外作业的布置是对本课学习内容的拓展与延伸，旨在让学生养成居家锻炼的好习惯。</td></tr>
<tr><td>课后作业</td><td colspan="7">与爸爸、妈妈分别挑战完整组合比赛，比比谁的动作更连贯。</td></tr>
<tr><td rowspan="2">课后评价指标</td><td colspan="2">优秀</td><td colspan="2">良好</td><td colspan="3">及格</td></tr>
<tr><td colspan="2">组合动作连贯无误、姿态优美、节奏感准确、表现力强。</td><td colspan="2">组合动作略停顿、姿态美、节奏感、表现力欠佳。</td><td colspan="3">组合动作有明显停顿，姿态、节奏感、表现力欠佳。</td></tr>
<tr><td>负荷预计</td><td colspan="7">平均心率：130~140 次/分　　练习密度：约 65%　　运动量：中等偏高</td></tr>
<tr><td>场地器材</td><td colspan="7">小垫子 41 张，篮球场地一片，便携式录音机 1 台。</td></tr>
<tr><td>安全措施与保障</td><td colspan="7">1. 提前规划场地，检查器材，对学生进行安全教育，做好预防措施。
2. 在教学过程中，教师密切关注学生学练方式、练习场地，及时调控。
3. 随时关注学生课堂状态，如遇突发情况及时与班主任、医务室联系。</td></tr>
</table>

“三个基本步伐与手臂动作组合”课堂教学案例

一、教材内容的价值分析

本课内容为水平三（六年级）健美操与游戏单元第1课时“三个基本步伐与手臂动作组合”。

1.“育体”价值

这三个基本步伐和手臂动作组合是较为简单的动作，在学习过程中需要理解三个基本步伐在空间上的区别与联系，以防混淆，加强记忆。步伐与手臂动作组合练习对学生的上下肢协调配合能力提出了较高要求。因此，从单个动作学习到组合动作的反复练习，能增强学生肌肉力量，提高心肺耐力，发展身体灵敏性、协调性，锻炼学生对各部位肌肉的控制能力。

2.“育脑”价值

学习健美操组合动作，并不仅仅是粗略地掌握动作，而是从建立动作表象开始，通过观察和模仿，初步形成动作概念，进而进行分解、联系、定位，最后形成自动化。因此，学生通过反复练习，先不断进行语言、动觉刺激，再通过给予不同节奏、不同风格的音乐，以及衣物的不同装饰进行听觉、视觉刺激，让本体感觉与外部感官配合。

3.“育心”价值

学生在健美操学习过程中，通过共同学习、完成任务，提高团结协作能力。在选择风格、队形、造型时体现出各自的审美意识和审美能力。健美操的一个重要价值就是表演价值，集体展示的过程，实际上是让学生在运动情境中进行实景体验，学生互相配合，尽情展示自己小组学习、创造的成果，与其他小组进行比赛，形成豁达合群的性格和积极向上的人生态度，在优美的节奏中享受艺术之美和体育的快乐。

二、学习目标的设置

（1）掌握健美操的三个基本步伐：并步、侧点地、后踢腿和两个手臂动作，并能够进行组合与运用。

（2）在健美操练习中，提高上下肢协调能力、心肺耐力、灵敏度等。

（3）在小组合作学习中，能够互相帮助，表现出良好的团队意识、合作意识，能自信展示自己，提高对美的欣赏能力。

三、教学重点与难点的确定及突破方法

教学重点：动作方法、路线。

突破方法：先行体验、循序渐进、反复练习。

教学难点：在不同节奏中呈现出相应的表现力。

突破方法：变换位置、方向、节奏、风格，体验发力的大小、快慢。

四、学练手段的设计思考

第一，身动。健美操动作技能的形成过程，是通过练习逐步掌握动作要领的过程。本课从准备部分的热身、游戏，再到基本部分的学习、展示，全部围绕“三个基本步伐、两个手臂动作”展开教学。为了避免枯燥无味的重复动作，本课设计了丰富的活动：原地学练—同学互练—换节奏、方向练习—按风格造型衣物后练习—站队形竞赛等，让学生在各种各样的活动中反复做动作，达到动作熟练、姿态优美、有表现力的效果。在循序渐进的学练过程中，学生不仅掌握了动作的路线、方法，还发展了身体灵敏性、协调性，增强了肌肉力量，提高了心肺耐力，以及对各部位肌肉的控制能力。

第二，脑动。学生需要理解知识，通过观察、模仿、分解、联系、巩固去学会动作。如在热身活动中，教师带操学生跟做；在造型模仿游戏中，学生从听觉上判断音乐何时停止，从视觉上观察教师，模仿教师的动作。编排队形、选择风格、决定衣物装饰的位置需要学生有一定的创造力和决策力。在最后展示过程中，既要统观全局，变换队形，又要控制动作细节，以使动作连贯。这些都是运动中大脑思考的体现。

第三，心动。健美操大多采用集体练习的形式，学生掌握套路后，可以通过人数的变化、队形的创编、音乐的选择等形式进行表演展示。这一过程既要求发挥个人力量，也要求集体通力合作，还要求遵守一定纪律，能够培养学生团结友爱的品质。健美操动作协调、流畅，音乐节奏鲜明、风格多变，让学生感知技术能力的同时，也能从美的观念中获得感性认识，提高审美情趣。学生在编排队形、变换衣物位置时，想象空间被打开，发展了创新思维能力。在最后的比赛展示环节中，激昂的音乐使得学生热情高涨，形成良性循环，这对培养学生积极向上的人生态度起到事半功倍的效果。

“三个基本步伐与手臂动作组合”课的教案

教学对象：水平三（六年级）　　　单元课次：健美操与游戏单元第1课时

<table>
<tr><td>学习目标</td><td colspan="7">1. 掌握健美操的三个基本步伐：并步、侧点地、后踢腿；两个手臂动作，并能够进行组合与运用。
2. 在健美操练习中，提高上下肢协调能力、心肺耐力、灵敏度等。
3. 在小组合作学习中，能够互相帮助，表现出良好的团队意识、合作意识，能自信展示自己，提高对美的欣赏能力。</td></tr>
<tr><td>学习内容</td><td colspan="7">1. 健美操三个基本步伐（并步、侧点地、后踢腿）及两个手臂动作组合。
2. 体能练习：跳跃游戏。</td></tr>
<tr><td>教学重点</td><td colspan="3">动作方法、路线。</td><td>教学难点</td><td colspan="3">在不同节奏中呈现出相应的表现力。</td></tr>
<tr><td rowspan="2">教学流程</td><td rowspan="2">教学内容</td><td rowspan="2">教师活动</td><td rowspan="2">学生活动</td><td rowspan="2">组织队形
安全要求</td><td colspan="3">运动负荷</td></tr>
<tr><td>次数</td><td>时间</td><td>强度</td></tr>
<tr><td>准备部分约8′</td><td>1. 集队，师生问好，检查服装。
2. 宣布本课内容，安排见习生，导入本课内容。
3. 韵律热身操。</td><td>1. 组织学生整队，向学生问好，安排见习生。
2. 宣布本课内容，导入本课内容，强调纪律。
3. 带领学生做热身韵律操。</td><td>1. 快速集合，向教师问好。
2. 听清本课要求。
3. 根据教师示范，积极模仿教师动作，听清音乐节奏。</td><td>组织：六列横队站立（♀表示女生，⊕表示男生，△表示教师）
⊕⊕⊕⊕⊕⊕⊕⊕
⊕⊕⊕⊕⊕⊕⊕⊕
⊕⊕⊕⊕⊕⊕⊕⊕
♀♀♀♀♀♀♀♀
♀♀♀♀♀♀♀♀
♀♀♀♀♀♀♀♀
Δ</td><td>6</td><td>3′</td><td>中</td></tr>
</table>

续表

教学流程	教学内容	教师活动	学生活动	组织队形 安全要求	运动负荷		
					次数	时间	强度
准备部分约 8′	4. 游戏:“造型模仿”。 方法:同颜色组队员在音乐陪伴下用后踢腿跑形式进行位置的交换,在此过程中,音乐停止时,在原地迅速模仿老师的动作。	4. 讲解游戏规则,带领学生进行游戏,提示、鼓励学生做动作。	4. 听清游戏规则,迅速做出反应,模仿老师动作。	要求:注意避让,迅速模仿。	4	2′	高
	设计意图:在韵律热身操中,融入后面要教的基本动作,让学生对本课所学的动作有所尝试和体验;提高学习的兴趣和主动性,活动肢体,为下面的学习作铺垫;通过游戏活跃气氛,体验后踢腿和造型动作。						
基本部分约 27′	**一、健美操步伐学习** 1. 并步。 2. 侧点地。 3. 后踢腿。	1. 展示整套组合动作,提示学生仔细观察哪些动作在准备活动中已经做过。 2. 喊口令,带领学生集体学习跨越地垫的步伐——并步。 3. 引导学生分组,看图学习以地垫为中心的步伐——侧点地、后踢腿。 4. 巡回指导学生学习。 5. 集体检查学生学习成果,纠正动作,强化动作要领。 6. 组织学生展示。	1. 仔细观察教师示范的动作,并思考:哪些动作已经做过? 2. 集体跟着老师的口令边观察边模仿,注意动作的要求。 3. 分组,看图示及文字,与组员讨论,学习侧点地、后踢腿。 4. 按照老师的提示继续学习动作。 5. 按照老师提出的要求纠正动作。 6. 积极展示动作。	⊕⊕⊕⊕⊕⊕⊕⊕ ⊕⊕⊕⊕⊕⊕⊕⊕ ⊕⊕⊕⊕⊕⊕⊕⊕ ♀♀♀♀♀♀♀♀ ♀♀♀♀♀♀♀♀ ♀♀♀♀♀♀♀♀ Δ 组织:8 个小组分别在各自的场地。 ⊕⊕⊕⊕⊕⊕⊕⊕ ⊕⊕⊕⊕⊕⊕⊕⊕ ⊕⊕⊕⊕⊕⊕⊕⊕ ♀♀♀♀♀♀♀♀ ♀♀♀♀♀♀♀♀ ♀♀♀♀♀♀♀♀ Δ	8 8	1′ 2′ 2′	中

续表

教学流程	教学内容	教师活动	学生活动	组织队形安全要求	运动负荷		
					次数	时间	强度
	二、手臂动作学习 1. 动作A。 2. 动作B。	7. 带领学生学习手臂动作，强调手型（拳、并掌）及手臂运动路线。	7. 学习手臂动作，注意手型及手臂运动路线的不同。				
	三、上下肢动作串联	8. 带领学生将步伐动作（并步、侧点地）和手臂动作（A、B）结合并练习。 9. 让学生两人一组，互喊互练，教师巡回指导，纠正动作。	8. 根据老师的示范和要求练习。 9. 与同伴两人一组互喊互练，并能根据同伴和老师的意见改进动作。		8	2′	中
基本部分约27′	**四、跟三种不同音乐的节奏做组合动作** 三种节奏：慢、稍快、正常。	10. 带领学生听第一种慢节奏音乐，感受音乐的节奏，进行集体练习。 11. 带领学生在第二种（稍快节奏）音乐下练习，进行四个方向的转换，不断提示学生动作的规格。	10. 跟着慢节奏音乐，集体进行练习，感受音乐节奏。 11. 感受音乐节奏，关注自己动作是否到位，注意力集中，观察老师的位置。 12. 在练习中交换左右位置。	组织：学生在原地根据教师位置变换方向。	10	2′	中
		12. 带领学生在第三种节奏（正常节奏）的音乐下练习，并提醒学生，后踢腿跳时左右同学交换位置。				4′	高

续表

教学流程	教学内容	教师活动	学生活动	组织队形安全要求	运动负荷		
					次数	时间	强度
	五、根据三种不同风格的音乐,演绎出三种不同的表现力	13. 讲解和示范利用服饰进行表演的方法。 14. 巡回指导,检查学生练习成果,组织学生展示。	13. 根据老师的引导,思考如何将外套装饰在身体的各个部位,在进行动作展示时能体现出音乐的风格特点。 14. 积极、自信展示所学的动作。	组织:学生分组在各自场地。 组织:学生分组在各自场地。	8	1′	低
基本部分约27′	**六、组合动作+6人队形和造型** 方法:6人一组将垫子靠拢,按照图片建议或自行创意进行摆放,跳完前两个八拍,用后踢腿跳交换位置,最后做6人造型。	15. 组织学生分组,提示各小组可以选择一种风格的音乐进行展示,但组内动作必须保持一致。 16. 指导学生摆放地垫。 17. 组织学生集体练习。 18. 组织、鼓励学生分组展示。	15. 小组讨论并自愿选择一种风格的音乐进行练习,小组长带队集体练习。 16. 按图示或组内创意搬动垫子排成队形,并在跳完之后站在上面做集体造型。 17. 大胆展示动作、队形和造型,认真欣赏同伴们的集体动作,并给予评价。		4	2′	
	设计意图:根据本课的教学目标、教学重难点,通过教师讲解和示范、学生分组自学,在最基本的动作分解、组合的练习后,进行从慢节奏到快节奏,再到正常节奏三种不同音乐的练习,其中有原地、四个方向变化、双人互换位置等,使学生在反复练习中学会动作。让学生在三种不同风格的音乐中,用衣物对自己进行装饰,从而展现出应有的表现力。小组用地垫摆图形,让学生把学到的动作运用到队形和造型中去,让学生感受到合作学习和创造的乐趣。						

续表

<table>
<tr><td rowspan="2">教学流程</td><td rowspan="2">教学内容</td><td rowspan="2">教师活动</td><td rowspan="2">学生活动</td><td rowspan="2">组织队形
安全要求</td><td colspan="3">运动负荷</td></tr>
<tr><td>次数</td><td>时间</td><td>强度</td></tr>
<tr><td rowspan="2">基本部分约 27′</td><td>五、体能活动：节奏跳跃游戏
方法：每一大组排成一竖列，跟着音乐的节奏进行跳跃接龙。</td><td>讲解和示范练习方法，组织学生进行练习。</td><td>感受节奏，遵守规则。</td><td>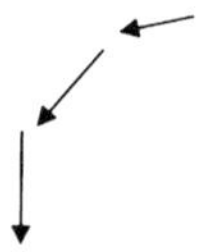</td><td>10</td><td>2′</td><td>高</td></tr>
<tr><td colspan="7">设计意图：听节奏跳跃是体能练习，学生可以通过这种形式，增强节奏感，发展下肢力量，培养团队协作精神。</td></tr>
<tr><td rowspan="2">结束部分约 5′</td><td>1. 放松。
2. 师生再见。</td><td>1. 带领学生在音乐的伴奏下做原地拉伸。
2. 总结本课。
3. 布置课后作业。
4. 宣布下课，组织学生收还器材。</td><td>1. 拉伸韧带，努力将腿伸直、手臂伸远。
2. 按要求归还器材。</td><td>四列横队</td><td>4</td><td>1′</td><td>低</td></tr>
<tr><td colspan="7">设计意图：学生在舒缓的音乐中进行上肢、下肢韧带的拉伸。</td></tr>
<tr><td rowspan="2">场地器材</td><td colspan="3" rowspan="2">四种颜色地垫若干，音箱 1 个，展板 8 块，大体操垫 3 块。</td><td>预计平均心率</td><td colspan="3">140 次/分</td></tr>
<tr><td>预计练习密度</td><td colspan="3">60%左右</td></tr>
<tr><td>安全提示与措施</td><td colspan="7">1. 合理安排场地，尽量使学生活动和练习空间不受他人影响。
2. 在课的准备部分认真做好热身活动，特别是关节韧带活动及拉伸，避免损伤。
3. 进行练习时，及时提示学生遵守练习秩序，避免伤害事故的发生。</td></tr>
<tr><td>课后作业</td><td colspan="7">自喊口令，自练所学内容。</td></tr>
</table>

第五节　中国印民族风（民族民间类）

“盘踢”课堂教学案例

一、教材内容的价值分析

本课内容为水平三（五年级）毽球与游戏单元第2课时“盘踢”。

1. “育体”价值

盘踢是毽球（毽子）运动中最基础的一个动作技能，难度小，易学。它的完成需要突破两个关键点：一是判断踢毽球的落点，二是踢的毽球直上直落。本课的学习，以游戏化教学为切入点，让学生在玩游戏的过程中不知不觉学会盘踢的动作技能，提高学生的空间判断力和对毽球的控制力。在教学中，执教者将枯燥的单脚内侧踢毽转化为各种有趣的竞赛游戏，变着花样让学生学练盘踢的动作技能，而踢毽球时需要同时调动空间判断能力和反应能力。因此，该动作技能的练习，对人体的灵敏、柔韧、反应等素质发展都能起到积极的作用。在动作技能的学练过程中，以纵轴为中心摆动，髋关节、膝关节、踝关节等带动远端关节的运动，增强了肌肉的力量和相应关节的灵活性和柔韧性。对在教室里静坐的学生，能有效调动身体器官的各项机能。在游戏中学练，不仅能让学生在喜欢的学习环境下，习得踢毽子的动作技能，还能把体能补偿贯穿学习始终，做到运动技能和体能融合发展。

2. “育脑”价值

盘踢时通过抬腿、屈膝、转身等运动，身体各部分都能得到很好的锻炼，有效地提高关节的柔韧性和身体的灵活性，增强血液循环和新陈代谢，发展空间判断能力。踢毽子可以健脑，能使精神高度集中，增强反应能力。踢毽子看似简单，但可以让关节横向摆动，使注意力高度集中，真正实现了运动改变大脑的目的。

3. “育心”价值

对于初学者来说，遇到的第一个问题是在学练过程中踢不到毽球，接不到毽球，毽球的方向不可掌控，处于不停地捡球的状态，给学生一开始的学练带来了挫败感。基于课前对学练效果的预设，该内容为帮助学生面对失败、克服畏惧、迎接挑战等，提供了教学的素材和突破点。由易到难，由徒手到持械，层层递进，通过游戏化的教学形式，激发学生对盘踢的兴趣，在游戏中快乐地掌握盘踢技巧，帮助学生克服心理上的踢毽障碍，进而喜欢上踢毽球这项运动，同时让学生明白遇到困难与挫败时，要不焦躁，不放弃，勇于面对，相信自己能慢慢克服身心上的障碍，积极乐观地去探索毽球项目。

二、学习目标的设置

（1）能够热情高涨地投入毽球游戏学练中，并主动模仿盘踢动作。

（2）在学练中能做出徒手、单脚内侧踢毽（盘踢）的动作，发展灵敏、协调、柔韧等身体素质。

（3）在学练中能克服不断掉球的畏惧心理，也能友好、文明地参与到游戏练习中，在小游戏中能为自己和同伴喊“加油”，能相互击掌肯定彼此在游戏中的表现。

三、教学重点与难点的确定及突破方法

（1）学习重点：学会盘踢的基本动作技术。

突破方法：① 毽子操（刘畊宏版本——准备部分）；② 徒手模仿；③ 一踢一接。

（2）学习难点：找准控制盘踢击球点的位置。

突破方法：① 连续单脚模仿盘踢动作；② 吊绳踢毽；③ 固定高度踢毽。

四、学练手段的设计思考

第一，身动。本课从准备部分的集体游戏，到流行的毽子操，再到基本部分的“趣味踢毽”游戏，最后到体能部分的抛毽游戏，整个流程都是紧扣“盘踢”内容展开教学的。传统的踢毽教学，内容单一，动作程式化，不利于学生个性的发展和技能的掌握，为了避免枯燥无味的重复学练，本课通过游戏来教，设计了丰富多彩的系列游戏：“东倒西歪”捡毽子—快乐毽子操—比谁模仿得像—趣味踢毽—灿烂烟花—我是不倒翁等，一步步引导学生动起来、学起来，达成让学生在玩乐中习得盘踢运动技能的目的，同时学生也能进行灵敏、柔韧、反应等身体素质的练习。

第二，脑动。学练毽球时，学生要心到、眼到、脚到。在盘踢教学中，除了要求学生掌握技能外，还需要学生运用自己的感统神经来调动自己的空间思维能力，提高大脑记录和处理新信息的能力。比如，快速判断毽球的落点、踢球点，甚至在左右脚交换盘踢的时候，调动观察力、分析力、判断力、注意力、驱动力等多项思维，并将它们贯穿于整个毽球教与学的全程。又如，课开始的“毽子操”“看谁模仿得像”游戏，就是培养学生的观察力和注意力，同时通过音乐、语言的辅助，让学生享受沉浸式的学习体验，为学生快速进入毽球课堂的学习和进行形象思维系统作铺垫；“灿烂烟花”游戏，让学生用身体的不同部位去踢毽，从而让学生摆脱用脚踢毽子的固定思维，启发学生用大腿、肩、背、脚掌等部位踢毽子，这样做不仅可以补偿学生的体能，同时也可以开发学生的大脑，努力创新，敢于尝试新技术和体育学习新模式。

第三，心动。踢毽球（毽子），是一项简便易行的健身运动，是一项传统民间体育活动。“毽”身无限，乐趣无穷，踢毽球承载着体育传统文化，承载着以体育人的功能。学生在盘踢学练中，不停地掉毽子、捡毽子，长时间不能连续踢，就会失去学习毽球的内驱力，表现出思想上的懈怠、行动上的不积极。所以我们从育人先育心的角度出发，通过降低踢毽子的难度、改变学习方式等手段，让学生慢慢克服踢毽难的心理障碍。例如，通过当下全网流行的刘畊宏毽子操，把盘踢动作和有氧运动结合起来，让学生明白生活化中各个运动间的相互联系，达成身心合一的学习功效。

“盘踢”课的教案

教学对象：水平三（五年级）　　　单元课次：快乐毽球与游戏单元第2课时

<table>
<tr><td>学习目标</td><td colspan="8">1. 能够热情高涨地投入毽球游戏的学练中，并主动模仿盘踢动作。
2. 在学练中能做出徒手、单脚内侧踢毽（盘踢）的动作，发展灵敏、协调、柔韧等身体素质。
3. 在学练中能克服不断掉球的畏惧心理，能友好、文明地参与到游戏练习中，在小游戏中能为自己和同伴喊“加油”，能相互击掌肯定彼此在游戏中的表现。</td></tr>
<tr><td>学习内容</td><td colspan="8">1. 毽球：单脚内侧踢毽（盘踢）。
2. 游戏：“灿烂烟花”。</td></tr>
<tr><td>教学重点</td><td colspan="3">学会盘踢的基本动作技术。</td><td>教学难点</td><td colspan="4">找准控制盘踢击球点的位置。</td></tr>
<tr><td rowspan="2">教学流程</td><td rowspan="2">教学内容</td><td rowspan="2">教师活动</td><td rowspan="2">学生活动</td><td rowspan="2">组织队形
安全要求</td><td colspan="3">运动负荷</td></tr>
<tr><td>时间</td><td>次数</td><td>强度</td></tr>
<tr><td rowspan="4">导入新课

热身准备
9′</td><td>1. 基本常规。</td><td>1. 检查出席率，进行课前安全检查，宣布本课的教学内容。</td><td>1. 整队，认真听取本课的内容及要求。</td><td rowspan="3">四列横队。
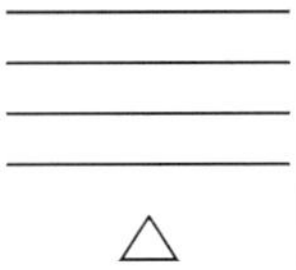
要求：找到自己的活动空间。</td><td>1′</td><td>1</td><td>小</td></tr>
<tr><td>2. 游戏：“东倒西歪”。
方法：分两组，每组接受不同的任务；在规定的时间里面看哪组完成的任务多。</td><td>2. 发出口令，让学生明确游戏的内容。做游戏时强调注意安全。</td><td>2. 在“东倒西歪”游戏中活动各大关节，并完成快速反应的游戏，要求注意力集中，反应快速，遵守规则。</td><td>2′</td><td>2</td><td>中</td></tr>
<tr><td>3. 刘畊宏毽子操。</td><td>3. 带领学生做毽子操，并讲解跟做的要求和方法。</td><td>3. 努力模仿，争取做到跟上节奏和动作。</td><td>2′</td><td>1</td><td>中高</td></tr>
<tr><td colspan="7">设计意图：在课始，将“东倒西歪”游戏、毽子操，引入单脚内、外侧踢毽的教学中，从自主到合作，活动肢体及各大关节，提高学生学习的兴趣和主动性；通过游戏，学生初步建立毽球与身体的关系，采取小毽球大玩法，缓解踢不到毽子的畏惧心理，在身体和心理上为下面的延续性学习作铺垫。</td></tr>
</table>

续表

教学流程	教学内容	教师活动	学生活动	组织队形安全要求	运动负荷		
					时间	次数	强度
趣味游戏 学习技能 17′	1. 游戏:“比谁模仿得像”。 方法:学生在第一时间模仿老师的动作,看谁做得又好又快。 2. 游戏:“趣味踢毽”。 方法:(1)踢一个接一个,并喊“接到”。(2)连续踢两个接一个……(3)左右脚交换。	1. 集合学生,讲解“比一比看谁做得又好又快”的游戏方法、规则和要求,并向学生演示。 2. 组织学生进行游戏,示范准备姿势,指挥学生用不同的规则来做游戏。 3. 适时评价学生的表现。集合队伍,指导学生合作完成游戏,讲解趣味踢毽的游戏方法、规则和要求。对徒手的踢毽动作方法进行指导,让学生尝试练习后再组织比赛(两次)。 4. 引导学生说出单脚内侧踢毽的动作要领及集体比赛的感受,启发学生相互击掌以肯定彼此的表现。	1. 在老师的统一指挥下,模仿老师的单踢姿势,集中注意力,听到哨音后快速做出反应。 2. 在老师的提问中,总结要领:要想踢到毽子必须集中注意力,上体放松,摆动腿到位。 3. 根据老师的提示,自主踢毽,听清趣味踢毽的游戏方法、规则和要求。 4. 在尝试练习中体验单脚内、外侧踢毽动作,做到协调用力。 5. 进行比赛,能为同伴加油,与同伴击掌,肯定彼此的表现。	 散点 	4′ 4′ 4′	40~60 20 30	中 中高
	设计意图:这个环节设计了“比谁模仿得像”“趣味踢毽”两个小游戏,目的是让学生从各种徒手练习开始进行踢毽的动作尝试,通过徒手模仿、“吊绳踢”、“一踢一接”游戏,让学生体验左右单脚内侧踢毽的动作方法(盘踢)。两个游戏的设计突出了本课的教学重点,力争突破本课的教学难点。在指导环节,教师通过提问,引导学生说出动作要点,让学生在学练中动脑。						

续表

教学流程	教学内容	教师活动	学生活动	组织队形 安全要求	运动负荷		
					时间	次数	强度
组织竞赛 体验乐趣 9′	1. 游戏："灿烂烟花"。 方法：先垂直向上抛毽子，通过击掌、不同方向转体，然后接住毽球。	1. 集中学生，讲解游戏的方法、规则和要求，指导学生在游戏中抛毽子的动作。	1. 根据老师的讲解尝试"灿烂烟花"游戏，注意动作协调，眼睛看准，接到毽子。能相互交流"灿烂烟花"游戏的学练感受。	散点。 	3′	20	中高
	2. 游戏："我是不倒翁"。 方法：把毽子放在自己头上进行不同方向的旋转、走动。	2. 组织学生练习并交换，教师提问，引导学生说出练习时的感受。 3. 宣布比赛结果，并给予表扬与鼓励。	2. 不同方向相互交换，进行游戏体验。 3. 认真听取老师的点评，并踊跃说出自己的感受。		2′	20	中
	设计意图：这个环节设计充分利用器材给学生进行补偿空间抛接器材的思维锻炼，同时"灿烂烟花""我是不倒翁"这两个游戏也是体能游戏。目的是让学生在掌握动作技术的同时进行适当的体能练习，达成眼到、脚到、心到的多维度体育学习。						
稳定情绪 身心放松 5′	1. 静力性拉伸练习。	1. 播放音乐，带领学生进行拉伸柔韧性练习。一边练习，一边讲解动作要领，鼓励学生加大动作幅度，保持动作的静止。	1. 听音乐，努力展示自己的动作。	1. 静力性拉伸练习时学生散点，两人一组。	1′	8	中低
	2. 动作方法： (1) 头顶毽子，进行静力性拉伸。 (2) 调整呼吸。 (3) 本课小结。	2. 总结，引导学生自评、互评。 3. 布置课外作业，整理器材，与学生道别。	2. 相互交流体会，积极参与自评、互评，说出自己学习本课的感受，能给予同伴肯定和赞许。 3. 布置作业，整理器材，与老师道别。	2. 师生互动，总结本课。评价时可采用自评或互评。	1′	4	低
	设计意图：运用头顶毽子控制上体姿态进行拉伸练习，并伴随悦耳的音乐放松肢体。教师通过提问引导学生肯定同伴的表现，营造和谐、友好的课堂氛围，让学生从快节奏的学练中，慢慢过渡到缓和的节奏中来，舒缓身心，为接下来的课程学习作铺垫。课后作业的布置，让课堂有所延伸，学习内容与生活相链接，达成从课内到课外的输出转化的教学目的。						

续表

课后作业	与爸爸、妈妈或好朋友，挑战一踢一接或连续盘踢毽子，看谁踢得多。		
课后评价指标	优秀	良好	及格
	连续单脚踢 8 个	连续单脚踢 5 个	连续一踢一接 3 个
负荷预计	平均心率：约 130 次/分　　练习密度：约 60%　　运动量：中等偏强		
场地器材	一块 30 厘米×40 厘米的空场地，毽球每人 1 个（+20 个备用），便携式音响 1 台。		
安全措施与保障	1. 学练过程中，提醒学生找到足够的活动空间，避免毽球打到同学。 2. 教学过程中，时刻关注每一位学生的体育学习状态，及时把控课堂的动态。		

"冲拳、推掌、蹬腿冲拳"课堂教学案例

一、教材内容的价值分析

本课内容是水平二（三年级）武术与游戏单元第 3 课时"冲拳、推掌、蹬腿冲拳"。

1. "育体"价值

冲拳、推掌、蹬腿冲拳是小学武术教学的重要内容，学生在前两次课的基础上，能够基本掌握冲拳、推掌、蹬腿冲拳动作技术，做到力达一点，冲拳力达拳面，推掌力达掌根，蹬腿力达脚跟，同时注意拧腰、顺肩、旋臂、手脚协调用力。本课的学习，旨在让学生在武侠情境中掌握这三个动作，并做到动作正确，发力精准，提高身体协调能力。通过学练可以调动学生身体各项机能，充分发展柔韧、灵敏、协调、平衡等素质，从而在真情境中学练真技能，充分凸显育体价值。

2. "育脑"价值

冲拳、推掌、蹬腿冲拳技术动作的学习，需要充分调动学生的运动思维。学生要想学会这三个动作，应感知动作的变化、动作路线、发力点，并做出预判。在教师讲解和示范时，学生要仔细观察，积极思考，

认真模仿；在自学推掌时，要自己体验动作，领会动作要点；在两人一组打靶时，要思考怎样才能做到力达一点，如何做到拧腰、顺肩、急旋臂；在学练组合动作时，要思考怎样将单一动作串联成组合动作，在进行游戏“你攻我闪”时，要及时对对方的进攻做出预判。整个学练过程对于学生的观察力、判断力、决策力、执行力等均起到积极的促进作用，并凸显了技能学习与思维发展的密切联系，使学生做到身体与大脑共同发展。

3. “育心”价值

本课教师以抱拳礼向学生问好开始，让学生快速融入课堂，在学习单个动作和组合动作时，始终坚持以礼始、以礼终。在各门派比试中学生表现出极强的好胜心和表现欲，积极参与，勇于挑战，不惧困难，团结协作，充分展现自己的魅力。通过互相评价打分，毫不吝啬地给予对手赞扬，表现出面对输赢积极、乐观的人生态度。教师在学练过程中，不断对学生进行武德教育，让学生尊重对手，以礼待人，培养他们团结互助的良好品质，体现“育心”价值。

二、学习目标的设置

（1）知道冲拳、推掌、蹬腿冲拳的动作名称，并能够正确做出动作。

（2）通过教师示范、学生模仿、看图自学，以及利用“手拍”纠错练习，能够做到动作舒展、节奏适中、发力精准。

（3）在学练互动中，以礼始，以礼终，践行武术礼仪，相互尊重，相互合作，争做习武立德好少年。

三、教学重点与难点的确定及突破方法

（1）教学重点：动作正确，发力精准。

突破方法：① 弓步推拳,以拳击掌；②“手拍”纠正旋臂动作；③ 两人一组进行“打靶”练习。

（2）教学难点：组合动作协调连贯。

突破方法：① 小组组合练习；② 门派比试；③ 变换方位练习。

四、学练手段的设计思考

第一，身动。本课从准备部分的游戏，到热身活动，再到基本部分的学习，均围绕冲拳、推掌、蹬腿冲拳展开教学，为了避免单调枯燥的学练，本课设计了形象、生动的运动情境：课堂伊始，以“木头人”游戏导入，启发学生进行模仿练习——学习冲拳、推掌、蹬腿冲拳动作，教师在教学过程中结合示范、游戏、分解教学等方法，巧妙利用“手拍”解决重点，突破难点，并进行游戏“移动打靶”——进行组合动作集体练习、换位练习、分组练习、完整练习，巩固提高——利用“手拍”进行“你攻我闪”游戏，增强攻防意识，提高灵活躲闪的能力；在学习冲拳时，利用器械“手拍”纠正学生旋臂的动作，在进行“移动打靶”游戏时，让学生体验动作正确，发力精准，做到力达拳面、力达掌根。通过跑旗，移动位置，变换方向练习，一方面调动学生的练习兴趣，另一方面巩固动作技术，提高学练实效。同时对学生的协调、灵敏、柔韧、平衡等身体素质的发展也起到积极的作用。

第二，脑动。掌握武术运动技能，不仅要求身体素质较高，在整个学练过程中还强调动脑。如在学习冲拳、推掌、蹬腿冲拳时，学生需要感知他们的动作路线，并能够将三个动作协调连贯地串联起来。在练习动作时，每做出一个动作，要停两秒，并多次反复练习，一方面观察动作是否正确，另一方面可以形成有效的运动记忆。在自学推掌动作环节，学生自己体验动作，从中领会正确的动作要点，练习时主动避免错误的动作。在“你攻我闪”对抗游戏中，防守方需要对进攻方的攻击方向予以判断，通过思考进行躲闪。

第三，心动。武术作为中国的一项传统体育项目，不仅可以强身健体，还可以传承中国传统文化，培养勇于拼搏、不怕吃苦等品质。“移动打靶”环节始终强调合作意识，持靶同学要配合击靶同学的身高，及时调整手臂高度，让对方准确地打到靶上。在“华山论剑”环节，调动学生的积极性，使他们积极参与到比赛中，各门派勇于挑战，不怕失败，团结协作，充分展现自己的自信与实力。比完之后，教师引导学生互赞互勉，互相打分，逐渐树立了正确的输赢态度。在组合练习环节中，始终加强武德教育，以礼始，以礼终，践行武术礼仪。

“冲拳、推掌、蹬腿冲拳”课的教案

教学对象：水平二（三年级） 单元课次：武术与游戏单元第3课时

学习目标	1. 知道冲拳、推掌、蹬腿冲拳的动作名称，并能够正确做出动作。 2. 通过教师示范、学生模仿、看图自学，以及利用“手拍”纠错练习，能够做到动作舒展、节奏适中、发力精准。 3. 在学练互动中，以礼始，以礼终，践行武术礼仪，相互尊重，相互合作，争做习武立德好少年。		
学习内容	1. 武术：冲拳、推掌、蹬腿冲拳。 2. 游戏：“你攻我闪”。		
教学重点	动作正确，发力精准。	教学难点	组合动作协调连贯。

教学流程	教学内容	教师活动	学生活动	组织队形安全要求	运动负荷		
					时间	次数	强度
开始部分约7′	**一、课堂常规**	1. 集合整队。 2. 向学生问好。 3. 宣布本课内容和要求 4. 安排见习生。	1. 倒“U”形站位。 2. 向老师问好。 3. 认真听记。 4. 见习生随堂听课。	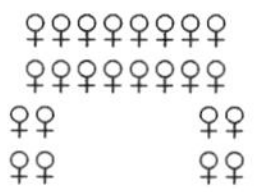 精神饱满，声音洪亮。			
	二、激趣热身 1. 游戏：“点名答到”。	1. 游戏：教师依次点少林、武当、峨眉、华山、逍遥、昆仑六大门派名字。	1. 听教师口令，各门派依次行抱拳礼答到。				
	2. 慢跑热身，穿插“123木头人”游戏。	2. 带领学生绕手拍慢跑，并进行“123木头人”游戏，听到不许动时，迅速停下来模仿老师的动作。	2. 听音乐在跑动中模仿顶天立地、排山倒海等武术动作。	 动作有力，节奏准，精气神足。	2′	5~6	中
	3. 自编武术操《功夫小子》。	3. 带领学生练习自编武术操。	3. 听音乐跟随教师练习武术操。		2′		中

续表

教学流程	教学内容	教师活动	学生活动	组织队形 安全要求	运动负荷		
					时间	次数	强度
开始部分 约7′	设计意图：导入“点名答到”，少林、武当、峨眉、华山、逍遥、昆仑六大门派大声行抱拳礼答到，激发学生的兴趣，提高学生的专注力。在慢跑热身中，巧用游戏“123 木头人”，模仿顶天立地、排山倒海、隔山打牛等单个武术动作，融入儿歌，寓教于乐。自编武术操融入基本的手型与步法，为基本部分的教学做身体上和心理上的充分铺垫。						
基本部分 约29′	**一、学习冲拳** 1. 冲拳。 拳在腰，肘在腰，快速旋臂向前冲，力达拳面。	1. 讲解、示范冲拳动作，强调拧腰、顺肩，急旋臂，力达拳面。	1. 观察、思考、模仿，跟随老师口令练习，注意拧腰顺肩。	 力达拳面，口号响亮。	1′	6~8	中
	2. 借助“手拍”冲拳。	2. 利用手拍纠正手臂内旋动作。	2. 借助手拍练习旋臂动作。		1′		大
	3. 结合弓步、马步等步型练习冲拳。	3. 结合弓步、马步等步型进行多种形式的冲拳。	3. 听口令进行侧冲拳、双冲拳等练习。		1′	6~8	中
	4. 游戏“弓步推拳”。	4. 讲解游戏方法与要求，并组织游戏。	4. 两人一组进行“弓步推拳”游戏。		1′		中
	二、学习推掌 1. 推掌。 拳在腰、肘在腰，快速旋臂向前推，力达掌根。	1. 引导学生看挂图自学推掌动作，巡回指导。	1. 看挂图自学推掌动作，各派掌门人带领练习。	 	2′		中
	2. 讲解推掌动作，并进行轮换练习。	2. 讲解、示范推掌动作，带领学生练习。	2. 听老师口令轮换练习推掌动作。	力达掌根。	1′	6~8	中
	3. 结合步型进行推掌、变换形式推掌练习。	3. 结合步型进行推掌、多种形式的推掌练习。	3. 听老师指挥进行推掌练习。		1′		中
	三、游戏：“移动打靶”。	1. 讲解游戏“移动打靶”的方法要领。	1. 两人一组，进行左侧直立冲拳推掌，马步移动到右边进行右侧直立冲拳推掌。	 动作正确，发力精准。	2′	4~6	中

续表

教学流程	教学内容	教师活动	学生活动	组织队形安全要求	运动负荷		
					时间	次数	强度
	四、学习蹬腿冲拳						
	1. 蹬腿冲拳。挺胸立腰，提勾蹬冲，力达脚跟。	1. 讲解、示范蹬腿冲拳完整动作。	1. 认真模仿教师的动作。		1′	4~6	中
	2. 说口诀“提勾蹬”，进行变换方向的下肢练习。	2. 讲解下肢动作，带领学生边说口诀边练习。	2. 说“提勾蹬”口诀，进行下肢动作练习。	力达脚跟。 动作协调连贯，路线清晰。	2′		中
	3. 完整动作练习。	3. 上下肢完整动作练习。	3. 听教师口令，进行移动中完整动作的练习。				
	五、分组练习展示						
	1. 三个动作组合练习。	1. 各门派由“掌门人”带领练习，尝试将三个动作组合起来。	1. 各大“掌门人”带领分组尝试组合动作练习。	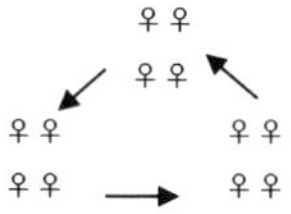	2′		中
基本部分约29′	2. 变换不同方位练习。	2. 带领学生统一练习，并尝试不同方位的组合练习。	2. 听老师口令，掌门人带领变换位置进行组合练习。			4~6	高
	3. 师生展示评价。	3. 请优秀组的教师展示。	3. 展示，互相评价。	以礼始，以礼终，灵活躲闪。	2′		中
	六、游戏：“你攻我闪”						
		1. 组织游戏“你攻我闪”。	1. 师生进行攻闪游戏。				
	设计意图：通过讲解、示范、模仿、合作等教学方法，学生依次掌握冲拳、推掌、蹬腿冲拳动作，并做到力达一点、发力精准，即力达拳面、力达掌根、力达脚跟，突出“身动”，达成技能目标。 巧用儿歌、口诀等手段实现学生从单个动作到组合动作、单方向到多方向、单人到多人合作学练的变化，发展身体的各项机能，使枯燥的武术学习变得妙趣横生，提高学练实效。 巧用“手拍”，有效纠正学生拧腰旋臂时的错误动作。通过游戏“移动打靶”“你攻我闪”，不仅培养学生的攻防对抗意识，而且对学生的观察力、判断力、决策力、执行力起到积极的促进作用，在学练过程中，双方以抱拳礼问好开始，始终贯彻武德思想，以礼始，以礼终，尊重对手，相互合作，相互评价，树立积极乐观的人生态度，为以后深入的学习奠定基础，充分体现“育体”和“育脑”价值。						

续表

教学流程	教学内容	教师活动	学生活动	组织队形 安全要求	运动负荷		
					时间	次数	强度
基本部分约 29′	**七、素质课课练:"两头起"**	1. 讲解和示范,组织学生练习。 2. 点评小结。	1. 与老师一起喊口令,散点练习。	双手、双脚夹紧手拍,腰腹收紧用力。	2′	2 组	高
	设计意图:增加腰腹肌力量的补偿性练习,要求学生收紧腰腹,手脚夹紧手拍进行两个手拍的拍打,提高机体的感知和控制能力,使学生上下肢及核心力量得到较均衡的发展。						
结束部分约 4′	1. 音乐放松。 2. 总结评价。 3. 布置作业。 4. 宣布下课。	1. 带领学生做放松舞蹈。 2. 小结本课。 3. 布置课后作业。 4. 宣布下课,组织学生收还器材。	1. 认真模仿,充分伸展身体。 2. 认真听,评价同伴。 3. 记住作业。 4. 同老师再见,收还器材。	动作舒展,身心放松。	2′	1	低
	设计意图:在舒缓的音乐下,愉悦身心,充分放松身体,通过总结,强化以武增趣、以武健身、以武促智、以武育人的教育理念,凸显育体、育脑、育心的以体育人价值,使课堂得以升华。课外作业的布置达到了将课堂向课外延伸的目的,让学生养成居家锻炼的良好习惯。						
课后作业	与爸爸、妈妈一起,每天坚持两头起 10 个/组×3 组。						
课后评价指标	优秀		良好		及格		
	动作正确,发力精准,做到力达拳面、力达掌根、力达脚跟,多方位协调连贯地做出组合动作。		动作正确,基本不出现同手同脚现象,能够做到单方向的组合动作协调连贯。		顺利做出完整动作,能够尝试做出组合动作。		
负荷预计	平均心率约:135~140 次/分　　练习密度约:50%~55%　　运动量:中等						
场地器材	30 米×30 米正方形场地,手拍每人 1 对,音箱 1 台,小垫子 6 张。						
安全措施与保障	1. 课前检查场地器材及学生着装,消除安全隐患,加强安全教育。 2. 课中教师适时提醒学生,前后左右保持适宜距离。 3. 各门派"掌门人"练习时注意多观察,避免学生拿手拍打闹。 4. 用门派大旗、小垫子将各门派划分到固定场地,既激发学生学习的热情,又有效避免冲撞、打闹。						

附录　立体育人的行走印记：筑梦教育征途上的成长欢歌*

让体育站到“C 位”

不知从何开始，体育似乎沦为世人眼中的“边缘学科”，体育老师也因经常“被失踪”，成为一些人学生时代的回忆。或许是体育老师的边缘处境激发了我的斗志，工作之初，我就在心中暗暗许下了一个心愿：守护好热爱的体育学科，让它真正归正于“五育”的中心位，成为教育最好的“种子”之一，成为陪伴孩子一生的礼物。

另一种“麦田计划”

1997 年，我从南通师范毕业后，被分配到一个濒临拆并的村小，送我报到的父亲，看着农田中间两排校舍，叹息道：“孩子，这真像当年知青下乡啊！”我并不懊恼，我要用体育、用运动把这里变成一方乐土。于是，我快乐地开启了自己的“麦田计划”，就着初出茅庐的血气方刚，肆无忌惮地发挥着想象，尽情“折腾”体育课堂：没有器械，我就带着孩子们尝试旧物改造，废弃的学具、孩子们搜集的饮料瓶都能变成独一无二的器材；没有操场，校园周边的村道、校园里的空地就是原生态的跑道、运动场。由于包揽了全校的体育课，我常常要进行复式教学，为了方便组织课堂，我想到一个省心省力的办法，培养了一批体育骨干，由他们带领同伴自主完成准备活动，甚至是组织各种游戏。出人意料的是，这样的做法歪打正着，一次教学研讨活动中，在课堂小助手的带领下，孩子们井然有

---

* 此章所引文章均有编辑删改。

序的组织、规范得体的学练竟让听课者倍感惊奇，甚至引发了思辨的热潮，使那么多的老师和前辈对我这个“后浪”刮目相看。多年后，我才发现，那时的随心之举竟然就是当下“生本课堂”“合作学习”最天然的模样。

从那以后，这样的“折腾”成了我的课堂日常。我翻阅着各种经典案例，找寻着课堂设计的灵感，打开对体育的认知视域，让乡村无边的黑夜充满着“星星点灯”的意趣。我还开始因地制宜开发传统游戏，组建女子足球队。望着他们在旷野中如小马驹一般跃动的身影，看着他们簇拥在我身边的亲昵模样，我深深感受到一个“麦田守望者”无尽的幸福。因为找到“真爱”，让我甘之如饴，这段往事也成为我青春里最值得回味的篇章。

“魔法”体育课 DIY

工作五年后，这个盛满我青春记忆的村小终究是被拆并了，我也被分流到一所外来务工子弟学校——南通市永兴小学。全新的开始，让我忐忑又憧憬，深知唯有自我沉潜，俯身扎根，才能有厚积破土的力量。2004年，默默努力的我得到了南通市原体育教研员倪老师的关注和赏识，在他的引领和指导下，我开始在专业的空间里探寻真知、施展拳脚。懵懂的我通过选拔，在体育教学大赛中从区赛到市赛，再到省赛，最后到全国赛场，斩获了所有比赛的一等奖和特等奖。有了这次铺垫，我的视域渐显开阔，我连续多年都成为国家、省、市大赛中的常客。而这背后则是日复一日的技能训练，几十次的试教打磨，在这一场场“魔鬼式”的锤炼中，我迅速拔节蜕变，对体育课的设计和实施有了新的领悟。

我常常想，为什么孩子们喜欢体育，却不喜欢体育课呢？显然是因为体育课总有一股刻板的训练味道和成人模样。我要做一个手工匠人式的体育老师，带给孩子们“最儿童”的体育课。我开始了自己的 DIY 行动：我常常会把流行的玩具变身为孩子们钟情的运动器械，玩转羊角球，在和伙伴的协作中感受跳跃的平衡之乐；“抓捕”七彩肥皂泡，让掷准轻物成为充满梦幻的课堂记忆；我还带领孩子们体验赤足的感觉，让他们脱去鞋袜，光着脚丫在操场上奔跑，尽享从脚底蔓延到心头的恣意与舒畅……就这样，体育课成为孩子们最爱的“魔法课堂”，我也成了大家口中的“金点子”老师。

专业成长之路，就像一场永远的接力赛，做好每一次是迎接下一次的最好方式。2009 年，我有幸被确定为区名师培养对象；2017 年，我又被遴选为市名师培养梯队第四期培养对象，这也让我开始了对自己教学主张的探索历程，从“3T”体育，到“育动”课堂，再到立体育人，每一次打破与重构都是一次新生，让我对体育课堂的理解越发通透，从关注“体”的训练到面向“人”的发展，提升儿童的生命质态，收获身心的双重强健。立体育人课堂呈现给学生更富挑战、更近实际、更显完整的运动情境，学生在身体练习和思维活动的共同参与中，成为运动技能的探究者、发现者、体验者。如今，在我的课堂中，运动常常会架构起沟通的桥梁，将孩子们集结成合作的共同体，聚集在舞台，共展运动的风姿；运动常常变身为奖励的手段，给予成功者尽情展示运动魅力的机会，把热爱运动的种子播撒在课堂的细节处；运动常常成为规则培养的上佳契机，学生在个体尝试与合作体验中获得对规则的认同与需求，从而自觉调节自身行为；运动还常常成为涵养文化的有效载体，学生在仪式体验中获得角色的归属感，使体育文化在他们的心灵深处自然萌芽。这样的课堂是热腾腾的，它让身体与大脑同频共振，让运动来滋养学生；这样的改变是静悄悄的，让培养“完整的人”的教育理念得以真正落地于课堂，且润物无痕。

开启校园运动风格

专业的使命感告诉我，要改变体育多年来无处安放的学科地位，就要让每一个孩子在操场舒展最美的身姿，并以儿童为支点去撬动全民运动新常态。如何让这个“伟大的构想”变成眼前的实景呢？在一次团队研修中，我偶遇了《运动改造大脑》一书，书中介绍了一个“特立独行”的教育实验——零点体育课，即为一天学习做好准备的新型体育课，也称作“学习准备型”体育课。这刷新了我对常态体育课堂的固有认知，运动是最为“天然的健脑丸”，科学运动可“野蛮其体魄，文明其精神”，亦可“聪慧其大脑”。这些的精髓观点如蝴蝶效应一般，催生出一场场思维风暴，助推着我和我的“育动”体育团队开始对学校体育项目的升级与改良。2016 年，我主持开发的“全域型”活力儿童项目火热上线。亲子晨练、七点俱乐部、课堂微运动、课间小游戏、活力大课间、家庭体育游戏、云上运动会、体育嘉年华、体育吉尼斯、精品社团……这些项目贯穿于学生的每一日学习与生活中，构筑成一个立体的项目活动网络。

“亲子晨练”“早七点项目”诞生在一片质疑声中：非工作时间的管理、家长出入校园的秩序、相应的安全措施、配套的器械保障……面对一长串的问题清单，作为主心骨的我不敢有一丝畏难情绪，唯有不断地细化方案和措施，才能力排众议，让大家有足够的底气和勇气。让我感动的是，在我们的精心部署下，这场以爱的名义发出的运动召唤，最终得到了全校师生和家长的响应。每一个洒满阳光的清晨，运动的“速度与激情”唤醒了沉睡中的校园。伴着励志歌曲的铿锵节奏，孩子们挥洒着汗水，以舒展生命的姿态，开启一天的美好时光。而我总能随手捕捉到那最动人的姿态和最幸福的表情：粉笔在水泥地画出幢幢小房，一格一格地蹦跳，琅琅的笑声中，妈妈告诉孩子们遵守规则的重要性；绿茵场上的足球来来往往，传球、突破、防守、射门，一次次的摔倒中，爸爸带孩子们体验顽强拼搏的精神；扬起手中的球拍，小小的羽毛球空中飞舞，欢呼加油中，教师培养孩子们默契配合的品质……无运动，不儿童，在日复一日的坚持中，学生的运动主角意识全面激发，家长协同陪伴，教师组织引领，实现运动参与的全员化。

疫情期间，我又转战线上，主持研发“微运动”“微游戏”“微体能”锻炼项目，让“刷抖音，做运动，陪孩子，共健身”成为新兴的运动方式，30 多所学校近 2 万个家庭加入了“一起来运动”的阵营。

“全域型”活力儿童项目的开展，也引爆全民健身的热情，伴随着社区的运动氛围渐浓，群众间的体育生活也在不断丰富，传递着运动文化正能量。该项目得到了多家媒体的关注，并在近十所学校进行经验的分享。江苏教育电视台“成长”栏目对此进行了专访，以“越运动，越幸福”“我运动，心健康”为主题展示项目特色，视频资源被“学习强国”平台录用。我们也以案例、论文将研究成果固化，并入选了《中国学校体育发展报告》，入编了《江苏省中小学课外体育活动设计与实施》，活动案例获得了省级特等奖。

当我们眼中有光，用师者的阳光去照耀每一个孩子时，就能使其如小树一般茁壮成长；当我们手中有法，遵循每一个孩子的生命节律时，就能使其如花蕾一般积蓄阳光并完成最美的绽放。

愿运动，丰盛每一段童年，为幸福人生助跑。

（此文曾发表于《江苏教育研究》2021 年第 35 期）

别样的“体育记忆”

——有感于跨界联合课程教学

9 月，是收获的季节，是一学年的开端，在这样特殊的日子里注定会发生一些难忘的事情。李凤、陈铁梅、姜树华、潘雪峰四个名师工作室间的彼此碰撞，成就了一次“联合课程”的教学新体验。本次“联合课程”教学的授课对象为小学四年级的学生，整个课程以‘穆桂英’牵手‘花木兰’：醉美中国风的独特切入点来诠释奥运主题。语文老师的“学会收集信息”引领学生贴近奥运报道；美术老师从“脸谱绘制”这一角度带着学生把人物故事与角色融为一体；体育老师将“合作跑”替代奥运项目自行车运动，用接近的规则丰富了身体动作的体验。三门学科、不同视角、多种手段，非线性的形式给学生带去了“飞一般的感觉”。

笔者有幸成为其中的一名执教者，与学生一样，笔者对课堂充满了幻想与期待。“联合课程”虽然是一种未来形态，可能相当长的一段时间都不会成为教学常态，但是这种灵动、自由、变化、开放的课堂给每一位执教者与听课者带来了强烈的心理冲击，也引起了我们这些长期在学科专业领域教学的老师深刻的反思。作为体育老师的我也一直在思考：我们应该给孩子怎样的体育课？一直以来，“体育”总与“运动”放在一起表述，可在教学上，我们往往过于重视“身体动作”，忽略了“运动特质”。“过于强调动作技能”和“摒弃动作技能”当然是不可取的，但可取的课堂究竟是什么样的？如果我们能静下心来思考运动的内涵，也许会寻得一些答案。

学生想要的体育课绝不是机械、重复的身体练习，也不是了无生趣的无味比赛，更不是浮于形式的合作体验。强调运动的体育课，一定是多元发展的体育课：它应该有丰富的运动情境体验、踊跃的动作技能展示、积极的心理情感支撑、发自内心为同伴呐喊加油的激情，甚至还应有大胆尝试新运动的勇气，主动了解运动文化的热情……语文、美术部分的教学，让学生对自行车运动的规则、运动员的成绩、国人的重视程度有所了解，对花木兰、穆桂英的精神有所触动，对自行车赛场的中国元素充满自豪感。在笔者的体育教学中，学生一下子迸发出来的强烈的参与意识与激情，真的完全出乎笔者的预料。他们为同伴声嘶力竭，为胜利倾尽全力，这一切，早已超越动作技能本身，这或许才是真正接近于运动意味的体育课。在运动中教，在运动中学，或许也是我们体育教学可研究的一个新方向。

“联合课程”给笔者带来的第二个冲击是教学资源的整合与运用。广度上的拓展，深度上的挖掘，“联合课程”让我们对传统教学资源有了一个全新的认识。作为体育老师，我们可能想到最多的是器材的开发与利用，而这些也只是停留在物化的基础上。作为专科教师，笔者认为更应该挖掘人的资源、知识的资源、技术的资源。“联合课程”努力在为学生构建整体性的知识技能领域，从运动知识、运动表达、运动参与、技能获得等方面努力做到无痕，淡化学科界限。这样的尝试，让笔者对课程资源有了新的启发和认识。我们的体育课是不是可以让学生用精确到百分位的秒来清楚认识自己的运动成绩？可不可以让他们用报道的形式进行体育课的表达？是不是可以布置利用网络资源搜索与运动相关的内容的课外作业？是不是可以与其他学科老师沟通共建一个相对完整的教学主题？等等。看上去，这些课程资源都是运动技能核心领域以外的事，但一味凸显锻炼的价值并不是体育课堂的终极追求，只有充分利用和调动这些非物化教学资源，才能让学生从心底真正爱上体育课，爱上运动。

这次“联合课程”教学的初尝试，让笔者深感理想与现实存在的差距，这种差距让笔者有些无力，笔者无法用丰富的理论去诠释那个近乎完美的结果。正因为如此，作为专职体育教师，笔者才会意识到学习的重要性和必要性。“联合课程”不是要求我们每个人都做全科教师，而是在联合的基础上更加突出学科专业的不可替代性。这对非专科知识领域的学习提出了更高的要求。我们的教学不能只是基于学科本位，而是要基于学生本位。学生往往对知识、技能的构建和掌握又是整体性的，不是割裂的。

所有的教学都直指学生的健康成长和核心素养的培养。我们应该为新时期的教学变革做怎样的准备？这向我们体育教师提出了挑战，笔者认为只有不断地学习。体育教师专业的发展一定需要更多领域的知识来支撑，除专业知识以外，还要去了解儿童，了解课程，了解各门类学科的教育。教育一定不能只做“脖子上的教育”，体育教学也应突出具生性，让学生在运动中认识主体的自己、世界的自己。心怀大教育的体育教学，才会给学生带来幸福、健康的生活，才会让他们的生命成长更有意义。

“联合课程”是一次有意义的尝试，它让笔者在更加深入了解学生的同时，也看清了自己。让笔者从大教育观的视角重新审视了体育教学。“联合课程”期待的是教学资源、教学组织形式、学生学习方式的革命。于笔者而言，这样的尝试让笔者对体育教学内容价值的凸显、课程资源的开发、教师专业的发展之路有了新的梳理和思考。“联合课程”对于学生而言应该是好难的课、好玩的课、好有用的课、好难忘的课，笔者认为体育教学也应该朝着这样的课堂努力。

（此文曾发表于《体育教学》2017 年第 8 期）

且谈“抬头”

——观摩“长三角特级体育教师研讨活动”有感

不久前笔者有幸在浙江省嘉兴市参加了长三角特级教师研讨活动，活动期间，笔者领略了多位授课教师的教学风采和独特魅力。课毕，大会安排了专家答疑的互动活动，这个环节专家对我们一线教学中存在的诸多问题进行了释疑，让我们受益匪浅。其间，印象特别深的是金华的一位高中老师向与会专家提出了这样的问题：在高中阶段，他发现不会抬头运球的孩子怎样也打不好篮球。如今的小学篮球课，大多数老师特别强调运球的手型无可厚非，为什么很少有老师强调让学生抬起头来呢？席间专家的解答如下：根据学生动作技能形成的规律，在他们最初学习篮球运球时，可以让他们先低头学习运球手型和身体动作，在掌握动作技能的基础上逐步抬起头来，不看球运球。其实这在篮球教学中是一个很小的问题，也或许是一个容易被忽视的细节问题，当然专家的解答也毋庸置疑，他从技能掌握的规律上很好地解答了这位老师的困惑。其实，笔者和这位高中老师有一样的困惑，但笔者觉得这也许一个值得深入探讨的问题。这个问题会涉及我们对同属性动作技能更深的思考、对动作技能潜在价值的探讨，甚至是对某些运动发展现状的反思。就拿“抬头”来说，抬头的问题不仅在篮球教学中存在，在足球教学中依然存在，所以在篮球和足球运球教学中，“抬头”成了共性的问题。那么强调“抬头”重要吗？“低头”真的是阻碍这两项运动发展的诟病之一吗？笔者从四个视角来分析强调“抬头”的必要性。

一、从运动技能的潜在价值谈“抬头”

在小学阶段，我们选择篮球、足球这样的球类活动内容进行教学，一方面是因为篮球和足球本身对学生有着极大的吸引力；另一方面学习篮球和足球内容对学生的身体素质和合作行为的培养有着独特的作用，这是球类内容的潜在价值之一。从小学到中学，递进性地教会学生篮球、足球的基本技术动作，更深层次的潜在价值是让学生学会打篮球，踢足球，促使他们养成终身体育的习惯。篮球运动和足球运动不是一个人的“游戏”，依靠团队的力量取得胜利是这些运动的魅力所在。技术、战术和意识是获取胜利的必备要素。从这个角度上看，让学生在学习技能的最初阶段养成抬头观察的习惯就显得尤为重要。动作技能可以熟能生巧，但是比赛中时机的把握、敏锐的嗅觉则需要我们从小培养，笔者认为这些都应以“抬头”为前提。足球爱好者和运动员们不缺乏技术，缺乏的是敏锐的观察和对时机的把控。作为一线体育教师的我们，可能更需要关注这个问题，培养学生的观察能力和动作技能的掌握同等重要，让学生学会观察，培养他们的战术意识要从“抬头”做起，从动作技能的最初阶段开始渗透。

二、从技术动作的正确方法谈“抬头”

在篮球运球动作技能的教学中，我们一般重视的是运球手型和身体动作的正确，往往忽略了运球动作是从持球基本姿态开始的。持球基本姿态也就是所谓的“三威胁”（运球突破、传球、投篮）。不管是持球基本姿态还是运球的动作要领，都要求降低重心，两眼平视前方。所以从技术动作方法正确性这个层面分析，抬头平视是完成技能动作的先决条件。要想真正掌握原地或是行进间运球的动作技能，需要在抬头的前提下能够完成动作，而不是仅仅关注手型和身体动作的正确。篮球运球技能如此，足球运球技能亦如此。

三、从动作技能形成的规律谈“抬头”

我们都知道动作技能形成的规律需要经历泛化、分化、巩固、自动化四个过程。把“抬头”作为掌握正确动作方法的一部分，从最初开始强调，这样学生才能掌握正确的动作方法和要领。我们不能一直让孩子看着自己的手，看着自己的球完成运球的动作，一旦动作技能自动化，再改正就晚了。与其在重复劳动中将其改正，不如让学生一开始就在正确的动作方法中尝试体验提高，也许这个过程会比较漫长，但是科学、正确的动作方法才会具有生命力。

四、从习惯及意识养成谈“抬头”

我们都知道习惯难以改变，因为习惯是经历一定时间后形成的下意识、自动化的行为反应。所以在教会学生运球的最初阶段，我们一定要让学生学会抬头，不能养成低头的习惯。因为只有“抬头”才会观察，只有观察才能思考、判断并做出反应。而观察也是篮球、足球运动的核心要素。虽然心理学研究表明，改掉一个习惯至少需要 21 天的时间，但是我们何来 21 天的时间专门改掉学生低头的习惯的办法？即使有，我们又怎么能保证这 21 天的时间里他们不会低头？所以，我们要向学生强调让他们抬起头是为了帮助他们养成良好的行为习惯，能做到抬头才会有进步、有发展。做不到也就恰恰印证了那位高中老师的话，不会抬头打球的学生，怎样都打不好球。

综合以上四个方面的分析，笔者认为在篮球和足球的技能教学中，在动作技能学习的最初阶段，强调“抬头”显得非常有必要，因为抬头观察、思考、判断、反应在篮球和足球运动中，同熟练掌握动作技能和方法一样重要。以此为话题的反思难免有钻牛角尖之嫌疑，但争议和探讨是进步的源泉，最终受益的将会是学生，从意义角度上看，也是有价值的。浅薄思考，行于文字，与之商榷。

（此文曾发表于《中国学校体育》2015 年第 3 期）

隐于形　显于神　成于效
——对体育课“准备部分”的思考

诸多教研活动显示，体育教师在课时计划设计时大多按照既定的“准备—基本—结束”流程。实践中，笔者历来先解决突出重点和难点的“基本部分”，再围绕“基本部分”的内容设计课的准备和结束部分。如此设计可有效地让课的各个环节形成递进关系，让课的结构达到无痕。课堂结构设计上，我们应达成准备部分为基本部分的学习活动做必要预热和铺垫的共识。反思体育课准备部分的现状，一般会存在以下一些问题。

其一，仅承载了肢体热身的单一功能。在一些课上，不管教什么内容，也不管技能动作的属性和规格，一味安排惯用的热身活动，从头到脚活动一遍。这样的热身有一定的作用，但是否是最合理、最有效的，是否能紧扣这堂课教学的一些核心要素，可能还需要斟酌。

其二，课堂结构脱节的痕迹明显。准备部分和基本部分的区分明显，割裂脱节的现象还时有存在。准备部分和基本部分自成体系，联系不紧密，主线不明显，目的不突出。准备部分的形式、内容枯燥乏味，惯于套式。队列队形、绕场慢跑、徒手操成了许多体育课的家常便饭，也似乎成了必学内容。形式单一，内容枯燥，经久的“套式”让学生渐渐失去了对体育学习的兴趣，也失去了上体育课的那股兴奋劲。

其三，课堂气氛沉闷，身心参与度不高。准备部分所呈现的师生关系，一般都是教练式的。老师带着学生完成一个个练习，缺少一些互动、游戏的练习形式。师生的身心参与度大打折扣，进入课堂状态的时间滞后，课堂气氛较沉闷。

针对准备部分的一些现状进行分析，笔者认为在遵循准备部分设计原则和规律的基础上，还需要深入思考一些与教学内容和教学活动密切相关的要素，丰富准备部分的深度和广度，充分利用有限的时间资源，让其承载更多的功能，让教学活动变得更有效，让准备部分名副其实。

一、准备部分可以对动作技能学习的重点、难点先行体验

一堂课的教学流程应该紧紧围绕技能学习的重点和难点进行设计，准备部分也不例外。要做到预设与生成的高度吻合，在准备部分就要有意识地进行内容、手段、形式的安排。需要区别的可能是要求，准备部分主要是以尝试体验为主，而基本部分需要对动作技能的学习提出具体的要求。这样的先期预热，会为学生有效掌握动作技能做好铺垫，建立对技能动作的感知，为技能动作学习储备一定的基础。以三年级“前滚翻”内容为例，确定低头团身是本课的教学重点，在设计准备活动的时候可以安排象形走、小矮人走、拍球（一人做球一人拍）的游戏活动，让学生对低头和团身拥有一定的动作记忆和体验，为后面的学习打好基础、做好铺垫。

二、准备部分可以对本课主要确定的学习方式进行前期预热

一堂课呈现的学习方式是相互融合或是交替呈现的复杂过程。就学习方式本身而言，也会存在各种各样的问题，课堂教学不仅要让学生学会内容，更要让他们学会学习。教师在学习方式的思考上需要有一定的深度，对于比较复杂、比较难或者比较容易出问题的学习方式，建议在准备部分让学生先行预热，为后面学习的顺利开展打下基础。体育课上最常见的是分组合作学习，我们也看到在分组合作中，存在学生参与积极性不高、小组内闹矛盾、不懂得谦让等问题。所以在准备部分中，可以给学生分好组，让他们手拉着手慢跑，以小组为单位完成热身游戏活动，此间可以让他们击掌加油，抱成团，相互帮助和激励。让他们从课堂开始就投入合作学习的快乐中，养成良好的合作习惯，明白合作的意义。

三、准备部分可以对较复杂的场地组织提前适应

由于教学的需要，有的课上设计的场地组织比较复杂，如果学生没有提前适应，很可能在教学的主要环节浪费时间调整队形，降低教学效率。以弯道跑教学为例，教学时我们可能在场地上设置各种不同弧度的场地，有圆形的，有螺旋形的，还有完整的弯道。正因为有这么多复杂的场地，所以在准备部分我们要带领孩子们提前适应这些场地。可以在各种场地上

慢跑，练习行进间的摆臂，在不同的场地内游戏热身。有了准备部分的提前适应，后面教学中组织队形的调动会事半功倍。

四、准备部分需要磨合师生关系，把学生身心状态调整到最佳

一堂课40分钟，时间有限，我们要想方设法让学生尽早地进入状态。不仅是身体上的，还有心理上的。所以我们要充分利用准备部分的时机，去单一显丰富，去枯燥显乐趣，去训练显互动，提高教师活动的参与度，尽可能让准备部分以游戏活动为主，充分激发学生主动参与的兴趣。让课堂从一开始就凸显和谐、互动、愉悦的氛围，让师生的身心快速进入状态，提高教学活动的效率。

准备部分的设计仁者见仁、智者见智，根据动作技能的属性和科学运动的规律，有侧重地选择准备活动渗透的要点，让课堂结构衔接得行云流水是体育教师的智慧体现。如何在有限的教学时间内有效提高课堂效率一直是课堂研究的热点话题，“把课堂还给学生”绝不应该是一句空话。隐于形，显于神，成于效，应当是准备部分设计的追求。

（此文曾发表于《体育教学》2015年第7期）

从体育课堂口语语言内容谈教学语言的实效性

一、前言

语言是教师教学思想的直接体现，是教师传递教学内容最基本的途径，是课堂教学艺术的重要媒介。在课堂教学过程中，师生的互动、情感的交流，都必须靠语言来实现。语言的表达直接影响着学生对运动知识、技能的掌握，也可引发与学生心灵的共鸣。我从体育课堂口语语言内容出发（图4-1），来阐述语言表达的技巧。

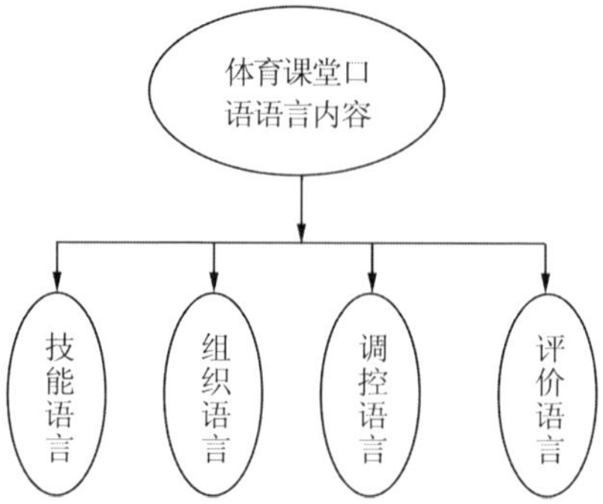

图4-1　体育课堂口语语言内容系统

二、语言表达的内容

从体育课堂口语语言内容来看，主要包括技能语言、组织语言、调控语言和评价语言四个方面。

（一）技能语言

课堂教学技能语言主要从“准”“简”“精”三个方面入手。

“准”指的是在课堂教学时，把握好技能教学的度，根据不同水平段的运动项目特点，通过系统、科学的分析，确定技能学习的程度。同时确定技能教学环节细讲和略讲的比例。例如，教学片段：水平一学段前后滚动教学中，学生在垫上滚动时，只需要强调学生膝盖、胸、前额三个部位靠得越近越好，其他技术环节可以不着重讲。

“简”是指在讲解某一复杂的技术要领时，避免用很长篇幅的语言来讲解与描述技术动作，通过设计简单、易懂的语言来描述技术环节，同时配以示范动作，这样可以起到精讲、节时的效果。例如，教学片段：水平三排球正面双手垫球中，讲授学生垫球手形的动作要领时，教师通过简单的语言告诉学生“叠掌”“伸臂”“夹紧”，同时加以示范动作，学生就能很快掌握该技术要领。

“精”是指教师在一节课中有选择地攻克其中一到两个关键技能动作，而在课中某一环节只重点提一个技能动作要求。循序渐进地教，通过控制课堂技能教学的“量”，来保证教学的效率。例如，教学片段：水平一原地向上纵跳教学，在学生体验跳的环节中，建议执教者不要一气呵成把完整技术动作讲解一遍（双脚分开，重心下降成半蹲姿势，手臂后摆，快速向前、向上摆动，同时双脚蹬地向上跳起，空中双腿伸直，最后双脚屈膝缓冲落地）。这样的讲解信息点多，没有重点，学生不易理解和掌握技术，教师可以只攻克“跳起后，腿在空中伸直”这个关键点，让这节课课堂的语言设计和组织练习围绕“空中膝盖伸直”来展开。

（二）组织语言

从实践角度讲，就是教师用最简短的话来完成对学生队伍的调动和进行教学组织活动。

游戏“齐心协力”教学片段

师：小朋友们，你们能手拉手举起来吗？

师：好！老师看到了！现在老师看哪组同学能以最快的速度站到终点的垫子上去，而且没有一个同学掉下去。停3秒，哨声响。

学生争先恐后，一个个跨越障碍1，冲向终点的垫子，最终每组成员紧紧抱在一起站在垫子上，嘴上不停地喊：“我们都到了！”

师：小朋友们动作可真快！把掌声送给自己！刚刚我们都体验了“齐心协力”这个游戏，下面老师做裁判，你们四个组进行比赛，好不好？（学生积极应答）但老师有个要求，在比赛过程中要等出发的同学到达垫子上举手向起点的同学示意后，起点的同学才能出发，一个接一个地过去，能做到吗？

生（迫不及待地喊）：“能，能做到！”

…………

赏析：在上述游戏教学片段中，执教者没有从传统的教学程序出发，先讲解游戏的方法、规则和要求，而是直接通过简短的语言组织，让学生通过体验和尝试，潜移默化地让学生熟悉复杂的游戏过程，达到既节约时间又增强学生练习密度的教学目的。

（三）调控语言

小学体育课堂教学中调控语言的运用具有润滑剂的效用。当常态课堂遇到气氛过于活跃或沉闷时，教师想让学生收心、吸引学生的注意力，可以采用即时性的语言进行调控，为接下来的教学服务。

教学片段1：

师：小朋友们，举起小手，能不能跟老师出示的数字一样呢？

教师用手势出示“5”“2”“3”等数字，学生接二连三地跟着做……

教学片段2：

师：请全体小朋友闭上双眼，进行深呼吸（检查闭眼情况，5秒钟后），睁开双眼，看老师在做什么动作？

学生不约而同地模仿着……

教学片段3：（利用教学器械）——以小篮球为例

师：看看谁出示的球的方向跟老师出示的球的方向一样？

教师把球放在“头上”“背后”“胯下”等，学生们很神气地跟着做，最后把球停在腰右侧，为接下来的教学做准备。

赏析：这些几十秒的课堂即时调控语言，能迅速吸引学生的注意力，让他们即将放飞的“心”回归到正常教学组织的轨道中，不仅体现了教师对课堂动态的关注度，也展现了教师的教学应变能力和教学艺术，要想真正提高教与学的效率，课堂中的教学调控语言必不可少。

（四）评价语言

评价语言应贯穿整个课堂教学的始终，评价的内容要多元化，不仅评价学生的技能学练，还要评价思维的过程、思维的方法。从注重终结性评价向过程性评价过渡，强调发展性评价，促进学生的可持续发展。在运用评价语言时要有针对性，讲求评价的实效性。评价语言通常要做到“评价导入语与问题引导语”和“评价语言”前后呼应。自从实行课改以来，评价成为一线教师的实践操作“难题”之一。因此，笔者从技能和情感两个方面对评价语言进行反思。

教学片段1：（评价导入语）

在练习前滚翻时，教师引导学生观察：“在下面的练习中，我们要观察两个‘近’，手臂支撑时和脚的距离近不近，团身滚动时，膝盖、前额、胸的距离靠得近不近？”练习结束后，教师通过学生对之前的问题的回答，总结动作的要点，提出改进要求。

赏析：在动作技能学习时，通常我们会说“你的动作真棒”，一味的肯定、敷衍的说辞，不利于学生真正掌握动作技能。在技能教学评价中，要做到准而细，不能让评价总结浮于表面。在总结评价时要让学生自己说出观察的结果，在练习前就一定要引导学生看什么、怎么看。有引导，有总结，有要求，这样的评价才首尾呼应，才能让学生真正学会评价。

教学片段2：（问题引导评价语）

在进行课堂总结时，教师提问：“小朋友们，这节课我们学会了什么动作？做这个动作时需要注意什么？通过游戏你们还懂得了什么道理？”学生们争先恐后地抢答着，教师组织精练的语言进行简短的点评。

赏析：上述问题引导评价语，是教学中常用的一种引导评价方式。有针对性地设计问题，帮助学生回忆课堂所学的要点，有利于学生进行自我总结。有质量的问题和良好的提问时机，都要经过教师精心设计，其目的是服务教与学。

情感评价语言的组成是随机的、多方面的。在不同情况下，教师该如何运用情感语言评价？具体看下面的实践案例。

教学片段1：(互帮互助)

在后滚翻的练习中，老师看到这位小朋友在与同伴练习时，总是蹲下身子轻轻推同伴一把，帮助他完成动作，老师被他的举动感动了，这种主动帮助同伴的行为，就是“互帮互助”精神的体现，大家要向他学习。

教学片段2：(团结一心)

以“齐心协力”游戏来说，在刚才的游戏中，老师看到这一组的小伙伴不停为同伴呐喊、加油，到达垫上时，抱作一团，不让任何一个伙伴掉下垫子，虽然他们不是第一名，但是他们是最团结的一组，老师同样要表扬他们。

教学片段3：(勇敢、顽强)

老师看到××同学在越过障碍时，不小心摔倒了，磨破了皮，却没有哭，还快速爬起来继续游戏，我们为她的勇敢精神鼓鼓掌好吗？（全体掌声）老师和同学们都要向你学习，学习你的勇敢和顽强。

赏析：以上三个小教学片段，以小见大、以点概面，从学生的细节表现入手，教师进行即时性口头评价，增强学生学习的信心，提高学生学习的兴趣，通过榜样的树立，培养学生积极的情感意志品质。

三、小结

语言是教师课堂教学学识与修养的外在表现，深厚的语言修养源自坚实的专业基础和广博的知识。小学体育教师的教学语言有着显著的学科特色和内涵，因此，小学体育教师教学口语语言表达能力的提高，不仅有利于教学效果的优化，还直接影响学生对运动技能的掌握、对情感态度的体验、对心理适应的调节。因此，小学体育教师在平时的课堂教学中，要重视口语语言教学的内容设计和表达技巧。

（此文曾在体育教学改革论坛中交流）

让合作学习真正做到形神兼备

合作学习在当下是一种很受教师青睐的学习方式。然而，在一些课堂教学中，有不少的合作学习让人感觉更多的是流于形式。一些教师过多地追求课堂气氛的活跃，刻意引导学生找出预设的结果，却往往缺失了对结果产生思考的过程，忽略了学生合作中分工的合理性和高效性，忽视了合作学习中学生之间的交往体验，也遗漏了对突发问题应对措施的指导。即只强调合作学习的目标指向，而没有重视合作学习的方法指引。在合作学习中，合作成员不只是为了完成合作任务，找出结果。更重要的是通过这样的方式，学生学会与他人相处，学会交往，学会思考，学会处理合作中出现的种种问题，从而提高合作的效率，锻炼合作的能力。要让合作学习真正发挥出效能，我们应该有更多的思考。

一、合作学习中目标确定的思考

合作目标是合作小组共同完成的任务指向，目标的确定直接影响到合作学习的质量。合作目标的确定要充分关注到学生的学情，给学生一个切实可行的目标。在教学中，应常用递进式的目标，在每个阶段给合作小组相应的目标，这个目标应以发挥合作小组集体智慧和才能为主。这样既不会让学生丧失合作的激情，又能带给学生享受结果的成就感。所以在教学中，当我们采用合作学习方式的时候一定要预设好目标。目标可以是一个，也可以是几个；目标可以是并列的，也可以是递进的。

案例：水平三（五年级）

学练内容：主题式双人技巧组合练习。

合作最终目标：完成主题式双人技巧组合动作。

递进式目标的提出：

1. 确定选择怎样的技巧动作，并尝试两人练习。

2. 在完成动作前想想该怎么站位，思考完成动作的顺序和路线，动作结束时是否能够摆一个组合造型。

3. 给自己的技巧组合动作取一个能表现动作的主题名称。比如飞翔、团结、力量、柔美等。

4. 完整展示主题式双人技巧组合动作。

二、合作学习中方法指导的思考

合作学习是一种较复杂的学习方式，因为伴随着合作的动态会产生很多问题。合作方法在合作学习中显得尤为重要，作为体育教师，我们不仅要教会学生知识和技能，更应该传授学生方法，让学生用方法去指引自己的终身学习。笔者在教学中曾做过各种合作学习的尝试，也有了一些肤浅的认识。学生在合作中出现的问题是各种各样的，教师注意以下指导要点，也许会事半功倍。

第一，指导合作小组进行人员分工。合作是小组共同完成任务，多人完成同一个任务就涉及人员的分工，分工不当会让组内产生分歧，甚至会产生矛盾，降低效率，所以在合作前教师要引导学生为了达成目标去进行合理的人员分工。

例如：语言指导："我们都知道自己和同伴擅长什么，谁的主意最多，让他多出点子；谁的力气最大，那么重的东西他要多辛苦了；谁的字写得最好，就让他负责记录；谁的动作做得最标准，就负责指导其他同伴做好动作；小组长负责指挥大家有秩序地练习；场地上有这么多的器材，我们一人负责几样；跑的时候我们跑得差不多快的结合为一组；当男孩子练习时，女孩子帮助保护，然后再交换等。"

在合作学习中，我们不能只是把合作目标一讲就让学生去操作、去练习，我们应该指导学生怎样分工合作和提高效率。不能让学生把合作的过程变成自由放纵、我行我素的过程，这样完全背离合作的初衷。

第二，指导思考过程和学练实施。在教学中经常会出现一种情况：当提出合作目标后，学生不知道从何下手，把时间过多地用在思考和讨论上，影响了课堂的效率。这时候就需要老师在思考的范围、思考的内容、思考的过程和学练实施上给予方法的指导，有时候只是一句简单的提醒，就会让学生茅塞顿开。

案例：水平二（三年级）

学练内容：障碍跑。

合作目标：利用每组的四块垫子，两个栏架设置出障碍并进行练习。

思考方法及学练实施指导：

① 垫子可以设置哪些障碍呢？可以用怎样的身体动作通过呢？可不可以折叠摆成A字形跳过？可以不可以拼接爬过？还可以怎么通过呢？栏架呢？可以单独钻过吗？是不是还可以和垫子组合一下？

② 我们可不可以使通过路线更丰富一些呢？除了直线通过，路线可以是字母M、N、T、L的形状吗？可不可以是数字呢？可不可以是图形呢？

③ 我们通过的时候可以每次一个人，那么可不可以每次两个人共同通过呢？

教师在指导思考方法和学练实施时，一定要根据目标梳理比较清晰的思路，语言精练、准确，主要是做方向的指引，启发学生在此基础上发挥想象力，不能把答案一股脑儿都告知学生，那样学生会丧失思考的乐趣，无法体会自己思考的成果的愉悦。

第三，指导合作中常见问题的处理方法。学生在合作中会产生不少问题，有些缘于他们的天性，也有些缘于教师不明确的合作要求。当问题出现时，教师要及时帮助学生缓解矛盾，让合作和谐、有序地进行。以往的情况是在教学出现问题时，教师就不由自主地扮演了处理问题的主角，快速处理好，让学生进入练习的状态，就一堂课的安排而言，这样的处理无可非议。但笔者认为，对于合作学习中产生的一般性问题，教师还是要引导学生在组内自行解决，这样对学生能力的提高和习惯的养成是大有裨益的。所以在合作中出现问题的时候，教师一定要注重培养学生处理问题的能力。

案例：水平一（二年级）

学练内容：小组多人合作跑的尝试。

出现的问题：小组内意见不统一，有的要两个一起跑，有的要三四个一起跑，有的男生不愿意和女生手拉手。

解决方法指导："老师有一个提议，我们合作跑从简单的做起好吗？先两个人的，再三四个一起跑，最后大家一齐跑。把简单的事做好就是不简单，再做难的那就更了不起了！"老师主动拉起女生的手，"老师现在想和你们一起跑，赶紧行动起来吧！”

合作中出现各种问题是常见的事情，教师应该适时引导。比如：告诉男生要有绅士风度；让学生知道个人利益要服从集体利益；出现矛盾，首先要想想自己做得对不对，应该怎么弥补自己的过失。引导学生处理好矛盾是教师的责任，学生掌握处理问题的方法，将会受益终身。

合作学习既是一个获取认知技能的过程、也是一个相处交往的过程、解决问题的过程、思考的过程。浮于表面的合作学习留给学生的怎么会是累累硕果？只有目标定位恰当、方法指导适时，才能让合作学习真正地形神兼备，成为教师青睐、学生也喜爱的学习方式，让每一个人都能在合作的过程中劳有所获，并不断成长。

（此文曾发表于《体育教学》2011年第3期）

二次备课：再预设的艺术

近日，江苏省小学体育与健康课程二次备课活动落下了帷幕，此次活动是以江苏省小学体育教师备课用书为蓝本，在此基础上要求教师深入研读课程标准，研究教学单元与课时教案，针对各地区差异与学生实际，结合自身特点，进行个性化的创新设计，从而更聚焦立体育人，让学生享受乐趣、增强体质、健全人格、锤炼意志。

二次备课让一线教师再次沉下心来，研读课程标准，研究文本。在学习、反思、实践的基础上规范文本的撰写，让已有经验、个性设计、创新举措得以表达，实现了交流与分享。作为二次备课的活动参与者，笔者学习过200多份材料，这些材料中反映了一线教师思考的重心与关注的差异。关于基于蓝本的二次备课，笔者也想谈谈自己的认识。

一、校准学习目标：做好精彩预设的基础工艺

单元教学计划是二次备课的基本备课单位。学习目标是统领学习内容的“纲要”，不管参考哪一种“蓝本”，体育教师在二次备课时首先必须校准学习目标，这是精彩预设其他要素的基础工艺。

“蓝本”对于具体的学生而言，所提供的学习目标是参考性的，直接

“拿来即用”肯定不合适。比如，“跳跃与游戏”单元（水平一），预设的参考学习目标第 4 点是“懂得谦让及听取同伴意见，乐于重复练习和展示自我，体验成功的快乐”，笔者通读教学设计说明后，结合所执教的几个同轨班级学生的实际情况，发现这些学生缺少体育学习时的合作、探究意识，而这个年龄段正是他们探究体育知识奥秘的黄金期，教学设计说明里面也提及要重视这种学科素养的培养，因此，笔者就在这里加上了“尝试两人合作，体验单双脚跳的乐趣”的学习目标。事实证明，依据这一目标选定的第 7 课时跳跃与游戏“体育综合实践活动”教学内容取得了明显的教学成效。虽然这个目标的确定源于备课用书，却高于备课用书，提升了课堂教学的品质。

二、整合教学内容：完成直抵目标的二次裁剪

少数选送的参赛文本，出现了教学内容与学习目标分离、学习目标与教学目标同质的现象。在二次备课时如何发挥备课用书的最大参考价值？笔者认为主要是要围绕“学习目标”，结合具体学情来进行必要的调整、组合，该增加的增加，该删除的删除，做好二次裁剪工作，让教学内容服务好学习目标的达成。

1. 知己知彼，体现因材备课

二次备课的“蓝本”是为一线教师提供的最基本的教学参考，是及格线，也是底线。真正落实还需要尊重各地区学情的差异，二次备课恰恰需要教师们依据实际情况调整和完善。比如，学校的体育场地、器材配备情况、班级人数、同时上课的班级数等，都是二次备课需要尊重的前提条件。除了硬件和非可控因素外，学情是二次备课中需要重点分析的内容。大量的参赛文本显示，绝大部分老师能分析学生身心发展的普遍规律，但对于技能学习的应有经验和技能、体能的储备情况分析还有待深入。学生之前学过些什么？学到了什么程度？课间和课后都玩过些什么？体能储备的情况如何？参加过什么社团、运动队、校外培训等？老师和老师间沟通了多少？老师与学生间沟通了多少？上述这些都是我们容易忽视和难以深入了解的信息，而这些信息恰是精准实施二次备课的关键。所以说要高效地实施教学，备课是关键，而备课的前提是需要尊重实际和了解学生。

2. 价值追问，形成班级属性

备课用书的每个单元都有“单元教学价值与意义”这一内容，主要阐述了该单元对优化人体形态、提高运动技能、提高身体素质的作用；对培养学生心理素质、适应能力和意志品质的作用；对学习其他运动项目、生活、生产劳动的作用。基于备课用书的这些分析，在二次备课中，我们是不是还应有这些疑问：为什么要教这项内容？如何处理好学会技能与学会运动的关系？该单元的学习可以提炼出哪些促进学生核心素养的要素？如何在内容学习中渗透“立德树人”？这些疑问，直指内容和价值挖掘的深度，引领着课程方向，提升着备课的质量，也直接影响着教学实施的效度。如果教师据此对备课用书提供的参考内容进行筛选、重组、补充、整合，二次备课所选定的教学内容就有了自己的班级属性。

3. 二次建构，规划内容体系

学习目标的二次确定，势必需要对“蓝本”的教学内容进行对应的二次建构。这个建构，着重点是规划教学内容的系统性和整体性。比如，动作技能学习的整体性方面，突出由易到难、由浅入深、循序渐进的教学进度，以水平三（五年级）的小篮球与游戏单元为例，备课用书用 7 课时建构了这一单元，技能包含原地运球、行进间直线运球、行进间变向运球、变速运球、多种形式的投篮、原地单手肩上投篮和运球与投篮组合。在二次备课时，有的老师删减了部分学习内容；有的老师增加 2～3 课时用于更好地学习和巩固，有的老师加进去简单的战术教学，这些调整维持了教学内容的系统性与整体性，集中体现了各地的差异与学生的实际情况。由此可见对教学内容进行二次备课，建构切合实际的单元内容进度是基础。

4. 科学评估，预设评价标准

“蓝本”一般都进行了一些留白，比如，教学难点、具体教学流程、学校特色项目单元等，旨在让一线教师在指导用书的基础上进行调整和补充。那么如何借助身体进行教育？如何发展学生的核心素养？如何贯彻“享受乐趣、增强体质、健全人格、锤炼意志”的精神要求？在二次备课时还要自觉地预设评价体系。在备课用书上，每一单元的评价标准按照单元学习目标的达成度划分为“优秀”“良好”“合格”几个等级。很多教师在二次备课时对“情感、态度、价值观”方面的评价内容做了补充，这一点非常值得肯定。

三、完善课时方案：关联高质、高效的教学程序

把学习目标和教学内容具体落实到每一课时方案里，是单元教学计划二次备课的重点。这如同设计一个程序，串起几个密切相关、循序渐进、不断深化的“40 分钟”，完美实现学习目标。具体来说，课时方案的二次备课，要注意以下几点。

1. 聚焦“目标”“重点”“难点”，设计教学流程

备课的过程，就是预设过程，而预设的目的，其实就是达成目标。笔者认为，二次备课的效度，最重要的指标就是目标的达成度及重点的突出与难点的突破。一节课不可能完成整个单元的任务，一节课也不可能教会学生一项系统的运动技能。单元是对内容的系统建构，课时要完成系统中的具体任务，每个课时在系统中既密切相关、相互递进，又独立存在。热身活动的设计、主要环节的流程、游戏活动，以及体能练习的安排、放松形式等都要围绕目标、重点、难点设计，聚焦解决具体的问题。

例如，课例展示的水平三（六年级）“跨越式跳高”，执教者在热身环节安排学生在练习场地中进行斜线慢跑，还设计了踢腿、摆腿、上步起跳等辅助练习及下肢柔韧练习；基本部分安排了上三步、上五步的助跑起跳练习，逐渐升杆依次挑战，分层体验不同高度等；体能练习依然围绕关键词“依次”进行了设计，增加了上肢力量的补偿性练习；放松环节分别针对上下肢进行了拉伸。课堂从开始到结束，紧紧围绕目标、重点、难点展开教学，教学过程与备课预设的契合度非常高。由此可见，执教者在二次备课时很好地诠释了“聚焦设计”。

2. 追求“看得见”“摸得着”“悟得出”，预设育人路径

在教学中“立德树人”，体现对学生核心素养的培养都是对体育课程的要求。而这些育人的理念在教学实施中蜻蜓点水、浅尝辄止的现象还普遍存在。备课用书为一线教师提供了大量的教学建议，而如何实现在过程中育人则需要在二次备课中精心预设。育人的契机不该是临场应变中的昙花一现，我们应该在预设中让育人过程变得深刻，让深刻成为常态。

在二次备课中，我们要点出形式设计背后的意图，要突出品德渗透的

关键环节，要提炼游戏评价的育人要点，要标记健康行为提醒的节点。例如，在游戏中渗透正确的价值导向。备考用书提供了大量的游戏素材，而如何评价输赢则仁者见仁，智者见智。在二次备课中，笔者曾这样标记，奖励赢的同学5次合作开合跳（通常我们都惩罚输的同学进行俯卧撑、深蹲等，无形中让运动变成了惩罚的一种方式），并备注了这样一段话：同学们，老师为什么要让赢的同学进行开合跳？因为运动应该是一种奖励，而不是惩罚，运动应该奖励给那些积极乐观、遵守规则、努力拼搏的人。

3. 突出“学会什么、怎样学会”，体现学法指导

学生在活动中到底应该学会什么，怎样学会，在备课环节应突出体现。这种体现放大的不仅是教法的选择，还更加突出了教师对于学的指导和帮助。教是为了学会，为了会学，教法和学法相辅相成，互成因果。备课中重视学法指导，有助于教师站在学生的立场以学生的视角思考问题，这对教师形成正确的教学观念和教学行为有着积极而深远的意义。“蓝本”一般给出教学建议，二次备课时则需要我们灵活运用自己的表达方式。比如，在“排球正面下手发球”的备课环节，要突出身体正对发球方向、直臂击球的学法指导；在武术备课中，如何体现精气神，要突出眼随手动或发力甩头的学法指导等。学法指导在二次备课中到位与否，体现了教师对教材内容把握的准度和深度，也决定了学生在课堂上收获的多与少。

4. 讲究“限时讲授、精讲多练”，把控运动负荷

这是备课用书没有明显给出的教学建议，二次备课时不容忽视。评价一节体育课是否合格，运动负荷的安排是重要的标准之一。当前越来越多的体育老师开始重视这个问题，在备课中预设了练习时间、练习次数、运动量的预计等，但在具体的实施中，难免有所偏差、事与愿违。这些问题老师们不是没想到，而是没能在预设的同时模拟真实的课堂情境。笔者一直提倡备一课，脑子里就要上一课，那些写在后面的数字是否能真正落地，凭借的不应该是感觉，而应该是有理有据的预设和模拟的练习过程。为学生提供更多练习的时间和空间保障是每一节课都需要考虑的问题。不同学段的学生、不同的教材内容、不同的课型，都是运动负荷预设的依据。

5. 优选“课外作业”，联通课堂内外

在以往，我们备课关注的重点是课堂教学。随着教育理念的不断更

新，体育课外作业的设计越来越得到重视，很多老师在课时方案的二次备课中呈现了作业内容，作业的内容体现了课堂内容的延续性，在形式上也突出了趣味性、互动性，但还是存在作业评价及其反馈无法落地的问题。这就需要我们在二次备课时，进一步思考和完善课外作业检查与反馈标准、时间、途径、方法等。

四、呈现计划文本：彰显高阶素养的个性设计

备课文本是教师课前思考、执行教学过程的依据。二次备课文本的科学化、规范化撰写反映的不仅是教师对待工作的态度，更是教师高阶专业素养的表现。对于一些久未参加比赛和刚工作的年轻老师而言，规范撰写备课文本也是学习与提高的过程。

文本的撰写需要完备各级指标，细化流程设计。比如，单元教学设计要有单元教材分析、学情分析、单元学习目标、学习内容、每课时的主要教学策略及单元评价标准等；学时教案要有学习目标、教学重难点、各环节的教学内容、教法学法、组织形式、负荷预计、安全措施、课外作业等。具体表述要注意目标的表述以学生为主体，细化可观测、可检测的目标；教学过程要突出教法设计与学法指导；练习时间与运动负荷预设要结合实际；安全措施要防范到位等。当然，具备必要的指标和要素后，文本的撰写可以体现个性化，呈现表格式、陈述式、图表式、思维导图式等百花齐放式的设计。

备课是预设的艺术，二次备课是基于前次备课的再调整、再优化，作为体育教师，我们应更加重视备课文本的规范性、指导性、操作性，使其成为自己的必备素养，转化为强化体育课的行为能力。

（此文曾发表于《中国学校体育》2019 年第 11 期）

体育家庭作业：运动于形，育动于心

学生、家长、教师对家庭作业并不陌生，教师每天都在布置，学生每天都在完成。家庭作业是对学校教学的一种补充，也是学生实现自我评估的一种途径，体育家庭作业同样如此。

国务院办公厅印发的《关于强化学校体育促进学生身心健康全面发展的意见》明确提出，应鼓励学生积极参加校外全民健身运动，中小学校要合理安排家庭体育作业，形成覆盖校内外的学生课外体育锻炼体系。在党中央十分重视和关注学生体质健康水平的背景下，有关体育家庭作业方面的问题成为学校体育工作的一个重要研究内容，逐渐得到了体育老师的重视，也得到了家长的广泛认同。体育家庭作业是学校体育、家庭体育与社会体育互相联系、共同促进学生身心健康和全面发展的纽带和重要举措。针对目前体育家庭作业可能出现的单一化、形式化、边缘化倾向，其功能价值、内容形式、评价反馈等方面还需要进一步的反思和探究。“运动于形、育动于心”是“育动课堂”教学主张的核心主旨，家庭作业既然是体育课堂的补充，那么“育动”的价值理念也应延伸至课后。基于此，分析探索优化体育家庭作业的内容设计与评价反馈策略对深化学校体育改革，促进学生体育运动习惯培养与监督，促进学校、家庭、社会健康前行有着重要意义。

一、运动于形、育动于心：体育家庭作业的价值功能

体育家庭作业到底应该承载怎样的功能，凸显怎样的价值意义，突出怎样的导向作用是我们一线体育老师应该反思的问题。笔者认为调动学生在校外自觉自主锻炼的积极性，营造一种家庭锻炼的氛围，引导学生乃至家庭成员将锻炼和运动转化成一种生活方式，吸引他们爱上运动并养成终身锻炼的习惯是体育家庭作业价值的核心所在。

1. 体育家庭作业的基本价值：运动于形——巩固和补充，个性化提高

体育家庭作业是为了让学生巩固课堂所学体育知识及运动技能，提高学生必备的运动能力，突出补偿功能。体育课堂教学是让学生进行运动内容体验和学习的。学生的体育学习基础和身体素质差异决定了课外锻炼作业的层次性与个性化。体育课外作业是对学校体育运动的有效复习、补充和个性化提高，这是体育家庭作业的基本价值。也就是说，体育家庭作业的布置是以课堂学习内容和学生身心发展规律为依据的，根据不同学习情况巩固和复习、扬长补短，实现运动于行，体现体育家庭作业的基本价值。

2. 体育家庭作业的增值价值：育动于心——牵手互动，运动化生活

体育家庭作业和其他学科的课外作业显著的不同点在于其活动性。布置体育家庭作业在某种意义上是学生参加课外体育锻炼的“行政推动”，应当充分利用体育家庭作业的这一特殊性，实现家庭成员、邻里友伴、社区居民之间的“牵手互动”，这是学生积极参加校外全民健身运动的有效平台。因此，体育家庭作业的布置与完成需要强调与学生生活环境紧密相关的人群之间的互动性、作业内容的趣味性、作业形式的丰富性，突出体育生活方式的导向功能，在运动交往中促进养成、学会合作、形成品质，这也正是笔者所倡导的“育动课堂”教学主张的定位目标之一。

二、体育家庭作业内容设计的优化策略

基于对体育家庭作业的核心价值分析，体育家庭作业的设计要凸显其存在价值，实现活动内容个性化、趣味化，活动场所实效化，活动形式立体化。因人而异、因地制宜、物尽其用地进行创意设计，切实为学生的身心发展服务，让个体带动家庭、带动社区，让运动根植于心，实现育动于心。“育”蕴含启发、引导、传授、培养、影响等内涵，“动”包含了运动技能、运动习惯、运动思维、运动交往、运动品质等维度。调查发现，现实实践中总会出现如“将本课所学和收获与爸妈分享”“把课上所学展示给父母看”“和小伙伴一起把课上所学进行巩固”等形式略显枯燥、内容略显单一、趣味性和互动性都不强的体育家庭作业形式。身体练习怎样呈现？和谁完成？在哪儿完成？用什么器材完成？这是设计体育家庭作业前应先追问并在设计中注重优化的问题。笔者主要提出以下几种策略。

1. 形式设计：妙趣横生

学生乐不乐于完成家庭作业，身体练习的形式设计显得尤为重要。如果是枯燥、单一的技能动作重复和体能训练，久而久之，学生会丧失完成作业的动力，让原本有意义的作业变成一种负担，这无形中让学生沉重的学习负担雪上加霜。巧妙的设计应该是将身体动作游戏化，让其极富趣味，充满挑战，吸引学生乐此不疲地完成作业。如：（1）“发展学生上肢力量”的作业。如果只是布置学生回去完成简单的 10 个一组的 3 组俯卧撑，学生一定不太乐意去完成。因为形式单一且枯燥，即使能完成，也只

是为了完成作业。如果变换作业形式，将作业变为“与家庭成员面对面俯撑击掌10次”，学生一定愿意挑战父母，并监督父母俯撑的规范性，这样的过程不仅让家庭成员间相互监督，也激起了学生挑战父母的欲望，在实现完成作业目标的同时使亲情融洽。（2）“仰卧起坐”的作业。可以设计让压着腿的父母在孩子每一次收腹起的时候看到数字或者文字，玩快速计算或者看字组词游戏，学生在完成练习的同时，大脑也在积极思考，在完成体育作业的同时也巩固了其他学科的知识，这肯定是父母乐意看到的作业形式。

可见，只要将身体动作用互动的、游戏的、挑战的方式呈现出来，体育家庭作业一定会成为比较受欢迎的作业。

2. 参与人群：亲子互动

不否认学生可以自主地单独完成体育家庭作业，但如果能吸引更多的人参与进来，那么意义和影响会更加深远，这样做也许会改变一些家庭的生活方式，也许会让运动真正走进家庭。用作业去影响更多的人，用作业让更多的人拥有健康的生活方式，也是体育家庭作业的增值所在。体育家庭作业除了在家庭内与家庭成员完成，也可以拓展到户外和社区，可以与同学、邻居、朋友共同完成。

（1）与父母或者同伴一起完成三角舞，发展协调性和合作能力。

（2）在社区篮球场找一个同伴进行一对一斗牛比赛并寻找一个裁判进行裁断，培养竞争意识和沟通能力。

（3）在家庭内分别与父母进行单脚站立比赛，发展平衡能力等。

互动的家庭作业不仅仅是用学生去影响更多的人，更重要的是在互动的过程中，让学生学会交往、懂得合作、公平竞争、适应社会、促进心理健康。

3. 活动空间：因地制宜

身体活动对活动场地是有一定要求的。家庭与学校不同，活动的场地有其局限性，学生可能无法进行大区域的运动，这就需要利用家庭内的小区域巧妙地进行设计，开辟小范围的运动场地，营造小而精的运动场景。如：（1）可以在床上平躺进行左右直体滚动；也可以将被子折叠成长方形，在上面完成前后滚动，父母在一旁保护，改善学生的滚翻姿态，培养空间感。(2）利用沙发进行规定时间内的举腿挑战赛；或者利用沙发座椅的软度，进行侧支撑；也可以利用沙发进行柔韧性的练习等，发展学生的力量和柔韧素质。(3）可以边听音乐边坐在餐椅上两腿伸直进行剪刀腿练习；也可以利用餐椅与父母一起进行有氧椅子操的练习等，发展学生的腰腹力量和律动能力。(4）可以在安全通道内，与小伙伴或者家人进行猜拳爬楼梯比赛，或者进行计时的爬楼梯挑战赛，发展学生的下肢力量。(5）利用客厅空地，进行身体“变变变”的活动，可以变成数字、变成字母、摆成图形，发展学生的柔韧性和协调能力。家庭内的活动场地虽然有限，但是经过巧妙的设计，一样可以成为锻炼的场所，这种场所更贴近生活。当然因为这些不是特定的运动场所，所以在练习前首先要检查场地安全，确保在安全的前提下进行练习，练习前也要做好准备，防止运动损伤。运动其实无处不在，小空间更能彰显大智慧。

4. 生活用品：物尽其用

运动有时候离不开体育器材，家庭内生活物品虽多，但专门用来进行锻炼的器材很少，我们在设计体育家庭作业的时候需要充分挖掘生活物品的运动属性，让其服务于身体活动，要突出生活物品对体育家庭作业的辅助作用。设计时可以根据物品的大小、轻重、形状特征、软硬程度等进行开发与利用，一方面要做到物尽其用，另一方面也要注意保护好家居物品。如：(1）利用枕头进行平衡动作练习，站在枕头上进行各种平衡动作，与家庭成员比赛，发展学生的平衡能力。(2）家庭成员有四人的，可以两人一组，每组两人分别拉住毛巾的四个角，在毛巾上面放置袜球，进行两组对抗的抛接游戏，接到的组得分。提高家庭成员的合作意识。(3）可以在纸上写下家庭的20种物品，学生与父母比赛，看谁最先找出并放在指定的位置。然后再看谁最先放到原位，发展学生的反应、速度和灵敏素质。在利用生活物品进行活动时，除了要注意安全外，还要保证物品的卫生清洁，用完放回原处，培养学生良好的生活习惯。

三、体育家庭作业评价反馈的再建构优化策略

大部分学科的家庭作业，老师每天都要批改，从而判断学生对知识的掌握程度。而体育家庭作业因为学科的特殊性，反馈和评价不能以简单的

对或错判断，应该充分考量体育家庭作业存在的价值，以培养学生自主锻炼的习惯为目的导向，所以体育家庭作业的反馈和评价要更积极、更多元、更开放，反馈和评价的途径要更立体。

学校不是每天都有体育课，而锻炼在很大程度上需要有延续性，这种延续性不仅有利于促进学生的身心健康发展，更有利于学生形成良好的锻炼习惯，营造家庭锻炼氛围。所以体育家庭作业最好以结构单元或者是阶段系列呈现，作业的内容也可以有必做内容、选做内容、进阶内容。作业的布置形式除了课堂上的口口相传外，也可以安排阶段测试，还可以布置书面作业。

作业反馈和评价最简单的途径是课堂中的分享与交流，但仅有这一点是远远不够的，要充分调动学生完成作业的内驱力，必须拓宽作业反馈和评价方式。(1) 填写作业完成记录单，形成个体的运动成长痕迹。(2) 用影像记录家庭作业的完成，适时进行影像评比活动。(3) 班级内的作业交流与展示。(4) 班级以性别、小组、体重等进行分组的纪录挑战赛。(5) 在运动会、体育节中开辟体育家庭作业项目板块，进行全校性的展示和竞赛等。

开发作业内容的广度和深度，丰富作业的形式，拓宽反馈与评价的途径，都是为了突出作业的导向功能、激励功能和发展功能，让枯燥的作业变得有意思，让有意思的作业变得有意义，让有意义的作业变得有价值。通过反馈和评价机制来促进学生作业的完成，是提高作业效能的有效途径。

四、结语

加强体育家庭作业的研究，不仅关乎学生个体健康，也影响着家庭和社会。一线老师做好体育家庭作业的设计和评价，就是用实际行动践行学校体育“四位一体”的目标，不仅促进学生身心健康的发展，也推动着家庭、社会良好的体育运动生态，让学生享受乐趣、增强体质、健全人格、锤炼意志。

（此文曾发表于《中国学校体育》2019 年第 8 期）

立体育人　律动致远

——南通市“育动体育”工作室建设例谈

名师是师资队伍中的优质资源，是教师群体的领航者，名师工作室是专业化的学习共同体，是整合与优化教师资源、提升学科教师专业发展的创新团队。南通市“育动体育”工作室成立于2016年2月，现有成员33人，他们来自9所小学、4所中学。工作室拥有市、区级优秀教师及名师培养对象10人，采用师徒结对的方式抱团发展。作为领衔人，笔者边摸索边实践，边实践边思考，积累了一些经验，也反思过一些问题，谨以此文抛砖引玉。

一、目标定位显格局

1. 专业发展

名师工作室是促进教师专业发展的团队，工作室教师专业发展的内驱力、专业素养、发展效度等都是评价工作室教师专业发展的指标。工作室自成立以来，每位进入工作室的老师都需要制定3年发展规划并逐年量化。根据职称晋升要求、优秀教师评选条件及名师培养对象遴选办法，工作室成员每年至少进行校级以上课堂教学展示2次，在市级以上刊物上发表论文2篇，阅读专业或教育类书籍2本以上，人人都需要参与市级以上规划课题研究等，以量的递增促质的提升，在此过程中力争将专业发展变成自我需求，从而形成良性循环。

2. 学生发展

教师专业发展的最终目的是学生发展，“让运动成为学生的自觉行为”是我们工作室的目标定位之一。工作室要求成员以身为范，上好每一节课，带好2个以上社团，每年要主导设计2次全体学生参与的运动会、体育节或嘉年华活动。鼓励成员所在学校开展特色体育活动，并共享推广，调动学生运动的积极性，为学生创造良好的运动环境，切实提高学生的身体健康水平。

3. 学校发展

体育教师的专业发展与学生发展离不开学校这个环境因素，教师如果只想功利地达成某种利益，心中只有自己而无集体，那么将会极大地制约自己的发展。“让运动成为学校最靓丽的风景线”是工作室的目标愿景。工作室为成员所在学校献计献策，努力打造一校一品，力争3~5年内让体育成为各学校特色品牌之一，这种特色可以是课程、社团、大课间活动、课外体育作业、家校联动的体育节或嘉年华等。体育人有“为”才有“位”，有“位”才更有“为”。

三个维度的目标定位是工作室的建设指南，为工作室各项活动开展指明了方向，与此同时，工作室的理念也形成了：立体育人，律动致远。这是一个根植于工作室每个成员内心的、多维度的、多方面的、多视角的育人理念，一方面指向育师、育生的丰富多彩的途径与方法；另一方面指向树立起体育课程在儿童诸多课程学习体系中应该有的姿态，使之充分发挥在学校、家庭、社会中的“致远”作用。

二、师培创新增辐射

名师工作室是由优秀教师领衔的团队，这种领头羊式的团队具备了某种向心力和凝聚力，领衔人应该放大示范、引领、辐射的作用，带领更多教师步入成长的快车道。以“育动团队”为例，团队核心成员10名，均为市、区级优秀教师及名师培养对象，每名优秀教师结对2~3名青年教师，将区域内每年新招聘的教师吸纳进团队，形成金字塔模式。这种模式不仅促进青年教师迅速成长，也倒逼指导教师不断学习。

“育师”的方法与途径有很多：团队每学年定期开展“师徒捆绑式”备课、上课（师徒共备课、徒弟演绎课、师傅点评课）；青年教师“微课堂”展示（呈现运动项目教学的主要手段、形式、方法）；师傅示范课展示；师徒共读；师徒年度专业成长进步度考核等。“育动体育”工作室以下3个方面的“育师”机制卓有成效。

1. 课堂诊断促能力

课堂教学水平是衡量体育教师专业能力的真尺度。“育动体育”工作室以“课堂诊断”的形式引领体育教师自觉进行课堂教学研究。“课堂诊断”即以具体课例为样本进行教学预设与生成，进而开展多次备课与现场教学研讨，直至形成一个比较成熟的典型课例。对个人而言，为教师执教同轨班级的运动项目提供了丰富的教学手段、形式与方法素材；对团队而言，工作室积累了许多不同类型教学内容的优秀样本，形成了具有“育动体育”主张（在运动情境中学习运动技能；在有价值、有难度的任务驱动中，打开学生思维空间；在运动交往与合作中促进养成、形成品质，提升能力）的教学案例。“课堂诊断”不仅是“七嘴八舌”的研讨交流，还有成篇成章的反思和总结，团队成员的课堂教学能力就是在这样的锤炼中不断得到提升的。

2. 阅读分享现内涵

阅读作为一种可持续的学习力，毋庸置疑地成为工作室建设的一个重要部分。工作室每年在 1 月和 6 月举办读书沙龙活动，时间定在期末，便于全员参与。每学期初精选书目，布置读书任务，沙龙的主题也在学期初公布。工作室近年来给团队成员精选了《运动改造大脑》《运动技能学习与控制》等书籍。在一学期内，团队成员可以共读一本书，也可以根据主题自主阅读。读书沙龙的主题有“如何寻找、创设运动情境”“《运动改造大脑》的启示”“有效度的合作学习”等。分享形式也从一开始的提前安排 4~6 个人分享变为随机抽取对象分享，成员从开始的拿着稿子分享逐步转变为脱稿分享。团队提倡成员进行素读、精读、研读，不要求每位教师读书的量，但要求教师把每本书都要读下去、读进去、读开去。专业理论类书籍要潜心读下去；教学实践类书籍要耐心读进去；教育启示类书籍要静心读开去。几年的阅读分享经历了从肯定到质疑，从反思到追问，沙龙形式不断调整，分享对象不断变换，书籍走上了办公桌，走上了床头柜，走进了心里。

除了阅读分享，工作室还有一项分享是培训分享。但凡有教师出国考察，参加国培或省、市专项培训的，团队都会在培训结束后的第一时间安排教师进行培训成果分享，让先进的理念、前沿的资讯、创新的方法在团队内共享。

3. 课题研究修内功

“育动体育”团队近年来申报了省、市级课题共 7 项。其中有围绕教学主张的“基于核心素养的‘育动课堂’模式构建及教学策略研究”，通过研究探索“育动课堂”范式及教学方法、手段、评价策略，论证团队的教学主张，形成团队的教学特色；也有围绕学校体育活动的“家校共育下‘主角体育’活动形式的开发与实践研究”，开发设计“家校共育”下学校体育活动的内容与形式，优化每天一小时的体育活动，形成系统的项目化操作手册，形成范本案例，助推区域体育特色，强化家长对子女教育的积极干预和正面影响，形成以“体育活动”为载体的新时代学校德育新模式。团队内形成若干个课题研究小组，也吸引了大量的团队外成员参与其中。我们邀请专家对课题进行修正、论证、指导；团队成员分工检索文献，细化子课题内容，做好具体研究工作的部署；布置阅读相关书籍，做好过程性实践资料的收集与整理。每次课题研讨活动尽可能地安排在休息时间，不影响学校正常工作。在这样一次次的研讨中，团队成员逐渐摸索出一些门道，也感受到成功的幸福与快乐。

三、实践反思释主张

教学主张是团队教学思想的具体体现，是团队进行教学研究的核心，也是团队在很长一段时间内持续研究的主体。“育动体育”团队的研究方向从最开始的“3T 教学”走到“情动体育”再到现在的“育动课堂”。“3T 教学”即“思考（think）”“操练（train）”“检验（test）”教学模式，注重体育学习的导向与分析、体验与学练、评价与发展；“情动体育”侧重于心理健康和社会适应领域，强调思维参与情感体验，通过学练锤炼意志，形成品质；“育动课堂”则突出：在真情境中学习真技能（在运动情境中学习运动技能，凸显运动技能的学习价值）；在真问题中进行真思考（在有价值、有难度的任务驱动中，打开学生思维空间）；在真合作中提升真能力（在运动交往与合作中促进发展、形成品质、提升能力）。工作室教学主张的课堂呈现应该是好玩的课（用有趣的游戏吸引学生）、好难的课（有难度的目标要求和任务驱动）、好有用的课（懂得运动知识，学会运动方法）、学得会带得走的课（区别对待学生，获得成功体验，延续运动兴趣）。

团队除了进行教学主张的研究外，对学校体育活动也有相关主张。即优化服务，调动学生、家长参与体育运动的积极性；整合资源，探索家庭、学校、社会三方联动的体育活动；满足需求，把每天运动变成学生的自觉行为。也正是这样的活动主张给成员所在学校带来了变化，“亲子晨练”“七点俱乐部”“家校体育节”“社会资源办社团”“体育吉尼斯”等项目应运而生。

四、特色活动显成效

活动开展是工作室进行教学研究、实现交流共建及提升专业素养的主要抓手。活动项目的设置要根据团队的实际情况、发展方向、研究内容、宣传推广而定。“育动工作室”按照惯例在每年年初制定出全年活动方案，并在年初会议上讨论部署。主要涉及教学研究、课题研究、对外交流、送教下乡、项目研发、公益行等方面，每项活动都安排具体的人员进行方案制定、过程落实、总结报道。“育动体育”工作室的活动开展凸显3个功能：“墙内开花墙内香”——成员所在学校成果共享式齐头并进；“墙内开花墙外香”——工作室联盟跨区域研讨交流同研共进；“好团队公益活动”——推动全民健身运动。

1. 推进学校特色体育活动点面发展

根据团队目标定位要求，团队致力于推动学校体育活动的改革与创新，团队成员集思广益打造了一系列的特色体育工程，并在成员所在学校推广，相关资源形成共享，尝试改变学校体育活动的固有格局，为学生创造更好的运动环境与氛围，形成区域体育活动特色。

“亲子晨练”项目。每天7:00—8:00，敞开校门，打开器械室，家长利用上班前的时间陪伴孩子进入校园进行晨练活动，体育老师轮流对晨练活动进行指导。两年来，在活动开放期间，每天都有大约200人参与其中，工作室也编印了《七点故事》一书，让家长早7点的陪伴运动成为孩子童年最美好的记忆。

“七点俱乐部”项目。“七点俱乐部”是学生自主招募成立的组织，自由、开放的形式吸引了近百名学生，他们每天7点，佩戴“七点俱乐部”徽章进入校园，由体育教师带领进行体育活动，一天的学习生活从运动开始。

“体育吉尼斯”项目。学校设立不同项目、不同类别的体育吉尼斯纪录，学生可自由申报进行挑战。学生还可根据自身特点自行创设项目，经体育组审核确认后，供全校学生挑战。

“亲子嘉年华”项目。将传统体育项目、趣味项目、拓展活动等进行改造，由个人比拼转向团队竞技，面向全体学生，让家长参与其中，促使全员形成长时间训练的习惯，每年两次，打造家校共建的体育盛宴。

工作室的特色体育活动得到了学校和家长的肯定和支持，特色体育活动的区域开展改变了许多人的生活方式，促成了许多家庭的运动习惯，也让运动成了他们最重要的话题之一，笔者认为这应该是每一个体育人都希望看到的。

2. 借力工作室联盟活动同研共进

近年来，“育动团队”与南通市6个名师工作室成立了联盟，研讨教学主张，分享教学成果，合作研发项目。领衔人所在学校也挂牌了杨浩、潘雪峰等名师工作室基地学校，积极承担相关活动与研究任务。南通市体育名师工作室联盟与盐城市俞向阳、昆山市周燕、泰州市郭建明、南京市倪晨瑾名师工作室定期开展一年一次的跨区域联合教学研讨活动，联盟活动机制为团队成员搭建了更高的平台，提供了更广的空间，营造了共研共进的成长氛围。除了借力成长外，工作室也兼顾了普惠引领，先后在新疆、安徽、陕西等地进行了送教下乡普惠教研活动，共享了“育动课堂”教学案例、体育课外作业、学校特色体育活动等项目。

3. 组织开展公益活动担当责任

工作室最大的资源优势就是专业学识丰富，作为教育人的团队，不仅需要在教育领域钻研、引领、辐射，还需要为社会担当一份责任。“育动体育”团队每学期都会安排一次公益活动，我们走进幼儿园，帮助老师上好体育活动课，协助幼儿园办好亲子运动会；我们走进社区，帮助社区做好国民体质检测，为居民提供运动健身指导；我们走进广场，教大叔大妈跳健身操和广场舞；我们走进亲子晨练，教家长和孩子运动技能和方法。公益活动为我们的职业增添了荣光。在公益活动中，我们获得了肯定和赞誉。那种满足，激励我们乘风破浪。

五、结语

“育动体育”工作室的实践，打破了工作室着眼于教师个人专业发展的局限性，开创了个人和团队、团队和学校、学校和社会抱团发展的新历程，启发着我们思考团队和个人的区别，在于有一群人，可以做更多的事，走更远的路，我们不再孤单。作为体育教师的团队，我们可以用“立体”的视角，为立“体”发声，为职业肩负责任，对专业心存敬畏，律动致远，在让儿童健康成长的同时，也要让自己的人生幸福。有一种格局是放眼一生，有一种快乐是超脱自我，有一种坚守叫不忘初心！

（此文曾发表于《中国学校体育》2019 年第 7 期）